Megcsináltam.
"Az Ő útja"

Személyes tanúságtétel írta
Elizabeth Das

Hungarian

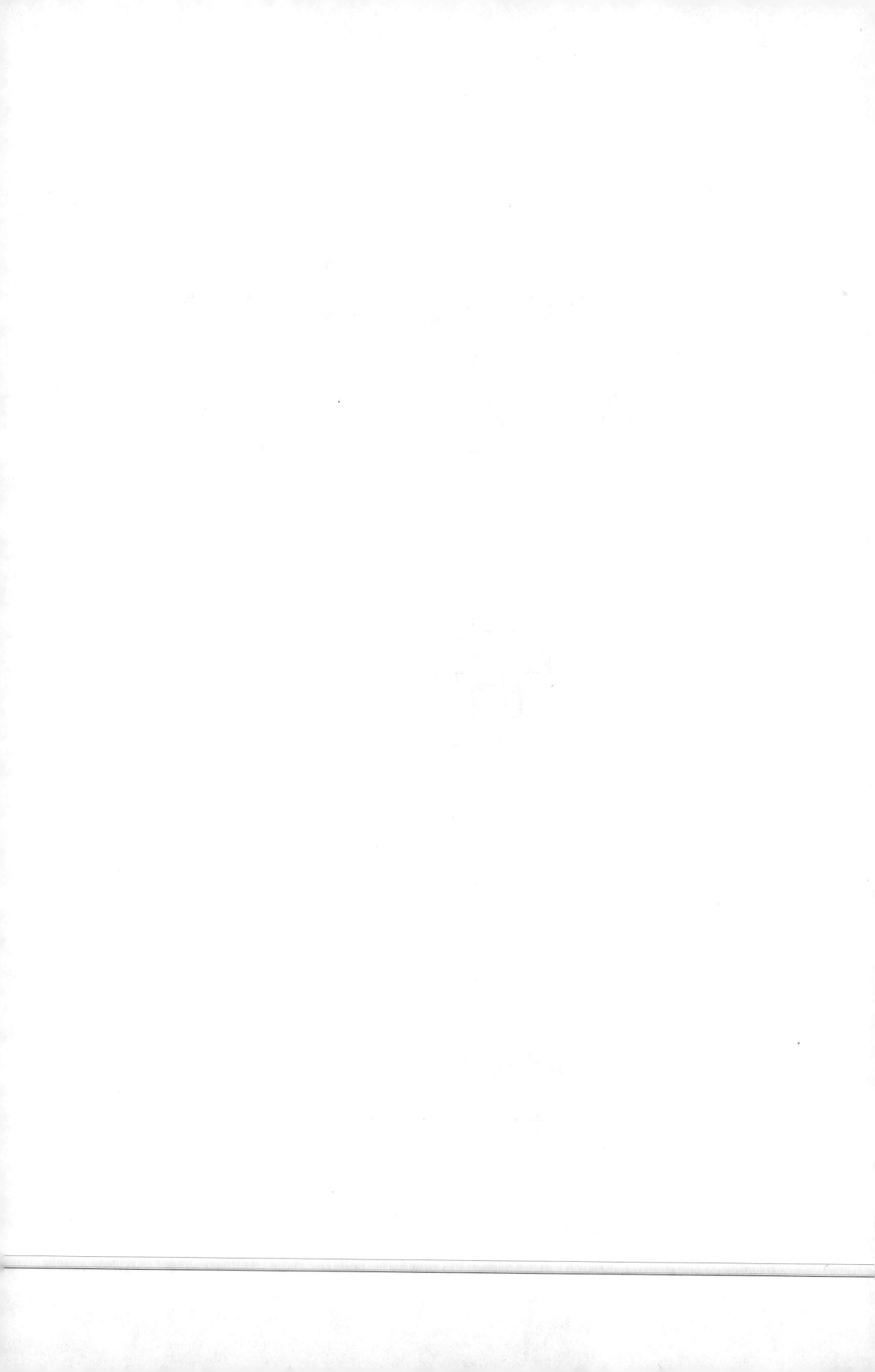

ISBN Paperback : 978-1-961625-61-7
ISBN Ebook : 978-1-961625-62-4

Kongresszusi Könyvtár ellenőrző száma:
"EZ A KÖNYV "A" minősítést kapott a keresztény és vallásos világban"
Contact:nimmidas@gmail.com; nimmidas1952@gmail.com
YouTube csatorna "Napi spirituális diéta Elizabeth Das
https://waytoheavenministry.org
1. youtube.com/@dailyspiritualdietelizabet7777/videók
2. youtube.com/@newtestamentkjv9666/videók
https://waytoheavenministry.org

Az "Megcsináltam."Az Ő útja"" könyvek más formátumok mellett hangoskönyvként, papírkötésben és e-könyvként is elérhetőek. A könyvek több mint 30 különböző nyelven érhetőek el.

Elizabeth Das "Napi lelki diéta" című éves olvasmánya több nyelven is elérhető. E-book és papírkötésű formátumban is elérhető.

FOREWARD

"Mert az én gondolataim nem a ti gondolataitok, és a ti utaitok nem az én utaim - mondta az Úr. Mert amint az egek magasabbak a földnél, úgy az én utaim is magasabbak a ti utaitoknál, és az én gondolataim a ti gondolataitoknál." (Ézsaiás 55:8-9)

Ez a könyv Elizabeth Das asszony emlékeinek és rövid bizonyságtételeinek gyűjteménye, aki az evangelizálás és az Úr Igéjének tanítása szolgálatának szentelte magát. Az "Ő útját" keresve az elszántság és az ima ereje által, Ms. Das elviszi Önt egy személyes utazásra saját életét megváltoztató tapasztalatain keresztül. Indiában született és nevelkedett, és rendszeresen imádkozott a családi oltárnál. Nem elégedett meg a vallással, mert a szíve azt súgta neki, hogy Istennél többnek kell lennie. Gyakran látogatott templomokat és csatlakozott vallási szervezetekhez, de soha nem volt teljesen elégedett.

Egy nap elindult, hogy megtalálja az igazságot egy távoli országban, távol szülőhazájától, Indiában. Utazása az indiai Ahmadábádban kezdődik, ahol mélységes vágyat érzett, hogy megtalálja az Egyetlen Igaz Istent. Az akkori amerikai szabadságjogok miatt, távol hazája vallási kultúrájától és hagyományaitól, Ms Das azzal a céllal utazott Amerikába, hogy megtalálja ennek az Élő Istennek az igazságát. Nem mintha Amerikán kívül máshol nem lehetne megtalálni Istent, mert Isten mindenütt jelen van és mindenható. Az Úr azonban oda vitte Ms. Das-t, mivel ez a könyv meg fogja magyarázni az üdvösségéhez vezető utat és a lelke szeretője iránti mélységes szeretetét.

"Kérjetek, és adatik nektek; keressetek, és találtok; zörgessetek, és megnyittatik nektek. Mert mindenki, aki kér, kap, és aki keres, az talál, és aki zörget, annak megnyílik." (Máté 7:7-8)

Személyesen közel 30 éve ismerem Ms. Das-t, amikor először lépett be egy kis gyülekezetbe, ahová Dél-Kaliforniában jártam. A hazája és India népe iránti szeretet egy sürgős szolgálat Ms. Das számára, akinek mély vágya, hogy minden kultúrából és háttérből származó lelkeket megnyerjen az Úrnak.

"Az igazak gyümölcse az élet fája; és aki lelkeket nyer, az bölcs.
(Példabeszédek 11:30)

Das asszony aktívan terjeszti Isten Igéjét a texasi Wylie-ben található irodájából. A waytoheavenministry.org honlapját meglátogathatod, ahol angol nyelvről gujarati nyelvre lefordított bibliai tanulmányokat találsz. Indiai gyülekezetek helyszínei is megtalálhatók. Ezeknek a gyülekezeteknek a lelkipásztorai ugyanazt az igazság iránti szeretetet osztják meg, mint Ms Das. Az Egyesült Államokban és külföldön élő apostoli hitű lelkészekkel tart fenn hálózatokat, hogy vendégelőadókat szerezzen az Indiában tartott éves konferenciákhoz. Ms. Das szolgálata és munkája Indiában jól ismert. Ezek közé tartozik egy lelkipásztori apostoli bibliai főiskola, egy árvaház és napközi otthonok létrehozása Indiában. Amerikából segített gyülekezetek alapításában Indiában, ahol sokan megismerték az Úr Jézus Krisztust. Ő egy nagy hitű, szilárd és csalhatatlan imádkozó asszony. Ezeket az eredményeket úgy érte el, hogy mindenben teljesen Istentől függött, miközben fogyatékkal él. Sovány anyagi támogatása erős akaratáról és elszántságáról tanúskodik, amely nagyobb, mint a lehetőségei. Ms Das bizonyossággal mondja: "Isten mindig gondoskodik rólam és gondoskodik rólam". Igen, valahogy így van, és bőségesen túlteljesíti szükségleteit!

Hajnaltól estig az Úrmunkáját végzi, és mindig készen áll arra, hogy imádkozzon velem vagy bárkivel, akinek segítségre van szüksége. Isten mindig a válasz. Ő ott áll a szakadék között, azonnal mély imában, tekintéllyel és közbenjárással. Isten gondoskodik Ms. Dasról, mert szeretettel evangelizál. Hallgat az Ő hangjára, és nem megy szembe " azŐ útjaival". Az engedelmesség nagyobb, mint az áldozat, az engedelmesség szenvedéllyel, hogy Istennek tetszen.

Ez a könyv megírásának kijelölt ideje. Isten a "nagy stratéga". Az Ő útjai tökéletesek és aprólékosak. A dolgok és helyzetek nem történnek meg a kijelölt idő előtt. Imádkozzatok útmutatásért, hogy a Szentlélek által meghalljátok Isten elméjét és megérezzétek a szívét. Ez a könyv tovább fog íródni azoknak a férfiaknak és nőknek az életében, akiket az Ő útjai által befolyásolt.

Rose Reyes,

KÖSZÖNETNYILVÁNÍTÁS

Legmélyebb elismerésemet fejezem ki: családomnak és barátaimnak, különösen édesanyámnak, Esther Dasnak. Ő a keresztény hölgyek legjobb példája, aki segített nekem a szolgálatomban, és mindig támogat minden irányban.

Hálát adok Rose barátomnak, amiért támogatott és segített összeállítani a könyv egyes részeit.

Szeretnék köszönetet mondani imapartneremnek, Veneda Ing nővérnek is, amiért mindig és minden alkalommal a rendelkezésemre állt; de leginkább a buzgó imáit köszönöm neki.

Hálát adok Istennek mindazokért, akik ilyen nagy segítséget nyújtottak a fordításban és a szerkesztésben. Hálát adok Istennek sokakért, akik idejüket áldozták arra, hogy segítsenek összeállítani ezt a könyvet.

Tartalomjegyzék

1. FEJEZET 2

A KEZDET: AZ IGAZSÁG SZELLEMÉNEK KERESÉSE. 2

2. FEJEZET 20

A HATALMAS ORVOS 20

3. FEJEZET 33

ISTEN HATALMAS FEGYVEREI "IMÁDSÁG ÉS BÖJT" 33

4. FEJEZET 36

ISTEN A NAGY STRATÉGA 36

5. FEJEZET 45

BESZÉLJ A HITEDRŐL 45

6. FEJEZET 47

ISTEN ÉS AZ Ő SZOLGÁJA GYÓGYÍTÓ EREJE 47

7. FEJEZET 53

NEM ENGEDÜNK AZ ÖRDÖGNEK VAGY AZ ÖRDÖG DOLGAINAK 53

8. FEJEZET 58

DREAM AND VISION - A "FIGYELMEZTETÉS" 58

9. FEJEZET 61

AZ EGÉSZ ÉJSZAKÁS IMA TALÁLKOZÓ 61

10. FEJEZET. 64

A PRÓFÉTAI ÜZENET 64

11. FEJEZET 68

A HIT MOZDULATA 68

12. FEJEZET 77

DÉMONI SZABADULÁS ÉS ISTEN GYÓGYÍTÓ EREJE 77

13. FEJEZET 79

GYÓNÁS ÉS TISZTA LELKIISMERET 79

14. FEJEZET. 81

A HALÁL SZÉLÉN 81

15. FEJEZET...86

BÉKE ISTEN JELENLÉTÉBEN..86

16. FEJEZET...89

ÁLDOZATOS ÉLETMÓD AZ ÉLETBEN.......................................89

17. FEJEZET...107

UTAZÁSI SZOLGÁLAT: TANÍTANI ÉS TERJESZTENI AZ EVANGÉLIUMOT.
....107

18. FEJEZET...121

SZOLGÁLAT MUMBAIBAN, INDIA "EGY NAGY HITŰ EMBER".............121

19. FEJEZET...128

MINISZTÉRIUM GUDZSARÁTBAN!...128

20. FEJEZET...137

LELKÜNK PÁSZTORA: A TROMBITA HANGJA.........................137

21. FEJEZET...142

MUNKAHELYI SZOLGÁLAT..142

22. FEJEZET...147

AZ Ő ÚTJAINAK MEGTANULÁSA AZ Ő HANGJÁNAK
ENGEDELMESKEDVE..147

23. FEJEZET...152

MOVING ON MEDIA...152

24. FEJEZET...155

TANULMÁNY, AMELY FELTÁRJA..155

25. FEJEZET...162

ÉLETET MEGVÁLTOZTATÓ SZEMÉLYES BESZÁMOLÓK.............162

AZ EMBEREK TANÚSÁGTÉTELEI...164

II. SZAKASZ...190

A. 192

ISTEN ÁLTAL HASZNÁLT NYELVEK...192

B. 195

HOGYAN ŐRIZTE MEG ISTEN AZ IGÉT?..................................195

C..202

KORUNK BIBLIAFORDÍTÁSAI: 202

D. 219

KJV VS MODERN BIBLIA: KJV: VÁLTOZÁSOK, AMELYEKET
HOZZÁADTAK VAGY ELVETTEK. 219

AZ ÚR ÚTJAI

- *Az Isten útja tökéletes, az Úr szava kipróbált, ő a csatabárdja mindazoknak, akik bíznak benne. (Zsoltárok 18:30)*

- *De ő tudja az utat, amelyen járok; ha megpróbál engem, aranyként fogok kijönni. Lábam megtartotta lépteit, az ő útját tartottam, és nem tértem le. Nem tértem el az ő ajkának parancsaitól sem, az ő szájának szavait többre becsültem, mint a szükséges táplálékomat." (Jób 23:10-12).*

- *Várj az Úrra, és tartsd meg az ő útját, és felemel téged, hogy örökölhesd a földet; amikor a gonoszok kiirtatnak, te meglátod. (Zsoltárok 37:34)*

- *Az Úr igaz minden útjában, és szent minden cselekedetében. (Zsoltárok 145:17)*

- *Az Úr szent néppé tesz téged magának, amint megesküdött neked, ha megtartod az Úrnak, a te Istenednek parancsolatait, és az ő útjain jársz. (5Mózes 28:9)*

- *És sokan mennek és mondják: Gyertek, menjünk fel az Úr hegyére, Jákob Istenének házába, és ő felvisz minket az Úr hegyére. taníts minket az ő útjaira, és az ő ösvényein fogunk járni; mert a Sionról megy ki a törvény, és Jeruzsálemből az Úr beszéde. (Ézsaiás 2:3)*

- *A szelídeket vezeti az ítéletben, és a szelídeket tanítja az ő útjára. (Zsoltárok 25:9)*

Könyvre való hivatkozás: Szentírás, King James Version

1. fejezet

A kezdet: Az igazság szellemének keresése.

I 1980 júniusában az Amerikai Egyesült Államokba jöttem azzal az erős vágyammal, hogy megtaláljam az igazságot Istenről, minden dolgok teremtőjéről. Nem mintha Indiában nem találhattam volna Istent, mert Isten mindenütt ott van, és jelenlétével és dicsőségével betölti a világegyetemet; de ez nem volt elég nekem. Személyesen akartam megismerni Őt, ha ez lehetséges.

> *"És hallottam, mintha nagy sokaság hangja, mint sok víz hangja és mint hatalmas mennydörgés hangja szólt volna, mondván: Alleluja, mert az Úr Isten, a mindenható uralkodik." (Jelenések 19:6)*

Egy rendkívüli utazáson voltam, amikor Isten az Amerikai Egyesült Államokba vezetett. Azt hittem, hogy ezt a helyet választottam, de az idő bebizonyította, hogy tévedtem. Rájöttem, hogy Istennek több köze volt ehhez a döntéshez, mint amennyire én gondoltam. Ez volt az Ő "útja", hogy megváltoztassa a gondolataimat és az életemet.

Amerika olyan ország, amely vallásszabadságot kínál, multikulturális emberek fúziója, szabadságjogokkal és védelemmel azoknak, akik

Elizabeth Das

üldöztetéstől való félelem nélkül kívánják gyakorolni vallási jogaikat. Ebben az országban kezdtem el ugrani a bizonytalan vizekre, ahogy Isten elkezdett irányítani engem. Olyan volt, mintha lépcsőfokokat rakott volna le, hogy vezessen engem. Ezek a "kövek" voltak azok, amelyek megalapozták egy hosszú és viharos utazás alapjait, amely a kinyilatkoztatáshoz vezetett, ahol már nem volt visszaút. A jutalom megérné, hogy az Ő Útjai szerint éljek, hitem minden fordulóján és próbatételén.

"Nyomulok a cél felé az Isten Krisztus Jézusban való magas hivatásának jutalmáért. Legyünk tehát, amennyien tökéletesek vagyunk, így gondolkozzunk; és ha valamiben másként gondolkoztok, Isten ezt is kinyilatkoztatja nektek. Mindazonáltal, ahová már eljutottunk, járjunk ugyanazon szabály szerint, ugyanazt tartsuk szem előtt". (Filippi 3:14-16)

Amikor Kaliforniába érkeztem, nem sok keleti indiánt láttam ez idő alatt. Alkalmazkodtam az amerikai élethez, és arra koncentráltam, amiért itt vagyok. A Biblia Élő Istenét kerestem, János, Péter és Pál apostolok és mások Istenét, akik a keresztet hordozták és követték Jézust.

Megpróbáltam megtalálni az Újszövetség Istenét, aki sok csodálatos csodát, jelet és csodát tett a Szentírás, az élő Isten Igéje szerint. Lehetnék-e olyan szemtelen, hogy egyáltalán azt gondoljam, hogy ő valóban ismer engem? Többnek kellett lennie Istennek. Sok különböző felekezetű gyülekezetet kezdtem el látogatni Los Angeles környékén, a Dél-Kaliforniában található metropoliszban. Később egy Los Angelestől keletre fekvő városba, West Covinába költöztem, és ott is elkezdtem gyülekezeteket látogatni. Egy nagyon vallásos országból jöttem, ahol valószínűleg több istent ismer az ember, mint bármely más országban a világon. Mindig is egyetlen Istenben, a Teremtőben hittem. A szívem arra törekedett, hogy személyesen megismerjem őt. Azt gondoltam, biztosan létezik Ő, és Ő biztosan megtalál engem, mert szenvedélyesen vágytam arra, hogy személyesen megismerjem Őt. Könyörtelenül kerestem és következetesen olvastam a Bibliát, de

Megcsináltam. "Az Ő útja"

valami mindig hiányzott. 1981 augusztusában az Egyesült Államok Postahivatalánál kaptam állást, ahol elkezdtem munkatársaimnak kérdéseket feltenni Istenről. Elkezdtem keresztény rádiót is hallgatni, ahol különböző prédikátorokat hallottam, akik bibliai témákról beszéltek, de még egymás között sem értettek egyet. Arra gondoltam, hogy ez bizonyára nem lehet a zűrzavar Istene? Kell lennie egy igaz válasznak erre a vallási dilemmára. Tudtam, hogy kutatnom kell a Szentírásban, és tovább kell imádkoznom. Sok keresztény munkatársam is megszólított és megosztotta velem a bizonyságtételét. Meglepődtem, hogy ilyen sokat tudtak az Úrról. Akkor még nem tudtam, hogy Isten már kitűzte számomra az időt, hogy megkapjam az Ő csodálatos igazságának kinyilatkoztatását.

A bátyámat démoni megszállottság sújtotta, és csodára volt szüksége. Kénytelen voltam olyan bibliahívő keresztényeket keresni, akik hisznek a csodákban és a démoni erőkből való szabadulásban. Kegyelem nélkül, ezek a démoni szellemek kínozták a bátyám elméjét. A családom rendkívül aggódott érte, hogy nem volt más választásunk, mint elvinni őt egy pszichiáterhez. Tudtam, hogy az ördögnek az volt a kedve, hogy kínozza és elpusztítsa a bátyámat. Ez volt a lelki harc, ahogy a Bibliában olvasható. Kétségbeesésünkben elvittük a bátyámat a pszichiáterhez. Miután felmérte őt, megkérdezte tőlünk, hogy hiszünk-e Jézusban. Azt mondtuk, hogy igen, majd elkezdte felírni két gyülekezet címét a telefonszámukkal együtt, és átadta nekem. Miután hazaértem, mindkét papírt az információkkal együtt a komódomra tettem azzal a szándékkal, hogy felhívom mindkét lelkészt. Imádkoztam, hogy Isten vezessen el a megfelelő gyülekezethez és lelkészhez. Hallottam néhány nagyon negatív dolgot az amerikai gyülekezetekkel kapcsolatban, ezért ez nagyon óvatossá tett. Az Úr prófétákat, tanítókat és prédikátorokat használ arra, hogy az Őt szeretőket elvezesse a teljes igazságra. Az Úr lett az én lámpásom és világosságom, amely megvilágosította sötétségemet. Isten biztosan kivezeti a testvéremet is a sötétségéből. Őszintén hittem abban, hogy Isten megtalál engem a sötétség végtelen tengerének tűnőben; mert ez egy nagyon sötét és nehéz időszak volt a családom számára.

"A te igéd lámpás az én lábaimnak, és világosság az én utamnak".
(Zsoltárok 119:105)

"Imádság és böjt."

Mindkét címet a komódomra tettem. Mindkét lelkészt felhívtam, és mindkettőjükkel kommunikáltam. Ezzel párhuzamosan imádkoztam az Úrtól kapott útmutatásért, hogy melyik lelkipásztorral folytassam a beszélgetést. Ez idő alatt észrevettem, hogy az egyik szám eltűnt a komódról. Gondosan kerestem, de nem találtam meg. Most már csak egy szám állt rendelkezésemre. Felhívtam ezt a számot, és beszéltem annak a gyülekezetnek a lelkipásztorával, amely Kaliforniában található, mindössze 10 percre az otthonomtól. Elvittem a bátyámat ebbe a templomba, mert azt hittem, hogy a bátyám ma szabad lesz, de nem így történt. A testvérem nem szabadult meg teljesen aznap. Ezért a lelkipásztor felajánlott nekünk egy bibliatanulmányozást. Elfogadtuk az ajánlatát, és mi is elkezdtük látogatni a gyülekezetét, de nem állt szándékunkban taggá válni, hanem csak látogatóként. Nem tudtam, hogy ez lesz életem fordulópontja. Ebben az időben elleneztem a pünkösdi utat és a nyelveken szólás hitét.

Az egyház szentjei nagyon őszinték voltak a hitükben. Szabadon imádkoztak, és engedelmeskedtek a lelkipásztornak, amikor böjtre hívott, mert a szellemi erők, amelyek a testvéremet irányították, csak imával és böjtöléssel tudtak kijönni, ahogy Isten Igéje mondja. Egyszer Jézus tanítványai nem tudtak kiűzni egy démont. Jézus azt mondta nekik, hogy ez a hitetlenségük miatt van, és azt mondta, hogy semmi sem lehetetlen számukra.

"Ez a fajta azonban nem megy ki, csak imával és böjtöléssel."
(Máté 17:21)

Mindannyian többször böjtöltünk néhány napot, és láttam, hogy a bátyám sokkal jobban lett. Folytattuk a bibliatanulmányokat a lelkész úrral az otthonomban, és mindent megértettünk, amit tanított nekünk; amikor azonban elkezdte magyarázni a vízkeresztséget, zavart az értelmezése. Soha nem hallottam még a "Jézus" nevében való keresztelésről, pedig világosan megmutatta nekünk a szentírási szövegeket. Ott volt megírva, de én nem láttam. Talán az én felfogásom vak volt.

Miután a lelkész elment, a bátyámhoz fordultam, és azt mondtam: "Észrevetted, hogy minden prédikátor, aki ugyanazt a Bibliát használja, más-más gondolatokkal áll elő? Már tényleg nem hiszem el, amit ezek a prédikátorok mondanak." A bátyám felém fordult, és azt mondta: "Igaza van!". Nagyon mérges lettem a testvéremre, és megkérdeztem tőle: "Szóval te elhiszed ennek a lelkésznek a tanítását? Én ezt nem hiszem el". Ismét rám nézett, és azt mondta: "Igazat mond". Újra azt válaszoltam: "Te minden prédikátornak hiszel, de nekem nem!". A bátyám ismét ragaszkodott hozzá: "Igaza van". Ezúttal láttam, hogy a bátyá marca nagyon komoly. Később fogtam a Bibliát, és elkezdtem tanulmányozni az Apostolok Cselekedeteinek könyvét, ahol az ősegyház története volt. Tanulmányoztam és tanulmányoztam; még mindig nem értettem, hogy miért, Istennek az Ő ÚTJA volt. Hiszel abban, hogy Isten minden emberrel másképp bánik? Itt kerestem Istent minden forráson és médián keresztül. Ez idő alatt hallottam, hogy Isten a szívemhez szólt: "Meg kell keresztelkedned". Meghallottam az Ő parancsát, és elrejtettem ezeket a szavakat a szívemben, ismeretlenül bárki más számára.

Eljött a nap, amikor a lelkész odalépett hozzám, és feltett egy kérdést: "Na, készen állsz a keresztelésre?". Meglepődve néztem rá, mert még soha senki nem tette fel nekem ezt a kérdést. Elmondta, hogy az Úr Jézus beszélt neki a keresztségemről, ezért azt mondtam" hogy ,igen". Meglepett, hogy Isten szólt a lelkipásztorhoz erről a kérdésről. Úgy távoztam a templomból, hogy azt gondoltam" :Remélem, Isten nem mond neki mindent, hiszen a mi gondolataink nem mindig igazságosak, sőt nem is helyénvalóak".

Keresztség a bűnbocsánatért.

Elérkezett a keresztelőm napja. Megkértem a lelkipásztort, hogy biztosan az Atya, a Fiú és a Szentlélek nevében kereszteljen meg. A lelkész azt hajtogatta nekem: "Igen, ez Jézus neve". Aggódtam és feldúlt voltam; azt gondoltam, hogy ez az ember a pokolra küld, ha nem keresztel meg az Atya, a Fiú és a Szentlélek nevében. Ezért újra megismételtem neki, hogy kérem, győződjön meg róla, hogy az Atya, a Fiú és a Szentlélek nevében hívja meg, de a lelkipásztor is csak ismételgette magát. "Igen, az ő neve Jézus". Kezdtem azt hinni, hogy ez a lelkész tényleg nem értette, hogy mire gondolok. Mivel Isten szólt hozzám a megkeresztelkedésről, nem engedelmeskedhettem neki. Akkor még nem értettem ezt, de úgy engedelmeskedtem Istennek, hogy nem volt teljes kinyilatkoztatásom az Ő nevéről, és azt sem értettem teljesen, hogy az üdvösség nem más név által van, csak Jézus nevében.

"Nincs másban sem üdvösség; mert nincs más név az ég alatt, amely az emberek között adatott volna, amelyben üdvözülnünk kell."
(ApCsel 4:12)

*"Ti vagytok az én tanúim, mondja az Úr, és az én **szolgám**, akit kiválasztottam, hogy megismerjetek és higgyetek nekem, és megértsétek, hogy én vagyok: előttem nem volt Isten, és nem is lesz utánam. Én, én vagyok az Úr, és rajtam kívül **nincs szabadító**."*
(Ézsaiás 43:10-11)

Előtte, utána és mindörökké csak egy Isten és Megváltó volt, van és lesz. Itt egy ember lesz, mint a szolga szerepe, Jehova Isten azt mondja, hogy **én vagyok ő**.

Aki Isten alakjában lévén, nem tartotta rablásnak, hogy egyenlő legyen a Istenem: De nem tette magát hírnevetlenné, és szolgai alakot vett magára, és emberhez hasonlóvá lett: És emberhez hasonlóan megalázta magát, és engedelmes lett a halálig, a kereszthalálig.
(Filippi 2:6-8)

Jézus volt az Isten, emberi testben.

*És ellentmondás nélkül nagy az istenfélelem titka: **Isten testben
jelent meg**, (1 Timóteus 3:16)*

Miért jött ez az egy Isten, aki szellem volt, testet öltött? Mint tudjátok,
a szellemnek nincs teste és vére. Ha vért kellett volna ontania, akkor
emberi testre lett volna szüksége.

A Biblia azt mondja:

*Vigyázzatok tehát magatokra és az egész nyájra, amely felett a
Szentlélek titeket felügyelőkké tett, hogy legeltessétek **Isten egyházát**,
amelyet **saját vérével** vásárolt meg. (ApCsel 20:28)*

A legtöbb egyház nem tanítja Isten egységét és Jézus nevének erejét.
Isten, a testet öltött Szellem, mint az ember Jézus Krisztus, adta a nagy
megbízatást a tanítványainak:

*"Menjetek tehát és tanítsatok minden népet, keresztelve őket a **nevében**
(egyes szám) az Atyától és a Fiútól és a Szentlélektől."*
(Máté 28:19)

A tanítványok egyértelműen tudták, hogy Jézus mire gondol, mert
elmentek keresztelni az Ő nevében, ahogyan az a Szentírásban meg van
írva. Meglepett, hogy minden alkalommal, amikor keresztelést
végeztek, kimondták" hogy „**Jézus** nevében". A Szentírás ezt
alátámasztja az Apostolok Cselekedeteinek könyvében.

Aznap megkereszteltek a vízben, teljes alámerüléssel Jézus nevében,
és olyan könnyűnek éreztem magam a vízből, mintha a vízen tudnék
járni. A bűn nehéz hegye eltűnt. Nem is tudtam, hogy ezt a nehézséget
magamon cipelem. Micsoda csodálatos élmény! Életemben először
döbbentem rá, hogy "kis bűnös kereszténynek" neveztem magam, mert
soha nem éreztem, hogy nagy bűnös vagyok. Függetlenül attól, hogy
mit hittem, a bűn akkor is bűn volt. Bűnt tettem és gondoltam. Már nem
hittem kizárólag Isten létezésében, hanem örömöt és igazi

kereszténységet éltem át azáltal, hogy részt vettem abban, amit Isten Igéje mondott.

Újra visszamentem a Bibliához, és elkezdtem keresni ugyanazt a szentírást. Képzeljétek, mi történt? Megnyitotta a megértésemet, és először láttam tisztán, hogy a keresztség csak JÉZUS NÉVÉRE történik.

Akkor megnyitotta értelmüket, hogy megértsék az írásokat (Lukács 24:45).

Olyan tisztán kezdtem látni a Szentírást, és arra gondoltam, hogy a Sátán milyen fondorlatos, hogy csak úgy eltörölje a Magasságos Isten tervét, aki testben jött, hogy vért ontjon. A vér **JÉZUS** neve alatt van elrejtve. Rögtön rájöttem, hogy a Sátán támadása a Név ellen irányul.

*"Térjetek meg, és keresztelkedjetek meg mindnyájan **Jézus Krisztus nevében** a bűnök bocsánatára (MEGBOCSÁTÁSÁRA), és megkapjátok a Szentlélek ajándékát." (ApCsel 2:38)*

Ezeket a szavakat Péter apostol mondta pünkösd napján, az újszövetségi ősegyház kezdetén. A keresztségem után az egyik barátom Los Angeles-i gyülekezetében kaptam meg a Szentlélek ajándékát.

Ez abban nyilvánult meg, hogy ismeretlen nyelven vagy nyelveken és a Szentírás szerint beszéltem a Szentlélek keresztségéről:

*"Mialatt Péter még e szavakat mondta, a Szentlélek mindazokra szállt, akik hallották az igét. A körülmetélkedésből pedig, akik hittek, megdöbbentek, ahányan Péterrel együtt jöttek, mert a pogányokra is kiáradt a Szentlélek ajándéka. Mert hallották, hogy **nyelveken szólnak** és magasztalják az Istent." (ApCsel 10: 44-46)*

Világosan megértettem, hogy a férfiak megváltoztatták a keresztelési szertartást. Ezért van ma annyi vallás. Ezeket a korai hívőket a később megírt Szentírás szerint keresztelték meg. Péter hirdette, és az apostolok végezték!

*"Megtilthatja-e valaki a vizet, hogy ezek ne keresztelkedjenek meg, akik a Szentlelket éppúgy megkapták, mint mi? És megparancsolta nekik, hogy **keresztelkedjenek meg az Úr nevében**. Azután kérlelték őt, hogy maradjon bizonyos napokat." (ApCsel 10:47-48)*

Ismét a Jézus nevében való megkeresztelkedés bizonyítéka.

*Amikor pedig hittek Fülöpnek, aki hirdette az Isten országáról szóló dolgokat **és Jézus Krisztus nevét, megkeresztelkedtek, férfiak és nők egyaránt** (mert még nem esett egyikükre sem; **csak ők keresztelkedtek meg az Úr Jézus nevében) (ApCsel8:12,16).***

ApCsel 19

*És lőn, hogy míg Apollós Korinthusban volt, Pál, miután átment a felső partokon, Efezusba érkezett; és találván bizonyos A tanítványoknak ezt mondta: Kaptatok-e Szentlelket, mióta hittetek? Ők pedig mondának néki: Mi még csak nem is hallottuk, hogy van-e Szentlélek. Ő pedig monda nékik: Mire keresztelkedtetek meg tehát? Ők pedig mondának: János keresztségére. Akkor monda Pál: János valóban a megtérés keresztségével keresztelt, mondván a népnek, hogy higgyenek abban, a ki utána jön, vagyis a Krisztus Jézusban. Amikor ezt meghallották, **megkeresztelkedtek az Úr Jézus nevében**. És miután Pál rájuk tette a kezét, **rájuk szállt a Szentlélek, és nyelveken szóltak** és prófétáltak. (ApCsel 19:1-6)*

*Az ApCsel 19 nagy segítség volt számomra, mert a Biblia azt mondja, hogy **egy keresztség** van. (Efézus 4:5)*

Indiában kereszteltek meg, és itt el kell mondanom, hogy megfröcsköltek, nem pedig megkereszteltek.

Az igaz tanítást **az apostolok és a próféták** alapozták meg. Jézus azért jött, hogy vért ontva példát mutasson. (1Péter 2:21)

*ApCsel 2:42 És állhatatosan megmaradának **az** apostolok **tanításában** és közösségében, és a kenyértörésben, és a kenyérszegésben, és a kenyérszegésben.*

*Efézus 2:20 És az **apostolok és próféták alapjára épülünk**, maga Jézus Krisztus pedig a sarokkő;*

Galata levél. 1:8, 9 Ha pedig mi vagy valamely angyal az égből más evangéliumot hirdetnénk néktek, mint a melyet mi hirdettünk néktek, legyen átkozott. Amint az előbb mondtuk, úgy mondom most is: Ha valaki más evangéliumot hirdet nektek, mint amit ti kaptatok, legyen átkozott.

(Ez mélyreható; senki sem változtathatja meg a tanítást, még az apostolok sem, akik már megalapították.)

Ezek az írások felnyitották a szememet, most már értem a Máté 28:19-et. Az egyház Jézus menyasszonya, amikor megkeresztelkedünk Jézus nevében, akkor felvesszük az Ő nevét. A Salamon éneke egy allegória az egyházról és a vőlegényről, amelyben a menyasszony felvette a Nevet.

*Jó kenőcsöd illata **miatt olyan a neved, mint a** kiöntött **kenőcs**, ezért szeretnek téged a szüzek (Szolomán éneke 1:3).*

Most megkaptam a keresztséget, amiről a Biblia beszél, és ugyanazt a Szentlelket. Ez nem valami képzeletbeli dolog volt, hanem valóságos! Éreztem és hallottam, és mások is tanúi voltak az újjászületés megnyilvánulásának. A szavakat, amelyeket kimondtam, nem tudtam, és nem is értettem. Félelmetes volt.

*"Mert aki **ismeretlen nyelven** beszél, az nem az emberekhez beszél, hanem az Istenhez; mert senki sem érti őt, bár lélekben titkokról beszél." (I. Korinthus 14:2)*

*"Mert ha ismeretlen nyelven imádkozom, akkor a lelkem imádkozik, de az **értelmem terméketlen**." (I Korinthus 14:14)*

Anyukám bizonyságot tett arról, hogy még születésem előtt egy dél-indiai misszionárius megkeresztelte őt egy folyóban, és amikor feljött, teljesen meggyógyult. Mivel nem tudtam, hogy ez a prédikátor hogyan keresztelte meg, kíváncsi voltam, hogyan gyógyult meg. Évekkel később apám megerősítette nekem, hogy ez a lelkész Jézus nevében keresztelte meg, ami bibliai.

A Biblia azt mondja:

"Aki megbocsátja minden vétkedet, aki meggyógyítja minden betegségedet." (Zsoltárok 103:3)

Újjászületésem után elkezdtem bibliatanulmányokat tartani a munkahelyi barátaimnak és a családomnak. Az unokaöcsém megkapta a Szentlélek ajándékát. A bátyám, az unokatestvérem és a nagynéném megkeresztelkedett, sok családtagommal együtt. Nem is tudtam, hogy sokkal többről van szó ezen az úton, mint csak arról a vágyról, hogy közelebbről megismerjem Istent. Nem tudtam, hogy ez az élmény lehetséges. Isten a Lélek által lakozik a hívőben.

Kinyilatkoztatás és megértés.

Elköteleztem magam a Szentírás tanulmányozására és a Biblia ismételt olvasására, Isten folyamatosan megnyitotta a megértésemet.

"Akkor megnyitotta értelmüket, hogy megértsék az Írásokat." (Lukács 24:45)

Miután megkaptam a Szentlelket, a megértésem egyre világosabbá vált, mivel sok olyan dolgot kezdtem el tanulni és látni, amit korábban nem láttam.

*"De Isten **kijelentette** azokat **nekünk az ő Lelke által**; mert a Lélek mindent megvizsgál, mégpedig az Isten mély dolgait is."*
(1Korinthus 2:10)

Megtanultam, hogy meg kell értenünk az Ő akaratát, bölcsességre van szükségünk ahhoz, hogy az Ő Igéje szerint éljünk, hogy ismerjük az **"Ő útjait"**, és hogy elfogadjuk, hogy az engedelmesség követelmény, nem pedig lehetőség.

Egy nap megkérdeztem Istent: "Hogyan használsz engem?". Azt mondta" :Az imádságban".

Annál inkább, testvéreim, igyekezzetek tehát, hogy hivatásotok és kiválasztottságotok biztos legyen; mert ha ezeket cselekszitek, soha el nem bukhattok: (2 Péter 1:10)

Megtanultam, hogy a templomba járás hamis biztonságérzetet adhat. A vallás nem megváltás. A vallás önmagában csak arra képes, hogy jól érezzük magunkat a saját önigazságunkban. A Szentírás ismerete önmagában nem hoz üdvösséget. Meg kell értened a Szentírást tanulmányozással, kinyilatkoztatást kell kapnod az ima által, és vágyat kell érezned az igazság megismerésére. Az ördög is ismeri a Szentírást, és örökkévalóságra van ítélve a tűzzel égő tóban. Ne hagyjátok magatokat megtéveszteni a báránybőrbe bújt farkasoktól, akiknek **az istenfélelem formája** van, de **tagadják *Isten hatalmát***. Soha senki nem mondta nekem, hogy szükségem van a Szentlélekre a nyelveken szólás bizonyítékával, ahogyan arról a Biblia beszél. Amikor a hívők megkapják a Szentlelket, valami csodálatos történik. A tanítványok beteltek Szentlélekkel és tűzzel.

*De ti **erőt** kaptok majd, miután a Szentlélek eljött rátok, és tanúim lesztek nekem Jeruzsálemben, egész Júdeában, Samáriában és a föld végső határáig. (ApCsel1:8)*

Annyira lángolt bennük az evangélium terjesztése, hogy sok akkori keresztény, ahogyan néhányan még ma is, életüket vesztették az igazság evangéliumáért. Megtanultam, hogy ez egy mélységes hit és szilárd tanítás, ellentétben azzal a tanítással, amit ma néhány egyházban tanítanak.

A feltámadás után Jézus azt mondja az Igében, hogy ez lesz a jele annak, hogy valaki az Ő TANULMÁNYA.

".... új nyelveken szólnak majd" (Márk 16:17).

A **nyelv** a görög nyelvben glossza, magyarul az Isten által adott természetfeletti nyelvi ajándék. Nem azért jársz iskolába, hogy megtanuld ezt a beszédmódot. Ezért van az, hogy **új nyelv.**

Ez az egyik jele annak, hogy fel lehet ismerni a Magasságos Isten tanítványát.

Hát nem csodálatos Isten? Azért teremtette tanítványait, hogy egészen különleges módon ismerjék fel őket.

Az istentisztelet ereje.

Megtanultam az istentisztelet erejét, és azt, hogy az istentiszteleten valóban érezni lehet a Szent jelenlétét. Amikor 1980-ban Amerikába jöttem, megfigyeltem, hogy a kelet-indiaiak szégyellték, hogy szabadon imádják Istent. Az Ószövetségben Dávid király táncolt, ugrált, tapsolt és magasra emelte a kezét az Úr előtt. Isten dicsősége akkor jön el, amikor Isten népe a legmagasabb dicsérettel és magasztossággal imádkozik. Isten népe megteremti a légkört ahhoz, hogy az Úr jelenléte közöttük lakjon. A mi imádatunk olyan illatot küld az Úrnak, amelynek Ő nem tud ellenállni. Eljön és lakozik az Ő népének dicséretében. Imádság után szánj időt arra, hogy csak dicsőítsd és imádd őt teljes szívedből, anélkül, hogy dolgokat vagy kegyelmeket kérnél tőle. A Bibliában Őt egy Vőlegényhez hasonlítják, aki a menyasszonyáért (az egyházért) jön. Olyan szenvedélyes menyasszonyt keres, aki nem szégyelli Őt imádni. Megtanultam, hogy olyan imádatot tudunk nyújtani, ami eljut a Trónterembe, ha elengedjük a büszkeségünket. Hála Istennek a prédikátorokért, akik hirdetik az Igét, és nem fogják vissza magukat, hogy milyen nagyon fontos az imádat Isten számára.

"De eljön az óra, és most van, amikor az igaz Istentiszteletűek Imádjátok az Atyát lélekben és igazságban, mert az Atya az ilyeneket keresi, hogy imádják őt." (János 4:23)

Amikor Isten jelenléte leszáll gyermekeire, csodák történnek: gyógyítás, szabadítás, nyelveken szólás és értelmezések, prófétálás, a Lélek ajándékainak megnyilvánulásai. Ó, mennyi Isten ereje fér el egyetlen istentiszteleten, ha mindannyian együtt tudunk eljönni, felajánlva az imádatot, a magasztosságot és a legmagasabb dicséretet. Amikor már nincsenek szavaid, hogy imádkozz, imádkozz és ajánld fel a dicséret áldozatát! Az ördög gyűlöli, ha imádjátok a Teremtőjét, az Egy Igaz Istent. Amikor egyedül érzed magad, vagy a félelem rángat, imádd és kösd magad Istenhez!

Kezdetben nagyon nehéz volt számomra ez a fajta imádat és dicsőítés, de később könnyűvé vált. Elkezdtem hallani, hogy az Ő hangja beszél hozzám. Azt akarta, hogy engedelmeskedjek az Ő Lelkének. Vallásos hátterem megakadályozott abban, hogy szabadon imádjam Istent. Hamarosan áldást kaptam a Lélekben, gyógyulás jött, és megszabadultam olyan dolgoktól, amelyeket nem tekintettem bűnnek. Ez mind új volt számomra; minden alkalommal, amikor éreztem Isten jelenlétét az életemben, elkezdtem belsőleg megváltozni. Növekedtem és megtapasztaltam egy Krisztus-központú személyes járást Istennel.

Az igazság szelleme.

Az igazság szeretete alapvető fontosságú, mert a vallás megtévesztő lehet, és rosszabb, mint az alkohol- vagy drogfüggőség.

"Isten Lélek, és akik imádják őt, azoknak lélekben és igazságban kell imádniuk őt." (János 4:24)

A vallás rabságának láncai lehullottak rólam, amikor a Szentlélek felszabadított. Amikor a Szentlélekben ismeretlen nyelveken vagy nyelveken beszélünk, a szellemünk Istennel beszél. Isten szeretete elsöprő, és az élmény természetfeletti. Nem tudtam nem gondolni azokra a korábbi évekre, amikor olyan bibliai tanítást kaptam, amely ellentétes volt Isten Igéjével.

Az Istennel való kapcsolatomban egyre több igazságot nyilatkoztatott ki, ahogy növekedtem az Igében és megismertem " az **Ő útjait**". Olyan volt ez, mint a veréb, aki kis adagokkal eteti a kicsinyeit, azok napról napra erősebbek és következetesebbek lesznek, amíg meg nem tanulják, hogy az egekig szárnyaljanak. Keressétek az Igazság Szellemét, és Ő vezetni fog benneteket, hogy mindent megismerjetek. Egy napon mi is az égben fogunk szárnyalni az Úrral.

"Ha eljön az igazság Lelke, elvezet titeket a teljes igazságra."
(János 16:13a)

Szentségimádás:

Sok szomorúságon keresztül, amiért a bátyámat gonosz szellemek vették körül, rátaláltunk erre a csodálatos igazságra. Elfogadtam ezt az igazságot, és a Szentlélek erőt adott nekem, hogy legyőzzem az akadályokat, amelyek akadályozták a Krisztus Jézusban való új életemet, ami szent kenetet adott nekem, hogy működjek és szolgáljak az emberek tanításával. Megtanultam, hogy ezen a keneten keresztül Isten lelki buzgóságon és kifejezésen keresztül mozgatott. Ez a Szenttől származik, aki maga Isten, és nem egy vallási rítus vagy hivatalos felszentelés adja ezt a kiváltságot.

A felkenés:

Kezdtem érezni Isten felkenését az életemen, és tanúságot tettem azoknak, akik meghallgattak. Azon kaptam magam, hogy Isten kenetének ereje által az Ige tanítójává váltam. Volt egy időszak

Indiában, amikor jogászkodni akartam, de az Úr az Ő Igéjének tanítójává változtatott.

"De a kenet, amelyet tőle kaptatok, megmarad bennetek, és nincs szükségetek arra, hogy bárki tanítson titeket; hanem ahogyan ugyanaz a kenet tanít titeket mindenre, és igazság, és nem hazugság, és ahogyan tanított titeket, úgy fogtok benne segíteni.""
(1János 2:27)

"Ti pedig a Szenttől kaptatok kenetet, és mindent tudtok."
(1 János 2:20)

Elérhetővé tettem magam Isten számára, a többit pedig Ő tette meg az Ő felkenő ereje által. Micsoda félelmetes Isten! Ő nem hagy téged erőtlenül az Ő munkájának elvégzésében. Elkezdtem többet imádkozni, ahogy a testem gyengült a betegség és a betegség miatt, de Isten Lelke bennem napról napra erősebb lett, ahogy időt és erőfeszítést fektettem a lelki járásomba, imádkozva, böjtölve és folyamatosan olvasva az Ő Igéjét.

Életmódváltás:

Egy pillanatra visszatekintve láttam, honnan hozott engem Isten, és hogy az életem mennyire üres volt az Ő útjaitól. Hús-vér természetem volt, amin nem volt erőm változtatni. Voltak más lelkeim, de nem volt Szentlelkem. Megtanultam, hogy az ima megváltoztatja a dolgokat, de az igazi csoda az volt, hogy én is megváltoztam. Azt akartam, hogy az én utaim jobban hasonlítsanak **az Ő útjaihoz**, ezért böjtöltem, hogy megváltoztassam testi természetemet. Az életem jelentősen megváltozott ezen a bejárt úton, de ez még csak most kezdődött, mivel szenvedélyes vágyam Isten iránt egyre nőtt. Mások, akik jól ismertek, tanúsíthatták, hogy megváltoztam.

Lelki hadviselés:

Vigyáztam arra, hogy csak az igazságot tanítsam, és ne a vallást. Azt tanítottam, hogy a keresztség Jézus Krisztus és Isten Szentlelke (Szentlélek) nevében szükségszerű. Ez a Vigasztaló és a ti erőtök, hogy legyőzzétek az akadályokat és a gonosz erőket, amelyek a hívők ellen jönnek.

Legyetek mindig készen arra, hogy térden állva harcoljatok azért, amit Istentől akartok. Az ördög téged és a családodat akarja eltiporni. Háborúban állunk a sötétség hatalmaival. Harcolnunk kell a lelkek megmentéséért; és imádkoznunk kell, hogy a bűnösök szívét megérintse Isten, hogy elforduljanak az őket uraló hatalmaktól.

> *"Mert nem test és vér ellen küzdünk, hanem fejedelemségek ellen, hatalmasságok ellen, e világ sötétségének urai ellen, a szellemi gonoszság ellen a magasságban." (Efézus 6:12)*

Egy élő lélek.

Mindenkinek van egy élő lelke; ez nem a tiétek, hanem Istené. Egy nap, amikor meghalunk, a lélek visszatér Istenhez vagy a Sátánhoz. Az ember megölheti a testet, de a lelket csak Isten tudja megölni.

> *"Íme, minden lélek az enyém; ahogy az atya lelke, úgy a fiú lelke is az enyém; a bűnös lélek **meghal**." (Ezékiel 18:4)*

> *"És ne féljetek azoktól, akik a testet megölik, de a lelket nem tudják megölni, hanem inkább attól féljetek, aki a pokolban el tudja pusztítani a lelket és a testet egyaránt."*
> *(Máté 10:28)*

A szeretet szelleme.

Egyetlen élet is olyan sokat jelent Istennek, mert Ő mindannyiunkat annyira szeret és törődik velünk. Az Igazság eme evangéliumával rendelkező hívők felelősek azért, hogy a **Szeretet** Lelkében másoknak is beszéljenek Jézus szeretetéről.

"Új parancsolatot adok nektek, hogy szeressétek egymást, ahogy én szerettelek titeket, úgy ti is szeressétek egymást. Erről ismeri meg mindenki, hogy az én tanítványaim vagytok, ha szeretitek egymást."
(János 13:34-35)

Az ördög ellenünk fog jönni, ha fenyegetést jelentünk számára. Az ő dolga, hogy elbátortalanítson bennünket; nekünk azonban ígéretünk van a fölötte való győzelemre.

"De hála legyen Istennek, aki győzelmet ad nekünk a mi Urunk Jézus Krisztus által." (1 Korinthus 15:57)

Hadd hangsúlyozzam itt, hogy amit a Sátán rossznak szánt, azt Isten áldássá változtatta.

A Biblia azt mondja:
"És tudjuk, hogy minden együtt van jóra azoknak, akik Istent szeretik, azoknak, akik az ő szándéka szerint elhívottak." (Róma 8:28)

DICSŐSÉG az Úr Jézus Krisztusnak!

2. fejezet

A hatalmas orvos

M Az orvostudomány szerint a betegségeknek összesen harminckilenc kategóriája létezik. Vegyük például a rákot: nagyon sokféle rák létezik. A láznak is sok fajtája van, de mind a láz kategóriába tartozik. A régi római törvények és a mózesi törvények szerint nem lehetett 40 csíknál, (korbácsütésnél) többet büntetésként alkalmazni. Hogy ne sértsék meg ezt a római és zsidó törvényt, csak harminckilenc csíkot adtak. Vajon véletlen, hogy Jézus harminckilenc csíkot kapott a hátára? Sokakhoz hasonlóan én is úgy vélem, hogy összefüggés van e szám és Jézus között.

"Negyven csíkot adhat neki, de nem haladhatja meg; nehogy, ha túllépi, és ezeken felül sok csíkkal megveri, akkor a te testvéred hitványnak tűnjön számodra"." (5Mózes 25:3)

"Aki a mi bűneinket a saját testén viselte a fán, hogy mi, a bűnnek meghalván, az igazságnak éljünk; akinek csíkjai által meggyógyultatok." (1Péter 2:24)

"De megsebesíttetett a mi vétkeinkért, megzúzattatott a mi vétkeinkért; a mi békességünk büntetése volt rajta, és az ő csíkjaival meggyógyultunk." (Ézsaiás 53:5)

Ebben a könyvben tanúságtételeket olvashatsz Isten gyógyító erejéről és a drogoktól, alkoholtól és démoni megszállottságtól való szabadulás erejéről. A saját személyes betegségeimmel kezdem, ahol Isten már korán megmutatta nekem, hogy semmi sem túl nehéz vagy túl nagy számára. Ő a Hatalmas Orvos. Fájdalmas betegségeken keresztül fizikai állapotom súlyossága rosszról rosszabbra változott. Isten Igéje és az Ő ígéretei voltak és vannak, amelyek ma is megtartanak.

Krónikus sinusitis.

Olyan súlyos orrmelléküreg-problémáim voltak, hogy nem tudtam aludni. Napközben felhívtam az embereket, hogy imádkozzanak értem. Egyelőre jól voltam, de éjszaka újra kezdődött, és nem tudtam aludni.

Egy vasárnap bementem a templomba, és megkértem a lelkipásztort, hogy imádkozzon értem. A fejemre tette a kezét, és imádkozott értem.

"Van köztetek beteg? Hívja a gyülekezet véneit, és imádkozzanak érte, és kenjék meg olajjal az Úr nevében." (Jakab 5:14)

Amikor az istentisztelet elkezdődött, dicsérni és imádni kezdtem Istent, mert a Lélek olyan szabadon áradt rám. Az Úr azt mondta, hogy táncoljak előtte. A Lélekben engedelmesen táncolni kezdtem előtte, amikor hirtelen a dugult orrom fellazult, és ami elzárta az orrjárataimat, az kijött. Azonnal elkezdtem lélegezni, és ez az állapot nem tért vissza. Ezt az orrmelléküreg állapotot a saját szavaimmal és gondolataimmal fogadtam el. Végül azonban megtanultam, hogy mindig ki kell mondanunk a hitünket, és soha ne valljuk be, vagy ne gondoljunk kétségekre.

Mandulagyulladás.

Krónikus mandulagyulladásom volt, és nem tudtam aludni a szörnyű, tartós fájdalom miatt. Sok éven át szenvedtem ettől az állapottól. Miután felkerestem egy orvost; egy hematológushoz irányítottak.

Ahhoz, hogy egy viszonylag kisebb mandulaműtétet hajtsanak végre, veszélyes és hosszadalmas műtét lett volna számomra, mivel egy vérbetegség miatt a szervezetem nehezen alvad meg. Más szóval, elvérezhetek! Az orvos azt mondta, hogy kizárt, hogy ezt a műtétet kibírjam, vagy elviseljem a fájdalmat. Imádkoztam a saját gyógyulásomért, és kértem a gyülekezetet is, hogy imádkozzanak értem. Egy nap egy vendég prédikátor jött a gyülekezetembe. Üdvözölte a gyülekezetet, és megkérdezte, hogy van-e valakinek szüksége gyógyulásra.

Mivel nem voltam biztos abban, hogy megkapom-e a saját gyógyulásomat, mégis Istenben bízva elindultam a front felé. Amikor visszatértem a helyemre, egy hangot hallottam, amely azt mondta nekem.

"Nem fogsz meggyógyulni."

Dühös voltam erre a hangra. Hogyan beszélhetett ez a hang bátran erről a kétségről és hitetlenségről? Tudtam, hogy ez az ördög trükkje, hogy megállítsa a gyógyulásomat. Ellenkezve válaszoltam ennek a hangnak,

"Megkapom a gyógyulásomat!"

A válaszom határozott és erős volt, mert tudtam, hogy ez minden hazugság atyjától, az ördögtől származik. A Szentlélek hatalmat ad nekünk az ördög és angyalai felett. Nem akartam megengedni neki, hogy megfosszon a gyógyulásomtól és a békémtől. Ő egy hazug, és nincs benne igazság! Isten Igéjével és ígéreteivel küzdöttem vissza.

"Ti a ti atyátoktól, az ördögtől vagytok, és atyátok kívánságait fogjátok cselekedni. Gyilkos volt kezdettől fogva, és nem maradt meg az igazságban, mert nincs benne igazság. Amikor hazugságot beszél, a sajátjáról beszél, mert hazug és annak atyja." (János 8:44)

Azonnal elmúlt a fájdalmam és meggyógyultam! Néha be kell mennünk az ellenség táborába, hogy harcoljunk azért, amit akarunk, és visszaszerezzük azt, amit az ellenség, az ördög el akar venni tőlünk. Ahogy a fájdalom eltűnt belőlem, az ördög azt mondta" :Nem voltál beteg". Az ellenség " akétségek felhőjével" próbált meggyőzni arról, hogy valójában nem is voltam beteg. Az ördög e hazugságának az volt az oka, hogy ne adjam meg Istennek a dicsőséget. A Sátánnak adott határozott válaszommal azt mondtam: "Igen, beteg voltam"! Azonnal Jézus a fájdalmat a manduláim mindkét oldalára helyezte. Azt válaszoltam: "Uram Jézus, tudom, hogy beteg voltam, és te meggyógyítottál". A fájdalom örökre elhagyott engem! Soha többé nem szenvedtem. Azonnal felemeltem a kezem, dicsértem az Urat, és Istennek adtam a dicsőséget. Jézus csíkokat vett fel a hátára, hogy aznap meggyógyulhassak. Az Ő Igéje azt is mondja, hogy a bűneim is megbocsáttatnak. Még aznap felálltam és bizonyságot tettem a gyülekezet előtt, hogy az Úr meggyógyított engem. Erőszakkal vettem a gyógyulásomat.

"És Keresztelő János napjaitól mostanáig a mennyek országa erőszakot szenved, és az erőszakosok erőszakkal veszik azt el." (Máté 11:12)

"És a hit imája megmenti a beteget, és az Úr feltámasztja őt; és ha bűnöket követett el, azok megbocsáttatnak neki." (Jakab 5:15)

"Aki megbocsátja minden vétkedet, aki meggyógyítja minden betegségedet". (Zsoltárok 103:3)

Amikor kiállunk és bizonyságot teszünk arról, amit az Úr tett, nemcsak Istennek adunk dicsőséget, hanem mások hitét is felemeljük, akiknek szükségük van rá. Emellett friss vért jelent az ördög ellen.

"És legyőzték őt a Bárány vérével és bizonyságtételük igéjével, és nem szerették életüket mindhalálig".(Jelenések 12:11)

Isten csodákat tesz kicsiben és nagyban egyaránt. Legyőzöd az ördögöt, amikor elmondod másoknak, hogy Isten mit tett érted. Az ördögöt megfutamítod, amikor teljes szívedből imádni kezded Istent! A hit fegyverei és a Szentlélek ereje áll rendelkezésedre, hogy legyőzd minden hazugság atyját. Meg kell tanulnunk használni őket.

Látáshiba.

1974-ben, mielőtt Amerikába jöttem, problémám volt a látásommal. Nem tudtam megkülönböztetni a távolságot magam és egy előttem lévő tárgy között. Ez súlyos fejfájást és hányingert okozott. Az orvos azt mondta, hogy a retinámmal van valami baj, amit gyakorlatokkal lehet korrigálni; ez azonban nem vált be nálam, és a fejfájásom továbbra is fennállt.

Egy kaliforniai gyülekezetbe jártam, amely hitt a gyógyító erőben. Megkértem a gyülekezetet, hogy imádkozzanak értem. Folyamatosan hallottam gyógyulási bizonyságtételeket, amelyek segítettek abban, hogy higgyek a gyógyulásban. Annyira hálás vagyok, hogy a gyülekezetek megengedték a bizonyságtételeket, hogy mások is hallhatnak dicsőítő beszámolókat azokról a csodákról, amelyeket Isten ma is véghezvitt hétköznapi emberek életében. A hitemet mindig felemelte a bizonyságtételek hallgatása. Sokat tanultam a bizonyságtételeken keresztül.

Később elmentem egy szemorvoshoz, mivel Isten azt kérte, hogy keressem fel a szemspecialistát.

Ez az orvos megvizsgálta a szememet, és ugyanazt a problémát állapította meg, de megkért, hogy kérjek egy második véleményt. Egy héttel később kértem az imát, mivel erős fejfájásom volt és elviselhetetlen fájdalmat éreztem a szememben.

Elmentem egy második szakvéleményre, amely megvizsgálta a szememet, és azt mondta, hogy nincs semmi baj a szememmel. Nagyon boldog voltam.

Hat hónappal később munkába menet azon gondolkodtam, amit az orvos mondott, és elkezdtem bízni abban, hogy semmi baj nincs, és a másik orvos, aki a szemek tökéletlenségét diagnosztizálta, tévedett. Egészen meggyógyultam erre a hónapra, és elfelejtettem, hogy milyen beteg voltam.

Isten beszélni kezdett hozzám" :Emlékszel, hogy elviselhetetlen fájdalmaid voltak, fájt a fejed és hányingered volt?".

Azt mondtam: "Igen." Aztán Isten azt mondta: "Emlékszel, amikor Indiában voltál, és az orvos azt mondta, hogy szemproblémád van, és szemkoordinációs gyakorlatokat tanítottak neked? Emlékszel arra, hogy az elmúlt hat hónapban nem jöttél haza betegen emiatt a probléma miatt?".

Azt válaszoltam" :Igen."

Isten azt mondta nekem: "Meggyógyítottam a szemedet!"

Hála Istennek, ez megmagyarázta, hogy a harmadik orvos miért nem talált semmi rosszat nálam. Isten megengedte, hogy átmenjek ezen az élményen, hogy megmutassa nekem, hogy Ő képes mélyen a szemembe hatolni és meggyógyítani azt. Isten Igéje azt mondja: "Én ismerem a szívet, nem az, akié a szív". Gondosan elkezdtem gondolkodni ezeken a szavakon az elmémben. Lehet, hogy én birtokolom a szívemet, de nem ismerem a saját szívemet, és nem tudom, mi van a szívemben. Ezért imádkozom, böjtölök és olvasom az Igét folyamatosan, hogy Isten csak jóságot, szeretetet és hitet találjon a szívemben. Vigyáznunk kell arra, hogy mit gondolunk, és mi jön ki a szánkból. Meditáljunk a jóságon, mert Isten ismeri minden gondolatunkat.

"Legyen kedves előtted az én számnak beszéde és az én szívemnek elmélkedése, Uram, az én erőm és megváltóm." (Zsoltárok 19:14)

"A szív csalárdabb mindenek felett és elkeseredetten gonosz: ki ismerheti azt? Én, az Úr, vizsgálom a szívet, próbára teszem a

gyeplőt, hogy mindenkinek az ő útjai szerint adjak, és cselekedeteinek gyümölcse szerint." (Jeremiás 17:9-10).

Az 51. zsoltárt imádkozom magamért:

"Teremts bennem tiszta szívet, Istenem, és újítsd meg bennem az igaz lelket!" (Zsoltárok 51:10).

Szorongás.

Egy olyan időszakon mentem keresztül, amikor olyasmit tapasztaltam, amit nem tudtam szavakba önteni. Emlékszem, hogy azt mondtam Istennek, hogy nem tudom, miért érzem ezt az érzést az elmémben. Imádkoztam és kértem Istent, hogy ne értsem ezt a nyomasztó érzést, mert akkoriban nem aggódtam semmi miatt. Ez az érzés egy ideig tartott, és mentálisan "ki voltam kapcsolva", de fizikailag nem, ami a legjobb módja annak, ahogyan le tudom írni. Később a munkahelyemen ez a kis inspirációs könyv volt a kezemben.

Az Úr azt mondta: "Nyisd ki ezt a könyvet és olvasd el".

Megtaláltam " aszorongás" témát. Isten azt mondta, hogy ami neked van, az a szorongás. Nem voltam tisztában ezzel a szóval. Mivel nem értettem világosan ezt a szót, Jézus azt mondta, nézz utána a szótárban. Megtaláltam a pontos tüneteket, amelyekkel küzdöttem. A definíció szerint az aggodalom vagy aggódás valamilyen dologgal vagy eseménnyel kapcsolatban, legyen az jövőbeli vagy bizonytalan, ami megzavarja az elmét, és a fájdalmas nyugtalanság állapotában tartja.

Azt mondtam: "Igen, Uram, pontosan így érzek!"

Váltott műszakban dolgoztam, és a szabadnapomon korán lefeküdtem aludni. Ez idő alatt korán reggel felébredtem, hogy imádkozzak, és egy nap Isten azt mondta nekem, hogy menjek aludni. Azt gondoltam : "Miért mondaná ezt Isten?". Az Istennel való járásomnak ebben a korai szakaszában tanultam megkülönböztetni és meghallani az Ő hangját.

Ismét azt kérdeztem magamtól, miért mondja Isten, hogy menjek aludni? Azt hiszem, ez az ördög.

Aztán eszembe jutott, hogy Isten néha olyan dolgokat mond nekünk, amelyeknek talán semmi értelme, de fontos üzenetet ad nekünk. Röviden, az Ő üzenete az volt, hogy nem kell szentebbnek lennünk, mint te.

"Mert az én gondolataim nem a ti gondolataitok, és a ti utaitok nem az én utaim - mondja az Úr. Mert amint az egek magasabbak a földnél, úgy az én utaim is magasabbak a ti utaitoknál, és az én gondolataim a ti gondolataitoknál". (Ézsaiás 55:8-9)

Más szóval, az ima a helyes út, de abban az időben nem volt az. Ő már elküldte az Ő angyalát, hogy szolgáljon nekem, és nekem az ágyban kellett lennem. Megvan a pihenés ideje, és megvan az ideje annak, hogy Isten a Szentlelket megújító ima által friss olajjal töltse fel lámpásainkat. A természetben szükségünk van alvásra és pihenésre, hogy felfrissítsük testünket és elménket, ahogyan Isten akarta. Isten temploma vagyunk, és gondoskodnunk kell magunkról.

*De melyik **angyalnak** mondta valamikor: Ülj az én jobbomra, amíg ellenségeidet lábad zsámolyává nem teszem? Nem mindnyájan **szolgáló szellemek-e, akiket azért küldtek ki, hogy szolgáljanak azokért, akik az üdvösség örökösei lesznek?** (Zsidókhoz írt levél 1:13,14)*

Amikor újra elaludtam, egy fej nélküli emberről álmodtam. A fej nélküli férfi megérintette a fejemet. Később felébredtem, felfrissülve és teljesen normálisan éreztem magam; tudtam, hogy Isten egy Gyógyító Angyalt küldött, hogy megérintse a fejemet, és megszabadítson ettől a szorongástól. Annyira hálás voltam Istennek, hogy mindenkinek elmondtam, aki meghallgatott. Megtapasztaltam a szorongás szörnyű, legyengítő tüneteit, amelyek az elmémre hatottak. Minden nap úgy ébredsz fel, hogy lappang; soha nem ad békét, mert az elméd nem teljesen kipihent, hogy ellazuljon. A szorongás az ördög eszköze is, hogy eluralkodjon rajtad a félelem vagy a pánik. Sokféle formában jelentkezik, és lehet, hogy nem is tudod, hogy nálad van. A legjobb, amit tehetsz, hogy megváltoztatod, hogyan reagálsz a stresszre, és megkérdezed magadtól, hogy megadod-e a testednek azt, amire szüksége van a napi megújuláshoz. A többit majd Isten elvégzi, ha gondoskodsz " azŐ templomáról".

"Ha valaki megfertőzi az Isten templomát, azt Isten elpusztítja; mert szent az Isten temploma, amely templom ti vagytok".
(1Korinthus 3:17)

A hangja.

Amikor Isten a tiéd, akkor tele vagy, mert elmerülsz az Ő szeretetében. Minél jobban megismered Őt, annál jobban szereted Őt! Minél többet beszélgetsz vele, annál jobban megtanulod hallani a hangját. A Szentlélek segít neked megkülönböztetni Isten hangját Csak hallgatnod kell arra a csendes kis hangra. Mi vagyunk az Ő legelőjének juhai, akik ismerik az Ő hangját.

"Akkor Jézus így válaszolt nekik: Megmondtam nektek, és ti nem hittetek: a cselekedetek, amelyeket az én Atyám nevében teszek, rólam tanúskodnak. De ti hisztek nem, mert nem az én juhaim közül valók vagytok, amint mondtam néktek. Az én juhaim hallják az én szavamat, és én ismerem őket, és követnek engem: És én örök életet adok nekik, és soha el nem vesznek, és senki ki nem ragadja őket kezemből. Az én Atyám, aki nekem adta őket, nagyobb mindenkinél, és senki sem ragadhatja ki őket Atyám kezéből. Én és az én Atyám egy vagyunk."
(János 10:25-30)

Vannak közöttünk olyanok, akik az Ő "juhainak" nevezik magukat, és vannak olyanok, akik nem hisznek. Az Ő juhai hallják Isten hangját. A vallási démonok megtévesztőek. Azt az érzést keltik bennünk, hogy Istenünk van. A Szentírás figyelmeztet minket a hamis tanokra.

"az istenfélelem formáját viselik, de megtagadják annak erejét".
(2 Timóteus 3:5)

Isten azt mondja: "Keress engem teljes szívedből, és megtalálsz engem". Nem arról van szó, hogy megtaláljuk a nekünk megfelelő életmódot. Kövessük az igazságot, ne a vallási hagyományt. Ha szomjazol Isten igazságára, meg fogod találni. Olvasd és szeresd Isten Igéjét, rejtsd el a szívedben, és mutasd meg az életmódodban. Az Ige megváltoztat téged belülről és kívülről.

Jézus azért jött, hogy megtörje a hagyományok és a vallás hatalmát az Ő Vérének árával. Azért adta az életét, hogy bűnbocsánatot nyerjünk és közvetlen közösségben lehessünk Istennel. A törvény beteljesedett Jézusban, de nem vallották Őt Úrnak és Megváltónak, Messiásnak.

"Mindazonáltal a főurak közül is sokan hittek benne; de a farizeusok miatt nem vallották őt, nehogy kitaszítsák őket a zsinagógából: Mert jobban szerették az emberek dicséretét, mint Isten dicséretét."
(János 12:42, 43)

Influenza:

Magas lázam volt, amit testfájdalmak kísértek. A szemem és az arcom is nagyon feldagadt volt. Alig tudtam beszélni, és felhívtam a gyülekezetem elöljáróját, hogy imádkozzon a gyógyulásomért. Az arcvonásaim azonnal újra normálisak lettek, és meggyógyultam. Hálát adok Istennek a hit embereiért és a bizonyosságért, amit Ő ad azoknak, akik bíznak benne.

"Mert a mi evangéliumunk nem csak szóval jött hozzátok, hanem erővel és Szentlélekkel és sok bizonyossággal is."
(1Thesszalonika 1:5a)

Szemallergia.

Dél-Kaliforniában komoly szmogproblémával küzdünk. A szememben irritáció jelentkezett, ami a levegőben lévő szennyezéssel egyre rosszabb lett. A viszketés, a bőrpír és az állandó fájdalom elviselhetetlen volt; úgy éreztem, hogy legszívesebben kivenném a szememet a szemüregéből. Milyen szörnyű érzés. Még mindig növekedtem és tanultam bízni Istenben. Azt gondoltam, hogy lehetetlen, hogy Isten meggyógyítson, annak ellenére, hogy a múltban már meggyógyított engem. Egyszerűen csak nehezen tudtam hinni Istennek a gyógyulásomban. Azt gondoltam, hogy mivel Isten már minden gondolatomat ismeri, nem gyógyíthatja meg a szememet a hitetlenségem miatt, ezért szemcseppeket használtam, hogy enyhítsem a viszketést. Az Úr elkezdett beszélni hozzám, hogy hagyjam abba a szemcseppet. De a viszketés nagyon erős volt, és nem hagytam abba. Ezt háromszor megismételte, amíg végül el nem tettem a szemcseppeket.

*"Jézus pedig látta őket, és ezt mondta nekik: Embereknél ez lehetetlen, de **Istennél minden lehetséges**." (Máté 19:26)*

Néhány órával később, miközben dolgoztam, a viszketés elhagyott. Annyira boldog voltam, hogy mindenkinek meséltem a munkahelyemen a gyógyulásomról. Soha többé nem kellett aggódnom a szemem miatt. Olyan keveset tudunk Istenről és arról, hogyan gondolkodik. Soha nem ismerhetjük meg Őt, mert **az Ő útjai** nem a mi útjaink. A Róla való tudásunk olyan rendkívül csekély. Ezért olyan fontos, hogy az igaz hívők a Lélekben járjanak. Nem támaszkodhatunk a saját emberi értelmünkre. Jézus kedves, türelmes és irgalmas volt velem aznap. Jézus egy nagy leckét tanított nekem. Kételkedtem a gyógyulásban, de azon a napon engedelmeskedtem, és Ő meggyógyított! Ő soha nem mondott le rólam, és rólad sem fog lemondani!

Az engedelmességről szóló lecke után mindenféle gyógyszert félretettem. Szívem mélyén hittem, hogy elkezdtem bízni Istenben, hogy meggyógyít minden betegségemből és betegségemből. Megtanultam hinni Neki, ahogy telt az idő, és növekedtem az Úrban. Ma is Ő az én orvosom.

Nyaksérülés:

Egy délután templomba mentem, amikor egy másik jármű elütött, és olyan sérülést szenvedtem a nyakamon, hogy orvosi szabadságra kellett mennem a munkahelyemről. Vissza akartam térni a munkába, de az orvos elutasított. Imádkozni kezdtem: "Jézusom, unatkozom, kérlek, engedj el". Jézus azt mondta: "menj vissza dolgozni, és senki sem fogja tudni megmondani, hogy megsérültél".

"Mert meggyógyítalak téged, és meggyógyítalak sebeidből, azt mondja az Úr" (Jeremiás 30:17a).

Aztán visszamentem az orvoshoz, aki elengedett, hogy visszatérjek a munkába, mivel ragaszkodtam hozzá. Újra fájdalmat kezdtem érezni, és megrovást kaptam, amiért túl hamar visszamentem dolgozni. Emlékszem, mit mondott és ígért nekem Jézus. Elkezdtem azt mondani magamnak, hogy tartsam magam Isten ígéretéhez, és napról napra jobban lettem. Mielőtt észrevettem volna, a fájdalmaim elmúltak. Aznap este a felettesem megkért, hogy dolgozzak túl. Viccelődve nevettem, és azt mondtam neki, hogy nem vagyok elég jól ahhoz, hogy túlórázzak, mert fájdalmaim vannak. Bevallottam, hogy van valami, ami nincs is. A fájdalom azonnal visszatért, és az arcom nagyon sápadt lett, ezért a felettesem hazarendelt. Emlékeztem, hogy korábban Isten azt mondta, hogy rendbe fogok jönni, és elhatároztam, hogy kitartok mellette. Mondtam a felettesemnek, hogy nem mehetek haza, mert Isten ígérete miatt nem mehetek haza. Egy másik felettesem keresztény volt, ezért megkértem, hogy imádkozzon értem. Ő ragaszkodott ahhoz, hogy ismét hazamenjek. Elkezdtem dorgálni a fájdalmat, és kimondtam a hit igéjét. A Szentlélek hatalmával hazugnak neveztem az ördögöt. Azonnal eltűnt a fájdalmam.

"Ekkor megérintette a szemüket, mondván: "A hitetek szerint legyen nektek"." (Máté 9:29)

Visszamentem a felettesemhez, és elmondtam neki, mi történt. Egyetértett azzal, hogy az ördög egy hazug és minden hazugság atyja. Fontos, hogy soha ne hívjuk életre a betegséget vagy a fájdalmat. Isten nagyon fontos leckét adott nekem aznap arról, hogy ne viccelődjek a valótlansággal.

"De a ti közlésetek legyen: igen, igen; nem, nem; mert ami ezeknél több, az a gonosztól származik." (Máté 5:37).

3. fejezet

Isten hatalmas fegyverei

"Imádság és böjt"

Ovasárnap reggel, az istentisztelet alatt, az utolsó padon feküdtem kínzó fájdalmak közepette, és alig tudtam járni. Hirtelen Isten azt mondta nekem, hogy menjek előre, és fogadjam az imát. Valahogy a szívemben és a Lélekben tudtam, hogy nem fogok meggyógyulni, de mivel hallottam Isten hangját, engedelmeskedtem. Ahogy olvassuk a

1Sámuel 15:22b. Engedelmeskedni jobb, mint áldozatot hozni.

Lassan elindultam előre, és ahogy elkezdtem végigsétálni az oldalsó folyosón, észrevettem, hogy az emberek felálltak, ahogy elhaladtam mellettük. Tanúja voltam, hogy Isten Lelke minden egyes emberre lehullott, és azon tűnődtem, vajon mi lehetett Isten célja azzal, hogy engem küldött az elejére.

"És lészen, ha szorgalmasan hallgatsz az Úrnak, a te Istenednek szavára, hogy megtartsd és megtedd minden parancsolatát, amelyet ma parancsolok neked, akkor az Úr, a te Istened magasra emel téged a föld minden nemzete fölé: És mindezek az áldások eljönnek rád, és

elragadnak téged, ha hallgatsz az Úrnak, a te Istenednek szavára"."
(5Mózes 28:1-2)

A helyi gyülekezetemben voltam, amikor ez történt, de egy ideig gondolkodtam ezen a bizonyos napon. Utána, amikor elmentem meglátogatni egy Upland városában lévő templomot. Egy nővér a korábbi gyülekezetünkből szintén ebbe a gyülekezetbe járt. Meglátta az autómon a hirdetést, amelyben matematika korrepetálást ajánlottam, és fel akart venni. Egy nap, miközben tanítottam őt az otthonomban, azt mondta nekem: "Nővér, emlékszem arra a napra, amikor beteg voltál a régi gyülekezetünkben, és felmentél a bejárathoz, hogy imát fogadj. Soha nem tapasztaltam még így Isten jelenlétét, pedig megkeresztelkedtem Jézus Nevére, és két éve járok gyülekezetbe. Azon a napon, amikor elmentél mellettem, először éreztem Isten Lelkét, és olyan erős volt. Emlékszel, hogy az egész gyülekezet felállt, amikor a Lélek rájuk esett, amikor elmentél?". Jól emlékeztem arra a napra, mert még mindig azon tűnődtem, hogy Isten miért küldött engem előre, amikor alig tudtam járni. Úgy éreztem, hogy Isten okkal engedte, hogy ismét keresztezze az utamat. Isten rajta keresztül válaszolt arra a napra vonatkozó kérdésemre.

Örültem, hogy meghallottam Istent és engedelmeskedtem a hangjának.

"Mert hitben járunk, nem pedig látás szerint." (2Korinthus 5:7)

Az 1999 szeptemberében bekövetkezett sérülésem után már nem tudtam járni, ezért éjjel-nappal az ágyban maradtam, imádkoztam és böjtöltem, mivel 48 órán keresztül nem aludtam. Éjjel-nappal imádkoztam, mert úgy gondoltam, hogy inkább Istent tartom szem előtt, minthogy érezzem a fájdalmat. Folyamatosan beszélgettem Istennel. Becsület vagy becstelenség edényei vagyunk. Amikor imádkozunk, a Szentlélekben imádkozva töltjük meg edényünket Isten friss olajával.

Bölcsen kell használnunk az időnket, és nem szabad hagynunk, hogy az élet gondjai megakadályozzák, hogy lelkileg bensőséges kapcsolatot ápoljunk Teremtőnkkel. Az ördög és serege ellen a legerősebb fegyver az ima és a böjt.

"Ti pedig, szeretteim, a ti szent hitetekre épülve, a Szentlélekben imádkozva," (Júdás 20. v.).

Akkor győződ le a gonoszt, ha imádkozol és következetes imaéletet élsz. A következetesség mindenható. A böjt fokozza a Szentlélek erejét, és hatalmad lesz a démonok felett. Jézus neve olyan hatalmas, amikor kimondod a szavakat" :Jézus nevében". Ne feledjétek azt sem, hogy A drága "Jézus Vére" a fegyveretek. Kérd Istent, hogy fedezzen be téged az Ő Vérével. Isten Igéje kimondja:

*"És Jézus Krisztustól, aki a hűséges tanú, és a halottak elsőszülöttje, és a föld királyainak fejedelme. Őhozzá, aki szeretett minket, és **saját vérével mosott meg minket bűneinktől**." (Jelenések 1:5)*

*"Olyannyira, hogy kivitték a betegeket az utcára, és ágyakra és heverőkre fektették őket, hogy legalább az arra járó Péter **árnyéka** beárnyékoljon némelyiküket." (ApCsel 5:15)*

4. fejezet

Isten a nagy stratéga

Wki ismerheti Isten gondolatait? 1999-ben a postán dolgoztam a váltott műszakban, amikor lehajoltam, hogy felvegyek egy küldeményt, és erős hátfájást éreztem. Kerestem a felettesemet, de nem találtam sem őt, sem senkit. Hazamentem, mert azt hittem, hogy a fájdalom elmúlik, ha lefekvés előtt imádkozom. Amikor másnap reggel úgy ébredtem, hogy a fájdalom ott volt, felhívtam a gyülekezet elöljáróját, aki imádkozott a gyógyulásomért. Imádkozás közben hallottam, hogy az Úr azt mondta, hogy hívjam fel a munkaadómat a postán, hogy értesítsem őket a sérülésemről. Ezután azt az utasítást kaptam, hogy amint visszatértem a munkahelyemre, értesítsem a főnökömet. Amikor visszatértem a munkahelyemre, behívtak az irodába, hogy kitöltsem a sérülésről szóló jelentést. Nem voltam hajlandó felkeresni az orvosukat, mert nem hittem abban, hogy orvoshoz kell menni. Istenben bíztam. Sajnálatos módon a hátfájásom csak rosszabb lett. A munkáltatómnak orvosi igazolásra volt szüksége annak alátámasztására, hogy sérülést szenvedtem, hogy igazolja a könnyű munkakört. Ekkorra már többször kértem, hogy az orvosuk lásson, de most már nem voltak hajlandóak elküldeni. Csak akkor gondolták úgy, hogy felépültem, amikor némi javulást láttak a járásomban. Most a munkabaleseti orvosukhoz utaltak, aki később egy ortopéd szakorvoshoz irányított. Ő megerősítette, hogy maradandó hátsérülést szenvedtem.

Ez nagyon feldühítette a munkaadómat. Annyira örültem, hogy ezúttal beleegyeztem, hogy az orvosukhoz forduljak. Nem tudtam, mit tartogat számomra a jövő, de Isten igen. Nemcsak könnyű munkát kaptam a munkahelyemen, hanem most már tudták, hogy komoly fogyatékosságom van. Ahogy az állapotom egyre rosszabbodott, csak hat órát dolgozhattam, aztán négyet, majd kettőt. A fájdalmaim annyira elviselhetetlenné váltak, hogy a munkába járás már az oda-vissza ingázást is megnehezítette. Tudtam, hogy Istenre kell hagyatkoznom, hogy meggyógyítson. Imádkoztam és megkérdeztem Istent, hogy mi az Ő terve velem? Ő azt válaszolta: *"Haza fogsz menni"*. Azt gondoltam, biztosan behívnak az irodába, és hazaküldenek. Később behívtak az irodába, és hazaküldtek, ahogy az Úr mondta. Az idő előrehaladtával az állapotom egyre rosszabb lett, és segítségre volt szükségem a járáshoz. Egy orvos, aki felismerte a sérülésem súlyosságát, azt javasolta, hogy keressek fel egy munkáskártérítési orvost, aki elvállalja az ügyemet.

Egy péntek este, amikor kinyitottam az ajtót a postáról távozva, hallottam Isten hangját, aki azt mondta: *"Soha többé nem jössz vissza erre a helyre"*. Annyira megdöbbentettek a szavak, hogy azt kezdtem gondolni, talán megbénulok, vagy akár ki is rúghatnak. A hang nagyon tiszta és erőteljes volt. Kétségtelenül tudtam, hogy ez be fog következni, és nem fogok visszanézni erre a helyre, ahol 19 évig dolgoztam. Hogy anyagilag hogyan alakulnak majd a dolgok számomra, az bizonytalan volt. Isten azonban messziről látja a dolgokat, mivel Ő még egy újabb lépést helyezett el, amely irányította az utamat, hogy menjek...

Isten lassan és ügyesen, mint egy mesterstratéga rakta le a jövőm alapjait arra az időre, amikor már nem fogok másnak dolgozni, csak neki. A hétvége után találtam egy új ortopéd orvost, aki megvizsgált. Majdnem egy évre ideiglenes rokkantsági ellátásra helyezett. A posta elküldött, hogy az egyik orvosuk értékeljen ki, és az ő véleménye ellentétes volt az orvosoméval. Azt mondta, hogy jól vagyok, és akár 100 fontot is fel tudok emelni. Még járni, állni vagy akár ülni sem tudtam sokáig, nemhogy a saját törékeny testemnek megfelelő súlyt felemelni. Az orvosom nagyon feldúlt volt. Nem értett egyet a másik orvos egészségemre és fizikai képességeimre vonatkozó értékelésével. Hála Istennek, hogy az orvosom vitatta ezt az én nevemben és a munkáltatóm orvosa ellenében. A munkáltatóm ezután egy harmadik orvoshoz irányította az ügyet, aki közvetítő "bíróként" működött volna közre. Ez a bíró egy ortopéd sebész volt, aki később rokkantságot állapított meg nálam. Nem a munkahelyi sérülés miatt, hanem a vérbetegségem miatt. Így most minden másképp alakult. Ezzel a betegséggel születtem. Nem tudtam semmit a rokkantnyugdíjról. Haraggal a szívemben imádkoztam erről a helyzetről. Tudtam, hogy az ő dolga az volt, hogy a beteggel szemben tegye azt, ami igazságos, és nem a munkáltatóval szemben. És egy látomásban láttam ezt az orvost teljesen őrültnek.

Azonnal kértem Jézust, hogy bocsásson meg neki. Az Úr beszélni kezdett hozzám, mondván, hogy az orvos mindent megtett az ön érdekében. Kértem az Urat, hogy mutassa meg nekem, mert én ezt nem így láttam; a válaszom azonban később érkezik. Közben kérelmeztem a tartós rokkantsági ellátást, mert nem tudtam tovább dolgozni. Bizonytalan voltam, hogy jóváhagyják-e a kérelmemet. A munkáltatóm és az orvosom is tudta, hogy nemcsak hátsérülésem van, hanem három daganat a hátam alsó részén és hemongióma a gerincemben. Degeneratív porckorongbetegségem és egy vérbetegségem volt. A testem gyorsan és fájdalmasan romlott.

Betegségeim és sérüléseim fájdalmas tünetei súlyosan megviseltek. Képtelen voltam járni, még a támogató segítséggel sem. Nem tudták, hogy mi okozta a lábaimat sújtó bénulást, ezért elküldtek egy MRI (mágneses rezonancia képalkotó) vizsgálatra a fejemről. Az orvos bármilyen pszichés állapotot keresett. Ki tudhatja Isten gondolatait, és hogy milyen lépéseket tett a jövőm érdekében? Isten a nagy stratéga, mert akkor még nem tudtam, hogy mindennek oka van. Csak bíznom kellett benne, hogy gondoskodik rólam. Tartós rokkantsági ellátást csak olyan személyek számára lehet jóváhagyni, akiknek személyes egészségügyi állapota orvosilag alátámasztható. Mivel az új orvosomnak nem volt kórtörténete, megtagadta, hogy teljes körű orvosi értékelést adjon a rokkantsági osztály számára a munkaképtelenségemmel kapcsolatban. A pénzügyeimmel kapcsolatos dilemmával is szembesültem. Az egyetlen általam ismert forráshoz fordultam a válaszokért. Az Úr azt mondta: "*Sok orvosi jelentésed van, küldd el mindet az orvosnak*".

Nemcsak, hogy átadtam az orvosnak az összes orvosi jelentésemet, hanem már készen állt arra, hogy kitöltse a végleges rokkantsági nyugdíj iránti kérelmemet. Hála Istennek! Isten mindig kész választ adni, ha komolyan kérjük Őt. Fontos, hogy mindig csendben legyünk és figyeljünk az Ő válaszára. Néha nem jön azonnal. Vártam a "Nagy Stratégistára", hogy az Ő akarata szerint rendezze az életemet. A következő néhány hónap gyötrelmes és kihívásokkal teli volt. Nemcsak fizikai fájdalmakat kellett elviselnem, hanem már egy könyvet sem tudtam tovább lapozni. Mivel a gyógyulásom Istenre van utalva, hittem, hogy okkal megyek keresztül ezen, de biztosan nem fogok meghalni. Ebben a hitben csak hálát adtam Istennek minden nap minden pillanatért, amit élek, és bármilyen állapotban is voltam. Imában és böjtben emésztettem magam, hogy átvészeljem a gyötrő fájdalmakkal teli időszakokat. Ő volt az egyetlen erőforrásom és az imában a menedékem.

Az életem nagy fordulatot vett. Ebben a legyengült állapotban nem tudtam tovább dolgozni. Sok ima és könyörgés mellett minden nap úgy tűnt, hogy a helyzetem egyre rosszabb lesz, nem pedig jobb. Mindazonáltal tudtam, hogy Isten az egyetlen válasz. Kétségtelenül tudtam, hogy Ő majd megoldja a dolgokat számomra. Tudtomra adta létezését és jelenlétét, és tudtam, hogy szeret engem. Ez elég volt ahhoz, hogy kitartsak és várjak a "Mesterstratégára", akinek határozott terve volt az életemmel.

Édesanyám, aki 85 éves volt, akkoriban velem élt. Ő is mozgássérült volt, és ágyhoz kötött állapotában segítségre és gondozásra szorult.

Akkor, amikor szerető édesanyámnak a legnagyobb szüksége volt rám, nem tudtam gondoskodni az alapvető szükségleteiről. Ehelyett törékeny anyámnak végig kellett néznie, ahogy a lánya egészsége a szeme láttára romlik. Két nő, anya és lánya, egy reménytelennek tűnő helyzetben, mégis mindketten hittünk a "Csodák Hatalmas Istenében". Egy nap anyám látta, hogy összeestem a padlón. Sikoltozott és kiabált, tehetetlenül, hogy bármit is tegyen értem. Ez a jelenet annyira elviselhetetlen és borzalmas volt édesanyám számára, hogy a földön feküdtem, de az Úr az Ő kegyelmében felemelt a padlóról. A bátyám, a nővérem és a családom, akik ezt hallották, nagyon aggódtak, hogy az állapotom ilyen szélsőségessé vált. Drága és idős édesapám, akit máshol ápoltak, csak sírt és nem sokat beszélt, imádkoztam az Úrhoz, hogy mindannyiunk érdekében legyen vége ennek az egésznek. Nemcsak az én személyes fájdalmamat és megpróbáltatásomat kellett elviselnem, hanem most már a szeretteimet is érintette. Ez volt életem legsötétebb időszaka. Isten ígéretére tekintettem a kezdetektől fogva:

"Amikor mész, lépteid nem lesznek meggátolva, és amikor futsz, nem botlasz meg." (Példabeszédek 4:12)

Nagy örömmel a szívemben Isten Igéjére és ígéretére gondoltam. Nemcsak egy lépést tudnék megtenni, hanem egy nap képes lennék futni is. Több időt szenteltem az imádkozásnak, mivel nem sok mást tehettem, mint imádkoztam és kerestem Isten arcát. Ez megszállottsággá vált éjjel-nappal. Isten Igéje lett a "reménység horgonya" a hullámzó tengeren. Isten gondoskodik a szükségleteinkről, így Ő teremtett módot arra, hogy kapjak egy motoros kerekes széket, amely egy kicsit megkönnyítette a mozgásomat. Amikor felálltam, még segítséggel sem tudtam egyensúlyozni. Egész testemben csak kellemetlenség és fájdalom volt, és minden vigasztalásom " aVigasztalótól", a Szentlélektől származott. Amikor Isten emberei imádkoztak értem, a testem átmeneti enyhülést tapasztalt a fájdalomtól, ezért mindig kerestem az imát másoktól. Egy nap összeestem a földön, és kórházba vittek. A kórház orvosa megpróbált meggyőzni, hogy szedjek fájdalomcsillapítót. Kitartó volt ebben, mivel látta, hogy a fájdalmaim napok óta szélsőségesek voltak.

Végül engedtem az utasításainak, hogy szedjem a gyógyszert, de ez ellenkezett azzal, amiben hittem.

Számomra Isten volt a gyógyítóm és orvosom. Tudtam, hogy Isten bármikor képes meggyógyítani engem, ahogyan már annyiszor megtette ezt korábban, miért ne gyógyítana meg most is? Szilárdan hittem, hogy Isten felelőssége, hogy segítsen rajtam. Így gondolkodtam és imádkoztam hitben, és senki sem tudta megváltoztatni a gondolkodásomat ebben a kérdésben. Nem tudtam másképp látni, ezért vártam a "Mesterstratégára". A gondolkodásom egyre erősödött azáltal, hogy Istenre támaszkodtam. Minél többet imádkoztam, annál jobban nőtt a Vele való kapcsolatom. Ez olyan mély és személyes volt, hogy nem lehet elmagyarázni annak, aki nem ismeri Isten szellemi útjait vagy magát az Ő létezését. Ő egy félelmetes Isten! Aznap, amikor elhagytam a kórházat, felhívtam egy barátomat, hogy jöjjön értem. Rám tette a kezét, hogy imádkozzon, és megtapasztaltam a fájdalom átmeneti enyhülését. Olyan volt, mintha Isten receptre felírt gyógyszerét vettem volna be. Ez idő alatt Isten küldött egy hölgyet, hogy minden reggel 4.00-kor imádkozzon velem. Rám tette a kezét és imádkozott. Csak átmeneti enyhülést tapasztaltam, és most már kaptam egy imatársat. Teljes szívemből hittem, hogy Isten mindent kézben tart.

A dolgok egyre rosszabbra fordultak, ahogy a testem egyre romlott. Az idegkárosodás miatt az alsó és felső végtagjaim nem kaptak elegendő vérellátást vagy oxigént. A tünetek listáját kiegészítve inkontinenciám is lett. A számban lévő görcsök miatt kezdtem nehezen kiejteni a szavakat. Az ülőideg-károsodásom volt, és a tünetek listája egyre bővült.

A gyógyulásom nem jött gyorsan. Kíváncsi voltam, mi történt a Példabeszéd 4:12-ben tett ígéretével. Azt gondoltam, hogy talán vétkeztem. Ezért megkértem" :Uram Jézus, kérlek, tudasd velem, mit tettem rosszul, hogy megbánhassam". Kértem Istent, hogy beszéljen hozzám vagy a barátomhoz, küldjön nekem egy szót. Nem haragudtam Istenre, hanem alázatos szívvel kértem Őt. Kétségbeesetten vágytam gyógyulásra.

Később aznap csörgött a telefonom, és arra gondoltam, hogy ez lehet a válaszom? De csalódásomra a hívás valaki másnak szólt. Lefeküdtem, és hajnali 4-kor felébredtem, hogy imádkozzak. Az imatársam, Sis. Rena átjött, hogy imádkozzon velem. Ránéztem és azon tűnődtem, hogy talán Isten beszélt hozzá, és ő tudja a válaszomat, de csalódásomra ismét nem jött válasz.

Miután elment, bementem a szobámba, hogy lefeküdjek és pihenjek. Ahogy ott feküdtem, 9.00 órakor hallottam, hogy kinyílik a hátsó ajtó; Carmen volt az, a házmester. Belépett és megkérdezte tőlem" :*Hogy érzed magad?*". Azt válaszoltam" :*Szörnyen érzem magam.*" Aztán visszafordultam és elindultam a szobámba. Carmen azt mondta" :*Van egy szavam a számodra.*" Miközben ma a templomban imádkoztam, Jézus odajött hozzám és azt mondta: "*Húgom. Elizabeth Das egy megpróbáltatáson megy keresztül, ez az ő tüzes, hosszú megpróbáltatása, és ő nem tett semmi rosszat. Aranyként fog kijönni, és én nagyon szeretem őt*". Tudom, hogy előző este a trónteremben voltam Vele, amikor választ kértem a kérdésemre.

Ímé, az Úr keze nem rövidült meg, hogy ne tudna megtartani, és füle nem nehéz, hogy ne hallaná. (Ézsaiás 59:1)

Életemnek ezen a pontján úgy éreztem, hogy megőrülök. Nem tudtam többé normálisan olvasni, emlékezni és koncentrálni. Az egyetlen választásom és életem egyetlen oka az volt, hogy imádjam Istent és imádkozzam rendkívüli módon. Minden második nap csak rövid, körülbelül három-négy órás időszakokat aludtam. Amikor aludtam, Isten volt az én Shalomom. Dicsőség és dicséret és tisztelet az Ő Szent Nevének! Imáimban így kiáltottam az Úrhoz" :Istenem, tudom, hogy ebből azonnal ki tudok jönni, mert hiszek abban, hogy meg tudsz és meg fogsz gyógyítani". Elkezdtem gondolkodni a megpróbáltatásomról, hogy talán nem tudok kijönni belőle csak a hitemmel. A próbáknak van eleje és vége.

Ideje van az ölésnek és ideje a gyógyításnak, ideje a rombolásnak és ideje az építésnek (Prédikátor 3:3).

Hinnem kellett abban, hogy ha mindez véget ér, akkor a hitemről olyan erőteljes bizonyságtételem lesz, amely örökké megmarad. A hit bizonyságtétele, amelyet sokakkal meg fogok osztani, mint a Mindenható Isten Csodálatos Műveinek tanúja! Mindez megérte, ezt ismételgettem magamban. Hinnem kellett " areménység horgonyában", mert nem volt más út, csak **az Ő útja**! És az **Ő útján** történt, hogy elvezetett ahhoz, aki a gyógyítás hatalmas ajándékával felruházott, az Ő nevében adott. Isten Igéje soha nem változik, így Isten sem változik. Ő ugyanaz tegnap, ma és mindörökké. Újjászületett hívőként szeretetben kell megvallanunk hitünket, és szeretnünk kell Isten Igéjét.

"Újjászületve, nem romlandó magból, hanem romolhatatlanból, az Istennek igéje által, amely él és megmarad örökké". (1Péter 1:23)

A bibliai Isten embereinek is voltak megpróbáltatásaik. Miért lenne ez ma másképp, hogy Isten ne próbálna meg minket? Nem hasonlítom magam a Szentírás istenfélő embereihez, mert távol áll tőlem az összehasonlítás a szent tanítványokkal. Ha Isten évszázadokkal ezelőtt próbára tette az emberek hitét, akkor a mai férfiakat és nőket is próbára teszi.

*"Boldog az az ember, aki elviseli a kísértést, mert amikor **megpróbáltatik**, elnyeri az élet koronáját, amelyet az Úr megígért azoknak, akik szeretik őt." (Jakab 1:12)*

A Dánielről szóló bibliai beszámolóra gondoltam. Ő olyan helyzetbe került, ahol a hite próbára volt téve. Isten megvédte Dánielt az oroszlánbarlangban, mert nem engedelmeskedett Dárius király törvényének. Csak Istenhez imádkozott, és nem volt hajlandó Dárius királyhoz imádkozni. Aztán ott volt Jób, egy odaadó ember, aki szerette Istent, aki elvesztette mindenét, amije volt, és betegséget szenvedett a testében, de Jób mégsem átkozta Istent. A Szentírás még sok más férfit és nőt is megemlít. Bármin is mentek keresztül, a megpróbáltatásuknak volt kezdete és vége. Az Úr mindvégig velük volt, mert bíztak benne. Ragaszkodom ezeknek a bibliai beszámolóknak a tanulságaihoz, amelyeket példaként és inspirációként kaptunk. Isten a válasz mindenre. Csak Őbenne bízzatok, és maradjatok hűek az Ő Igéjéhez, mert az Ő Igéje igaz hozzátok!

megtartván a hitet és a jó lelkiismeretet, a melyet némelyek a hitet elhagyva hajótörést szenvedtek (1Timóteus 1:19).

Amikor a hited próbára van téve, ne feledd, hogy Isten Igéjére támaszkodj. Az ellenség minden támadásában a csatát az Ő Igéjének ereje által lehet megnyerni.

Az Úr az én erőm és énekem, és ő lett az én üdvösségem, ő az én Istenem (2Mózes 15:2a).

Az én sziklám Istene, benne bízom; ő az én pajzsom, és üdvösségem szarva, az én magas tornyom, és menedékem, az én szabadítóm; te mentesz meg engem az erőszakból (2Sám 22:3).

Az Úr az én kősziklám, az én erősségem és szabadítóm, az én Istenem, az én erőm, akiben bízom, az én csatabárdom, az én üdvösségem szarva és az én magas tornyom. (Zsoltárok 18:2)

Az Úr az én világosságom és üdvösségem, kitől féljek, az Úr az én életemnek ereje, kitől féljek? (Zsolt 27,1).

Istenben bízom: Nem félek attól, hogy mit tehet velem az ember. (Zsoltárok 56:11)

Istenben van az én üdvösségem és dicsőségem; erőm sziklája és menedékem az Istenben van. (Zsoltárok 62:7)

5. fejezet

Beszélj a hitedről

Iegy ideje porallergiám van, amitől viszketett az arcom. Hittem, hogy Isten meggyógyít ebből az állapotból. Egy nap egy munkatársam rám nézett, és azt mondta, hogy az allergiám nagyon súlyos. Mondtam neki, hogy nem vagyok allergiás, és elmagyaráztam neki, hogy hiszem, hogy Isten már gondoskodik a gyógyulásomért benyújtott kérésemről. Ez volt az én "ne nevezd meg", és "ne követeld" hitem. Az Úr még aznap tiszteletben tartotta a kérésemet azzal, hogy megszüntette az állapotot és minden tünetet. Milyen csodálatos Istent szolgálunk! Nem kell a szánkkal megvallani és nevet adni a tüneteinknek. Amikor imát kapsz, hidd el, hogy a mennyben már gondoskodtak róla, és hogy egy angyal küldött ki, hogy elhozza neked a gyógyulásodat. A hitedet mondd ki, ne a betegségedet és a betegségeidet. Eszembe jut Jézus és a százados bibliai története Kapernaumban:

"És amikor Jézus belépett Kapernaumba, odament hozzá egy
százados, aki könyörgött neki, és így szólt: Uram, az én szolgám
otthon fekszik, bénultan, súlyosan meggyötörten. Jézus pedig monda
néki: Elmegyek és meggyógyítom őt. Felele a százados, és monda:
Uram, nem vagyok méltó, hogy az én házam alá jöjj; hanem csak egy
szót szólj, és meggyógyul az én szolgám. Mert én hatalom alattvaló
vagyok, és katonák vannak alattam; és mondom ennek az embernek:

Menj el, és ő elmegy; és egy másiknak: Jöjj, és ő eljön; és az én szolgámnak: Tedd meg ezt, és ő megteszi. Amikor Jézus ezt hallotta, elcsodálkozott, és azt mondta az utána jövőknek: Bizony mondom nektek, nem találtam még ilyen nagy hitet, nem, Izráelben sem."
(Máté 8:5-10)

A százados alázatosan jött az Úrhoz, mert hitt Jézus szavainak erejében. A százados saját szavai árulkodtak Jézusnak a "kimondott szó" erejébe vetett hitéről, amely meggyógyítja a szolgáját. Mi is hitet és reményt adhatunk másoknak azzal, amit mondunk nekik. Engednünk kell, hogy a Szentlélek szóljon a szánk által, amikor lehetőségünk van arra, hogy tanúságot tegyünk másoknak.

Ez az Ő módja arra, hogy felhasználjon minket arra, hogy hatékonyan megérintsük mások életét, és elültessük az üdvösség magját. Az ilyen időkben Isten felkenve adja nekünk a szavakat, hogy beszéljünk, mert Ő ismeri a szívünket és a vágyunkat, hogy elérjük a bűnöst. Annyira hálás vagyok Isten Szeretetéért, Irgalmáért és Kegyelméért, amely megtérésre vezet minket. Ő kész megbocsátani bűneinket, és ismeri gyengeségeinket, mert tudja, hogy emberek vagyunk.

"Ő pedig azt mondta nekem: Elég neked az én kegyelmem, mert az én erőm a gyengeségben tökéletesedik. Legszívesebben tehát inkább gyöngeségeimben dicsekszem, hogy Krisztus ereje rajtam nyugodjék. Ezért gyönyörködöm a gyöngeségekben, a gyalázkodásokban, a szükségekben, az üldözésekben, a nyomorúságokban Krisztusért; mert amikor gyenge vagyok, akkor vagyok erős." (2Kor 12:9-10)

Jézus pedig monda nékik: A ti hitetlenségetek miatt; mert bizony mondom néktek, ha van hitetek, mint egy mustármag, azt mondjátok e hegynek: Távozzatok innen arra a helyre, és elmegy, és semmi sem lesz lehetetlen számotokra. (Máté 17:20)

Aznap este a bőrallergia teljesen meggyógyult, mivel nem fogadtam el a sátán csomagját.

6. fejezet

Isten és az Ő szolgája gyógyító ereje

Iezt a fejezetet azzal szeretném kezdeni, hogy először is mesélek egy kicsit James Min testvérről. James testvérnek volt egy cipőjavító műhelye a kaliforniai Diamond Barban, ahol tanúságot is tett a vásárlóinak Isten hatalmáról. Egy időben ateista volt, de végül elfogadta a keresztény hitet. Később megismerte az apostolok igazságtételét, és most már erősen hívő, megkeresztelkedett Jézus nevére, és megkapta a Szentlelket, aminek bizonyítéka, hogy más nyelveken vagy nyelveken beszél. Amikor először találkoztam James testvérrel, elmesélte nekem a bizonyságtételét, és azt, hogy imádkozott, kérve Istent, hogy használja őt az ajándékokban, hogy mások is higgyenek és megismerjék Istent a csodák által.

Keresztényként az ajándékokkal kell működnünk, és nem szabad félnünk kérni Istent, hogy használjon minket. Ezek az ajándékok ma is nekünk szólnak. Az újszövetségi ősegyház érzékeny volt Isten Lelkére, és a Lélek ajándékaival szolgált.

Jézus azt mondta:

*"Bizony, bizony mondom nektek: Aki hisz bennem, az a cselekedeteket, amelyeket én teszek, ő is fogja tenni; és még ezeknél is **nagyobbakat** fog tenni, mert én elmegyek az én Atyámhoz".*
(János 14:12)

Imádkozz, hogy a gyülekezet vezetője segítsen megérteni ezeket az ajándékokat, és támogassa az ajándékodat. Kérd Istent, hogy segítsen neked használni őket, mert közvetlenül Istentől származnak. Ne légy nagyképű, ha az ajándékod olyan, amely nyíltan működik a gyülekezetben. Néhány ajándék esetében Isten edényként fog használni téged, hogy elérd, amit akar. Lehet, hogy több ajándékkal is rendelkezel, és talán nem is tudsz róla. Néhány ajándék nem fog nagyon népszerűvé tenni, de engedelmeskedned kell Istennek, amikor Ő szól. Minden az ajándéktól függ. Imádkozz bölcsességért, hogy az Ő felkenő ereje alatt használd az ajándékodat. Isten okkal választott ki téged, és Ő nem hibázik. Az ajándékok a gyülekezet épülését szolgálják.

Csak egyetlen igaz egyház van, amely Őt imádja lélekben és igazságban.

"Az ajándékok pedig különbözőek, de ugyanaz a Lélek. És különbözőek a kormányzások, de ugyanaz az Úr. És vannak különbözőségek a cselekedetekben, de ugyanaz az Isten az, aki mindent mindenben munkál. A Lélek megnyilvánulása pedig mindenkinek adatik, hogy hasznot húzzon belőle. Mert egyiknek a Lélek által adatik a bölcsesség igéje; másiknak a tudás igéje ugyanazon Lélek által; másiknak a hit ugyanazon Lélek által; másiknak a gyógyítás ajándékai ugyanazon Lélek által; másiknak a csodatétel; másiknak a prófétálás; másiknak a szellemek megkülönböztetése; másiknak a nyelvek különféle fajtái; másiknak a nyelvek értelmezése: De mindezeket az az egy és ugyanazon Lélek munkálja, osztván mindenkinek külön-külön, ahogyan akarja."
(I. Korinthus 12:4-11)

Jakab testvér elmondta nekem, hogy imádkozott ezekért az ajándékokért, hogy a Szentlélekben Isten csodálatos cselekedeteinek csodajeleivel működhessen. Éjjel-nappal folyamatosan olvasta a Bibliát. Rájött, hogy a Lélek ajándékainak működése által a hit magja elvetésre kerül a hitetlenek szívében. Példát kell mutatnunk a hitünkkel, ahogy maga Jézus mondta, hogy a hívők maguk is véghezviszik ezeket a csodákat és még sokkal többet.

"A hit pedig a remélt dolgok tartalma, a nem látott dolgok bizonyítéka". (Zsidókhoz írt levél 11:1)

" Hit nélkül pedig lehetetlen neki tetszeni; mert aki Istenhez megy, annak hinnie kell, hogy ő van, és hogy megjutalmazza azokat, akik szorgalmasan keresik őt". (Zsidókhoz írt levél 11:6)

Jakab testvérnek látomása volt arról, hogy Isten szellemi ajándékokat ad neki. Ma a gyógyítás és a szabadítás ajándékain keresztül működik. Jakab testvér szolgálata révén a mennyben kijelölték azt a napot, amikor újra járni fogok, minden segítségtől mentesen. James testvér nem lelkipásztor vagy egyházi lelkész. Nem tölt be semmilyen magas pozíciót egy gyülekezetben, bár a szellemi ajándékok miatt már ajánlottak neki pozíciókat és pénzt. Alázatosan viseli azt az ajándékot, amelyet Isten rábízott. Láttam, hogy Isten hogyan használja őt arra, hogy Jézus nevében démonokat űzzön ki az emberekből, és gyógyulás jön a betegekre. A démonok Isten hatalma alá kerülnek Jézus nevében, amikor Jakab testvér kiűzi őket. Jézus nevében kérdéseket tesz fel a démonoknak, és azok válaszolnak Jakab testvérnek. Személyesen sokszor láttam ezt; különösen, amikor megkérte a démonokat, hogy vallják meg, ki az igazi Isten. A démon azt fogja válaszolni, hogy "Jézus". De számukra már túl késő, hogy Jézushoz forduljanak. Sokat tanultam a szellemi világról, amikor keresztülmentem ezen a próbán, és Istenre támaszkodtam a gyógyulásért.

"És monda nékik: Menjetek el az egész világra, és hirdessétek az evangéliumot minden teremtménynek. Aki hisz és megkeresztelkedik, üdvözül; aki pedig nem hisz, elkárhozik. És ezek a jelek követik

*azokat, akik hisznek: Az én nevemben ördögöket űznek ki, új
nyelveken szólnak, kígyókat vesznek fel, és ha valami halálos dolgot
isznak, az nem árt nekik, betegekre teszik a kezüket, és azok
meggyógyulnak."" (Márk 16:15-18)*

Isten kegyelméből Jakab testvér készen áll arra, hogy bármikor,
bárkinek tanúságot tegyen Jézusról. A gyógyító és szabadító
szolgálatot otthoni összejöveteleken vagy olyan gyülekezetekben
végzi, ahová meghívást kapott. James testvér a Bibliából idéz:

*Mindazonáltal, testvérek, annál bátrabban írtam nektek
valamiképpen, hogy gondolkodjatok, azon kegyelem miatt, amely
Istentől adatott nekem, hogy Jézus Krisztus szolgája legyek a
pogányoknak, szolgálva az Isten evangéliumát, hogy a pogányok
áldozata elfogadható legyen, a Szentlélek által megszentelve. Van
tehát miből dicsekednem Jézus Krisztus által azokban a dolgokban,
amelyek az Istenhez tartoznak. Mert nem merek beszélni semmit sem
azok közül a dolgok közül, amelyeket Krisztus nem cselekedett
általam, hogy a pogányokat engedelmessé tegye, szóval és
cselekedettel, hatalmas jelek és csodák által, az Isten Lelkének ereje
által; úgyhogy Jeruzsálemtől Jeruzsálemig és köröskörül egészen
Illyricumig teljesen hirdettem a Krisztus evangéliumát.
(Róma 15:15-19)*

Aznap, amikor találkoztam vele, James testvér feltett nekem néhány
kérdést az egészségemről. Elmondtam neki mindent és a tüneteimet.
Megmutattam neki azt is, hogy hol volt három daganatom. A daganatok
a gerincem külső oldalán, a másik pedig a gerincem belső oldalán volt.
James testvér megvizsgálta a gerincemet, és elmagyarázta, hogy a
gerincem nem volt középen egyenes vonalú. Megnézte a lábaimat,
összehasonlítva őket egymás mellett, és megmutatta, hogy az egyik
lábam majdnem 3 hüvelykkel rövidebb, mint a másik. Az egyik kezem
is rövidebb volt a másiknál. Imádkozott a gerincemért, és az visszatért
az eredeti helyére, ahol az ujját a gerincemmel párhuzamosan,
egyenesen, egyenes vonalban tudta vezetni. Imádkozott a lábamért, és
az elkezdett mozogni a szemem előtt, majd megállt a növekedésben,

amikor egy szintre került a másik lábbal. Ugyanez történt a kezemmel is. Egyenletesen nőtt a másik kézzel. Jakab testvér ezután megkért, hogy tegyem le a járástámaszt, és megparancsolta, hogy álljak fel és járjak Jézus nevében. Úgy tettem, ahogy kérte, és csodálatosan járni kezdtem. Ennek tanújaként a barátom odarohant és azt kiabálta: "Liz kapaszkodj belém, kapaszkodj a támaszodba, különben el fogsz esni!". Tudtam, hogy abban a pillanatban van erőm járni, és megtettem ezt a lépést hittel. Annyira el voltam ragadtatva az örömtől!

Izomgyengeségem volt a lábamban, ami a mozgáshiány miatt alakult ki, mivel ilyen hosszú ideig nem tudtam járni. Eltartott egy ideig, amíg az izmaim újra formába lendültek; még ma sem rendelkezem az izmaim teljes erejével. Hála Istennek, már tudok járni és vezetni az autómat. Senki sem mondhatja nekem, hogy Isten ma nem tesz csodákat. Istennél semmi sem lehetetlen. Elhatalmasodó örömmel mentem el az orvoshoz, aki tudott a fogyatékosságomról. Azonnal, ahogy beléptem a rendelőbe, minden segítség, bot vagy kerekesszék nélkül, az orvosi személyzet teljesen elámult. A nővérek rohantak az orvosért, aki szintén hihetetlenül meglepődött, hogy még röntgenfelvételeket is készített. Amit látott, az az volt, hogy a daganatok még mindig ott voltak, de valami rejtélyes oknál fogva ennek ellenére képes voltam járni. Hála Istennek! Hiszem, hogy ezek a daganatok is hamarosan eltűnnek!

Azon a napon, amikor Isten meggyógyított, elkezdtem mindenkinek elmondani, hogy Isten a mi gyógyítónk, és az Ő üdvözítő terve azok számára van, akik hisznek és követik Őt. Hála Istennek Jakab testvérért és Isten minden jótéteményéért!

Az ígéretem első része valóra vált.

"Amikor mész, lépteid nem lesznek meggátolva, és amikor futsz, nem botlasz meg." (Példabeszédek 4:12)

Sokszor gondoltam, hogy le fogok esni, de soha nem tettem meg.

"Áldd az Urat, lelkem, és ne feledkezz meg minden jótéteményéről: Aki megbocsátja minden gonoszságodat, aki meggyógyítja minden betegségedet, aki megváltja életedet a pusztulástól, aki megkoronáz téged szeretettel és gyengéd irgalommal, aki jóllakatja szádat jóval, hogy ifjúságod megújuljon, mint a sasé."" (Zsoltárok 103:2-5).

7. fejezet

Nem engedünk az ördögnek vagy az ördög dolgainak

Rose barátnőm Kaliforniából egy kora reggel felhívott. Elmondta, hogy előző este a férje, Raul lefeküdt aludni, míg ő a vendégszobában maradt, és egy népszerű késő esti rádióműsort hallgatott az Ouija-tábláról. A villany le volt kapcsolva, és a szobában sötét volt. Hirtelen azt mondta, hogy egy jelenlétet érzett a szobában. Az ajtó felé nézett, és ott egy férfi állt, aki némileg hasonlított a férjére. Ez az alak gyorsan, mint egy villám mozdult, és laposan az ágyra szorította, ahol ő volt. Ez a "valami" aztán a karjánál fogva felhúzta őt ülő helyzetbe, szemtől szemben vele. Tisztán látta, hogy a szemgödrökben nincsenek szemek, csak mély, üreges feketeség. A karjai, amelyek még mindig fent tartották, szürkés színűek voltak, mint a halál, és az erei kiálltak a bőréből. Azonnal rájött, hogy ez nem a férje, hanem egy tisztátalan bukott angyal.

Mint tudjátok, egy démon és egy bukott angyal teljesen különböző tulajdonságokkal rendelkezik. A bukott angyalokat Luciferrel együtt dobták ki a mennyből, teljesen más munkájuk van. A bukott angyalok ugyanúgy tudnak dolgokat mozgatni, mint az emberek, de egy démonnak emberi testre van szüksége ahhoz, hogy a tervét működtesse. A démonok olyan emberek szellemei, akik Jézus nélkül haltak meg; nekik is korlátozott hatalmuk van.

És lőn még egy csoda az égen, és ímé egy nagy vörös sárkány, melynek hét feje és tíz szarva vala, és hét korona az ő fején. És a farka megragadta az ég csillagainak harmadát, és a földre vetette azokat; és a sárkány megállt az asszony előtt, aki készen állt, hogy megszülessen, hogy megeméssze a gyermekét, amint megszületik.
(Jelenések 12:3,4)

Rose még mindig védtelen volt, és fagyott állapotban képtelen volt beszélni. Azt mondta, megpróbált kiáltani Raulnak, de csak rövid, küszködő hangokat tudott kiadni, mintha valaki megfeszítette volna a hangszálait. A háttérben még mindig hallotta a rádiós műsorvezetőt, és tudta, hogy nem alszik, mivel a szemei teljesen nyitva voltak, és ismételgette magának, hogy ne csukja be őket. Korábban emlékezett arra, hogy rövid időre becsukta a szemét, mielőtt ez az incidens megtörtént, és látomásban vagy álomban nagy karmolásnyomokat látott, amelyek a tapétát szaggatták.

Rose-t közel 30 éve ismerem. Rose körülbelül 10 éve hagyta el az egyházat, és már nem járt az Úrral. Mindig tartottuk a kapcsolatot, és továbbra is imádkoztam érte, hogy visszatérjen Istenhez. Rose elmondta nekem, hogy legalább többször is nagyon erőteljes nyelveken szólt minden látható ok nélkül, miközben hazafelé vezetett a munkából. Úgy érezte, hogy ez nagyon szokatlan, mert egyáltalán nem imádkozott. Rájött, hogy Isten a Szentlélek által foglalkozik vele. Az Ő szeretete elérte őt, és tudta, hogy Isten irányít, mert Ő választotta meg a látogatásai idejét. Rose azt mondta, hogy becsukta a szemét és az elméjét, és azt kiáltotta: "JÉZUS!". A bukott angyal egy szempillantás alatt leugrott a testéről és elsétált anélkül, hogy a földet érintette volna.

Mozdulatlan maradt, amíg újra meg tudott mozdulni. Felébresztette Rault, aki azt mondta, hogy ez csak egy rossz álom volt. A férfi maga mellé fektette a lányt az ágyba, és gyorsan elaludt. Rose sírni kezdett, és az imént történt borzalmakra gondolt, és észrevette, hogy magzati pózban van. Hirtelen nyelveken kezdett beszélni, ahogy a Szentlélek természetfeletti ereje eluralkodott rajta, és visszavezette abba a sötét szobába. Becsukta maga mögött az ajtót, pontosan felismerve, hogy mit kell tennie. Hangosan imádni kezdte Istent, és magasztalta az Ő nevét, amíg kimerülten, de nagy békességgel a földre nem zuhant.

Amikor kinyitotta az ajtót, legnagyobb meglepetésére Raul állt a nappaliban, ahol minden lámpa égett. Egyenesen az ágyukhoz sétált, és félelmetes nyugalommal aludt. Másnap este, miközben vacsorát készített, Raul megkérdezte Rose-t, hogy visszatér-e az a "dolog" az előző estéről. Meglepődve a kérdésén, Rose megkérdezte, hogy miért kérdezi ezt, hiszen nem is hiszi, hogy megtörtént. Raul elmondta Rose-nak, hogy miután bement a szobába imádkozni, valami jött utána. Ezért volt ébren, miközben égett a villany. Miután imádkozott és elaludt, valami szörnyűség támadta meg, ami másnap reggel 4 óráig ébren tartotta. Este 11 órától reggelig küzdve használta az Om dúdoló meditációt. Rose emlékezett, hogy Raulnak volt egy Ouija-táblája az előszobai szekrényben, amitől nem volt hajlandó megszabadulni, amikor először költözött a házba. Azt mondta Raulnak, hogy nem tudja, visszatér-e, de meg kell szabadulnia az Ouija-táblától. Raul gyorsan bedobta a kinti szemetesbe. Rose azt mondta, hogy ez a szörnyű eset kellett ahhoz, hogy megszabaduljon tőle!

Amikor Rose felhívott, mondtam neki, hogy a bukott angyal még mindig a házban lehet, ezért együtt kell imádkoznunk telefonon keresztül. Rose szerezte az olívaolajat, hogy megkenje a házat, miközben kihangosítottam. Amikor kimondtam " akész" szót, azt mondtam neki, hogy azonnal elkezd nyelveken beszélni a Szentlélekben. Amikor azt mondtam" hogy ,kész", Rose azonnal elkezdett nyelveken beszélni, és letette a telefont, hogy felkenje. Hallottam, ahogy a hangja elhalkult, miközben az egész házban imádkozott, és Jézus nevében megkente az ajtókat és az ablakokat. Rose már nem volt a hallótávolságomon kívül, amikor valami azt súgta, hogy szóljak neki, hogy menjen be a garázsba. Ugyanebben a pillanatban Rose azt mondta, hogy felkeni a szobákat, és a garázsba vezető hátsó ajtónál volt. Egy gonosz jelenlétet érzett az ajtó mögött, amikor megkente azt. Isten védelmében bízva Rose azt mondta, hogy kinyitotta az ajtót, és besétált a nagyon sötét garázsba. A Szentlélek ereje egyre erősebb lett, ahogy belépett, és érezte, hogy ott van! Egy másik ajtó felé sétált, amely a teraszra vezetett, ahol a szemetesláda volt. Ugyanaz a szemetes volt, ahová Raul előző nap kidobta az Ouija-táblát. Rose habozás nélkül elmondta, hogy olívaolajat öntött az Ouija-táblára, miközben hangosan és buzgón imádkozott a Szentlélekben, majd becsukta a fedelet. Visszament a nappaliba, és hallotta, ahogy a hangom hívja őt, hogy "menj be a garázsba, mert ott van". Rose azt mondta nekem, hogy már gondoskodott "róla". Ez megerősítette, hogy a gonosz a garázsban volt, miközben imádkoztunk.

Rose azt mondta, hogy most már mindennek van értelme. Isten az Ő gyengéd irgalmában és szerető jóságában éppen erre a napra készítette fel Rose-t, még akkor is, ha nem Őt szolgálta. Rose szerint ez az élmény az, ami visszahozta őt Istenhez olyan elkötelezettséggel, amilyet még soha nem érzett. Most a kaliforniai Norwalkban lévő Apostoli Világítótoronyba jár. Annyira hálás volt Istennek az Ő szeretetéért és védelméért. Isten felkészítette őt arra, hogy a Szentlélek tagadhatatlan lelki fegyverzetével szembenézzen a bukott angyallal azon az éjszakán. Ami Rose számára történt, az Isten hatalmának természetfeletti megnyilvánulása volt Jézus nevében. Az Ő szeretete volt az, hogy Rose visszatérjen az Ő útjaira. Higgyétek el, hogy az Ő keze nem túl rövid ahhoz, hogy megmentsen vagy megszabadítson, még azokkal kapcsolatban is, akik ellenkeznek, akik úgy döntenek, hogy nem hisznek abban, amit nem látnak vagy nem éreznek. Megváltónk Vérével megfizette értünk az árat a kereszten. Ő soha senkit nem kényszerít arra, hogy szeresse Őt. Isten Igéje azt mondja nekünk, hogy úgy kell jönnöd, mint egy kisgyermeknek, és azt ígéri, hogy ha teljes szívedből keresed Őt, meg fogod találni. A hitetlenek és a szkeptikusok nem tudják megváltoztatni azt, ami van és ami lesz. Szomjazzatok Isten igazságára, és igyatok az Élet Élő Vízéből.

"Miért nem volt ott senki, amikor eljöttem? Mikor hívtam, nem volt senki, aki felelt volna? Megrövidült-e egyáltalán a kezem, hogy nem

Elizabeth Das

*tud megváltani? Vagy nincs hatalmam, hogy kiszabadítsam? Íme,
dorgálásomra kiszárítom a tengert, a folyókat pusztasággá teszem;
haluk bűzlik, mert nincs víz, és szomjan halnak."
(Ézsaiás 50:2)*

*"Szelídséggel oktatva az ellenszegülőket, ha Isten esetleg bűnbánatot
ad nekik az igazság elismerésére, és hogy megmeneküljenek az ördög
csapdájából, akiket akarata szerint foglyul ejtett."
(2Timóteus 2:25-26)*

8. fejezet

Dream And Vision - A "figyelmeztetés"

One reggel álmodtam egy közelgő veszélyről, ami az autóm vezetése közben történt. Ebben az álomban az első gumiabroncs hangos hanggal kiszakadt. Olyan hangos volt, hogy felébredtem. Annyira valóságos volt, hogy az álom olyan volt, mintha ébren lennék, vagy valahol a kettő között. A hét folyamán imádkoztam erről, és úgy döntöttem, hogy elviszem az autómat a gumik ellenőrzésére. Sajnos a terveim félbeszakadtak, és nem foglalkoztam vele. Ugyanezen a héten néhány barátommal elmentünk imádkozni egy indiai családért, akiknek imára volt szükségük. Útban a házuk felé az autópályán, a temetőnél kiszakadt az autóm gumija. Azonnal eszembe jutott az álom, ahogyan láttam. Itt voltunk az autómban, defektes kerékkel, és a család ragaszkodott hozzá, hogy menjünk el hozzájuk. Miután a kereket megjavították, visszatértünk egy másik járműért, és folytattuk a család meglátogatását. A családnak volt egy helyzete az egyetlen fiukkal, aki egy jogi ügybe keveredett, és börtönbüntetésre számíthatott. Aggódtak, hogy őt is kitoloncolják a szülőföldjükre. A fiatalember édesanyja aznap korábban sírva hívott fel, és elmagyarázta, hogy milyen vádakkal kell szembenéznie. A legrosszabb forgatókönyvre gondolva biztos volt benne, hogy a fiút bűnösnek találják, majd kitoloncolják, és soha többé nem láthatja a fiát. Azt mondta, hogy nem tudna dolgozni, mert állandóan sírna a betegei előtt. Miközben sírt, imádkozni kezdtem vele a helyzetért a telefonban. Elkezdtem beszélni a Szentlélekben egy ismeretlen nyelven vagy nyelveken, ahogy Isten Lelke mozgatott. Addig imádkoztam, amíg azt mondta, hogy a szíve már nem terhelt, és megvigasztalódott.

"Hasonlóképpen a Lélek is segít a mi gyengeségeinken; mert mi nem tudjuk, hogy miért imádkozzunk, ahogyan kellene, de a Lélek maga közbenjár értünk olyan sóhajtásokkal, amelyeket nem lehet kimondani, és aki a szíveket vizsgálja, tudja, hogy mi a Lélek gondolata, mert ő közbenjár a szentekért Isten akarata szerint.""
(Róma 8:26-27).

Az anya megkérdezte, hogy felhívhat-e engem, mielőtt másnap reggel a tárgyalásra megy. Igent mondtam neki, és hogy imádkozni fogok Istenért, hogy járjon közbe. Megkértem, hogy hívjon fel a tárgyalás után, mert tudni akartam, milyen csodát tett Isten. Másnap a fiatalember édesanyja nagy örömmel hívott fel, és azt mondta: *"El sem hinnéd, mi történt?"*. Azt válaszoltam: *"Elhiszem, mert ilyen Istent szolgálunk"*! Továbbra is azt mondta, hogy nincs semmilyen nyilvántartásuk a fiamról. Az ügyvéd azt mondta, hogy a bíróság nem talált ilyen nevet vagy bármilyen vádat ellene, bár neki és az ügyvédnek papírmunka bizonyítéka volt a kezében.

Isten meghallgatta imáinkat. A hite annyira felemelkedett, hogy attól a naptól kezdve elfogadta, milyen hatalmas Istent szolgálunk, és hogy Isten hogyan gondoskodik a dolgokról, ha teljes szívünkből imádkozva elé visszük őket. Tanúja lett Isten csodatevékenységének, és bizonyságot tett arról, amit az Úr tett értük. Ami a defektet illeti, az csak egy kis visszaesés volt, aminek nem kellett volna megtörténnie, ha előzetesen gondoskodtam volna róla. Mindazonáltal az Úr utat teremtett számunkra, hogy elérjük ezt a családot, mivel kitartóan kérték, hogy jöjjünk el és imádkozzunk velük. Mindig készen kell állnunk arra, hogy ellentámadásba lendüljünk azokkal az erőkkel szemben, amelyek megakadályoznak minket abban, hogy Isten akaratát teljesítsük. Az ellenség, az ellenfelünk, az ördög minden terve ellen kell mennünk kitartással, különösen akkor, amikor ezeket az akadályokat látjuk az utunkban.

Amikor megérkeztünk a család otthonába, emlékszem, hogy imádkoztunk és tanúságot tettünk az egész családnak. Nagyon élveztük az igehirdetés és Isten Igéjének tanítása közben töltött csodálatos időt. Azon a napon az Úr öröme volt és maradt az erőnk! Ő megáldja azokat, akik az Ő akaratát teljesítik.

9. fejezet

Az egész éjszakás ima találkozó

Oejszaka néhány barátommal úgy döntöttünk, hogy egész éjjel imádkozunk. Megállapodtunk abban, hogy havonta egyszer imádkozni fogunk " azEgész éjszakás imatalálkozónkon". Csodálatos élményekben volt részünk ezeken az egész éjszakai imaösszejöveteleken. Az egységes otthoni imaidőnk olyan erőteljes lett, hogy azok, akik később csatlakoztak hozzánk, azonnal érezték a különbséget a saját imáikban. Ez már nem egy vallásos rutin volt, hanem a Szentlélekben való imádkozás a Lélek ajándékainak megnyilvánulásaival. Ahogy imádkoztunk, néhányan elkezdték megtapasztalni, milyen az ördöggel való birkózás. Erők jöttek ellenünk, ahogy imáinkban elértünk egy magasabb szintre, amely szellemi csatatereken vezetett át bennünket. Háborúban álltunk az ördöggel, és böjti napokat kezdtünk el hívni. Megcsapoltunk valamit, ami spirituálisan erős volt, ami arra kényszerített minket, hogy még jobban keressük Istent.

Az egyik ilyen imaösszejövetelen, hajnali fél négykor Karen barátom felállt, hogy hozza a kenőolajat. Elkezdte bekenni a kezemet és a lábamat olajjal, majd prófétálni kezdett, mondván, hogy sok helyre kell mennem, hogy elvigyem Isten Igéjét, és hogy Isten használni fog engem az Ő céljára. Először nagyon mérges voltam Karenre, mert ez nem volt lehetséges, és nem volt semmi értelme. Életemnek abban az időszakában közel 10 évig nem mentem sehova, mert nem tudtam járni. A lábizmaim még mindig gyengék voltak, és azok a fájdalmas daganatok nyomták a gerincemet. Elgondolkodtam Karen szavain, és akkor Isten szólt hozzám, azt mondta: "Én vagyok az Úr, aki hozzád szól" a száján keresztül, akkor értettem meg, hogy nem csak Karen lelkesedése szólt hozzám. Sajnáltam, és kértem Istent, hogy bocsásson meg nekem a gondolatomért.

Néhány nappal később kaptam egy hívást valakitől az Illinois állambeli Chicagóban, akinek lelki segítségre volt szüksége, ezért úgy döntöttünk, hogy a következő héten Chicagóba megyünk. Ez már önmagában is nagy csoda volt, mert akkoriban még nem is gondoltam arra, hogy kimerészkedjek. A prófétai üzenet miatt, tiszta hittel tettem meg az utat Chicagóba. A prófétai üzenet nélkül biztosan nem mentem volna el. Azon a héten a fizikai egészségem egyre rosszabb lett, és nem tudtam felkelni az ágyból. Azt is hallottam, hogy Chicagóban jelentős havazás volt. Rájöttem, hogy a hitem próbára van téve. Életemnek abban az időszakában kerekesszékre volt szükségem, hogy közlekedni tudjak. A chicagói család megtapasztalta, hogy démoni erők támadnak ellenük. Nemrég fordultak Istenhez, és felhagytak a boszorkánysággal. Sok családtagjuk is a mi Urunk Jézus Krisztushoz fordult. Az Úr meggyógyította és megszabadította őket ezektől a démoni erőktől, amelyek a bűn rabságában tartották őket. Rájöttem, hogy Istennek kell megadni nekem az állóképességet, hogy kibírjak egy ilyen utazást, és hamar nyilvánvalóvá vált, hogy Isten akarata az, hogy menjek. Két olyan álmot is átéltem, amelyben Isten azt mondta nekem, hogy engedelmeskednem kell az Ő hangjának. Nem engedetlenkedtem Istennek, és megtanultam, hogy ne kérdőjelezzem meg Őt. Gyorsan megtanultam, hogy az Ő útjainak nem kell, hogy értelme legyen számomra. Aznap, amikor megérkeztünk Chicagóba, meleg volt az idő. Fájdalommentes is voltam. Hitben járunk és nem látás szerint, ahogy a Szentírás mondja. Amikor a dolgok lehetetlennek tűnnek számunkra, hinnünk kell, hogy "Istennél minden lehetséges". Ő gondoskodott mindenről, és energiát adott nekem, hogy Chicagóban az

Ő akaratát teljesítsem. Arra is volt időnk, hogy meglátogassunk és szolgáljunk más családok otthonában.

Hazafelé indulva elkezdődött a zivatar, sok járatot töröltek, de hála Istennek, bár a mi járatunk késett, vissza tudtunk térni Kaliforniába. Hála Istennek! Ő valóban az én "Sziklám és Pajzsom", az én védelmezőm a lelki és természeti viharoktól. Ez az utazás a hit bizonysága és áldás volt mindannyiunk számára. Ha nem engedelmeskedtem volna, nem tapasztaltam volna meg Isten keze munkájának áldásait. Isten soha nem szűnik meg lenyűgözni azzal, ahogyan ma is szól hozzánk. A Mindenható Isten, még mindig beszél a hozzám hasonló hétköznapi emberekhez. Micsoda kiváltság Teremtőnket szolgálni és látni az Ő hatalmas tetteit, ahogyan megérinti a mai emberek életét, akik hisznek és hívják Őt. Egy prófétai üzenetre és két álomra volt szükség, mielőtt Isten teljesen felkeltette a figyelmemet. Emlékeztetett arra, hogy nem értjük teljesen Isten gondolatait, és hogy milyen tervei lehetnek valakivel. Abban a pillanatban engedelmeskednünk kell, még akkor is, ha annak nincs értelme vagy oka számunkra. Idővel megtanultam meghallani az Ő hangját és megkülönböztetni a szellemeket. Ő soha nem fogja azt mondani, hogy olyasmit tegyél, ami ellenkezik az Ő Igéjével. Az engedelmesség jobb, mint az áldozat.

"És Sámuel így szólt: Van-e az Úrnak olyan nagy öröme az égőáldozatokban és áldozatokban, mint abban, hogy az Úr szavának engedelmeskedik? Íme, az engedelmesség jobb, mint az áldozat, és a hallgatás jobb, mint a kosok kövérje." (1Sámuel 15:22)

"Mert az én gondolataim nem a ti gondolataitok, és a ti utaitok nem az én utaim - mondja az Úr. Mert amint az egek magasabbak a földnél, úgy az én utaim is magasabbak a ti utaitoknál, és az én gondolataim a ti gondolataitoknál." (Ézsaiás 55: 8, 9)

10. fejezet.

A prófétai üzenet

Iz áldás, hogy olyan barátaink vannak, akiknek ugyanaz a közös hitük és Isten iránti szeretetük. Van egy barátom, Karen, aki egykor munkatársam volt, amikor az amerikai postahivatalban dolgoztam. Karen akkor ismerte meg az Urat, amikor bizonyságot tettem neki. Később elfogadta az ősegyház apostoli tanítását az igazságról. Karen egy kedves ember, aki szívesen adakozik az indiai Mumbaiban folyó missziós munkára. Szívből szeretett az ottani szolgálat iránt, és saját pénzét adományozta egy templom építésére Mumbaiban.

Egy nap, amikor még West Covinában éltem, Karen elhozta hozzám a barátnőjét, Angelát. A barátnője annyira izgatott volt és lángolt Istenért. Elmondta nekem a bizonyságtételét a korábbi öngyilkossági kísérleteiről, amelyek során többször megvágta magát, és a múltjáról, amikor prostitúcióval foglalkozott. Imádtam az édes lelkületét, és megkérdeztem tőle, hogy nem bánná-e, ha imádkozna értem. "*Itt*"? Kérdezte. "*Igen, itt*", válaszoltam vissza. Ahogy elkezdett értem imádkozni, a prófécia szelleme szállt rá. Az Úr szavát kezdte mondani: "*Isten azt mondja neked, hogy fejezd be a könyvet, amit elkezdtél. Sok ember számára áldás lesz. Ezen a könyvön keresztül sok ember fog üdvözülni*". Annyira boldog voltam, mert sem neki, sem Karennek fogalma sem volt arról, hogy évekkel ezelőtt elkezdtem írni az emlékeimet. Először egy évvel ezelőtt Saroj Das asszony és egy barátom inspirált arra, hogy megírjam ezt a könyvet. Egy nap egy helyi gyülekezetből egy nővér az Úrban egy tollal a kezében odajött hozzám, és azt parancsolta: "*Írj most!*".

Addig kezdtem el írni, amíg az egészségemmel kapcsolatos további problémák nem jelentkeztek, majd abbahagytam, mert túl nagy feladat volt számomra. Most újra előkerült a könyv ügye. Senki sem tudott a könyvírási kísérletemről. A tapasztalataimat összegyűjteném és megírnám, hogy mások is inspirációt kapjanak. Engedelmeskednem kellett, de hogy mindez hogyan fog megtörténni, az még mindig nagy rejtély volt számomra. Fizikailag nem tudtam volna megírni, sok okból kifolyólag, de megint csak Istennek kellett volna megtalálnia a módját, hogy megtörténjen. Az üzenet meghallgatása után megvolt bennem a vágy és a sürgetés, hogy megtegyem; a többit azonban Istennek kellett volna megtennie. Az én kezdeti utam az volt, hogy megtaláljam az Élő Istent, és Ő talált meg engem! Ha nem írok az Istennel kapcsolatos tapasztalataimról, akkor ezek az igaz beszámolók örökre elvesznek. Annyi ember életére volt hatással és csodálatosan megérintett, hogy ez a könyv nem tudna minden eseményt és csodát tartalmazni. Isten csodái akkor is folytatódnak, amikor én már nem leszek ebben a testben, és az Úrnál leszek. A hit valahol kezdődik. Van egy kezdete, és határtalan, mert a hitnek különböző méretei vannak. Amikor a Hit el van ültetve, Isten Igéje öntözi és mások bizonyságtételei által táplálja. Elgondolkodtam azon az íráson, amely azt mondja, hogy ha olyan hitünk van, mint egy mustármag, akkor hegyeket mozgathatunk meg. Honnan tudhattam volna, hogy ez az Amerikába vezető utazás életet megváltoztató tapasztalatok útvesztőjén keresztül vezet majd, vagy hogy egy napon az Ő útjainak tiszteletéről fogok írni? Egy nap megemlítettem Rose barátomnak Isten üzenetét és tervét ezzel a könyvvel kapcsolatban. Rose meghallgatta és megnézte a jegyzeteimet. Évek óta ismert engem, és már sokat tudott az amerikai életemről. Az írás olyan formát öltött, amit két tapasztalatlan ember el sem tudott volna képzelni. Az Úr utat készített, és sok nehézségen és nagyon "furcsa" eseményeken keresztül a könyv elkészült. Az Úr szólt, és most az Ő terve beteljesedett.

Karen barátja tovább prófétált. Azt mondta nekem: "*Isten tenni fog valamit veled a hónap végéig*". És még sok más dolgot is mondott nekem Isten az ő prófétai üzenetein keresztül. Elkezdtem felidézni, hogy mennyi nehézségen mentem keresztül ezért az igazságért. Azon a napon, amikor Isten beszélt hozzám ezen a fiatal hölgyön keresztül, Isten válaszolt a szívem kérdésére. Az Ő akaratát kellett tennem, és a bátorítás szavai folytak. Szavak, amelyekre szükségem volt. Megjövendölte, hogy én egy "*Arany edény*" vagyok. Ez annyira megalázott engem. Hit által, a legjobbat tesszük, hogy összhangban járjunk Istennel és bizonytalansággal, ha valóban tetszünk Neki. Azon a napon megáldott azzal, hogy tudatta velem, hogy tetszem Neki. A szívemet nagy öröm töltötte el. Néha elfelejtjük, hogy mit kérünk, de amikor imánk meghallgatásra talál, meglepődünk.

Hinnünk kell, hogy Ő nem tiszteli a személyeket, ahogy a Biblia mondja. Nem számít, hogy milyen a státuszod vagy a kasztod, mert Istennél nincs kaszt vagy státuszrendszer az életben. Isten mindannyiunkat egyformán szeret, és azt akarja, hogy személyes kapcsolatunk legyen Vele; nem pedig a sok generáció által átadott vallási hagyományok, amelyek bálványokat és embereket szolgáltak. A bálványok nem látnak és nem hallanak. A vallás nem tudja megváltoztatni az életedet vagy a szívedet. A vallás csak átmenetileg tesz jó érzést, mert az önkielégítés miatt. Az igaz Isten várja, hogy átöleljen és befogadjon téged. Jézus volt Isten áldozati báránya, akit a világ előtt levágtak. Amikor meghalt a kereszten, feltámadt, és ma és mindörökké él. Most közvetlen közösségben lehetünk Istennel Jézus Krisztuson, a mi Urunkon és Megváltónkon keresztül. Az Istennel való járásunknak különböző szintjei vannak. Többre kell vágynunk belőle, és tovább kell növekednünk szeretetben, hitben és bizalomban. Nagyon megalázott ez az élmény. Az egész vágyam és célom az, hogy örömet szerezzek Neki. Az Istenben való érettségnek vannak lelki növekedési szintjei. Idővel érsz, de minden attól függ, hogy mennyi időt és erőfeszítést fektetsz a Vele való kapcsolatodba. A hónap végére a körülmények arra vezettek, hogy elhagyjam a gyülekezetet, ahová 23 évig jártam. Isten bezárt egy ajtót, és kinyitott egy másikat. Azóta is bezárja és kinyitja az ajtókat, akárcsak az ugródeszkákat, amelyeket először említettem e könyv elején. Isten mindvégig gondoskodott rólam. Rövid ideig egy nyugat-kovinai gyülekezetbe jártam, majd egy másik ajtó tárult szélesre.

Ugyanez a fiatal hölgy néhány évvel később újra megjövendölte, és azt mondta nekem, hogy csomagoljak, "*költözöl*". Nagyon meglepődtem, mert anyukám nagyon idős volt, és az én állapotom még mindig nem javult. Hittem az Úrnak. Egy évvel később megtörtént, valóban elköltöztem Kaliforniából Texasba. Olyan helyre, ahol még soha nem jártam, és nem is ismertem senkit. Ez volt a kezdete egy újabb kalandnak az életutamban. Egyedülálló nőként alávetettem magam Isten Hangjának, és engedelmeskednem kellett neki. Isten soha semmit nem vett el tőlem. Csak kicserélt dolgokat és helyeket, és folyamatosan új barátságokat és embereket hozott az életembe. Köszönöm Uram, hogy az életem ma annyira áldott!

11. fejezet

A hit mozdulata

I 2005 áprilisában Texas Longhorn államba költöztem. Isten különböző embereket használt prófétai üzeneteken keresztül. A költözés megerősítést nyert, és nekem csak annyit kellett tennem, hogy megragadom a hitet. Először 2004-ben kezdődött, amikor James testvér és Angela, egy barátom az Úrban, telefonon imádkozott velem. Angela nővér prófétálni kezdett, és azt mondta nekem: "*Az év végére költözni fogsz*". Az év januárjától augusztusig semmi sem történt, majd szeptemberben egy délután édesanyám behívott a hálószobájába. Elmondta, hogy a nővérem családja egy másik államba költözik, és azt szeretnék, ha velük tartanék. A döntés, hogy hova költözzenek, még nem született meg, de a lehetőségek között szerepelt Texas, Arizona, vagy pedig az, hogy teljesen elhagyom Amerikát, és Kanadába költözöm. Ezután felhívtam Angela nővért, és elmondtam neki, mi történt. Elmondtam neki, hogy semmiképpen sem akarok Texasba menni. Soha nem jutott eszembe, hogy valaha is oda menjek, így az sem volt opció, hogy ott éljek. Csalódottságomra Angela nővér azt mondta, hogy Texas az az állam. Engedelmességből eldőlt, és ez volt az, ami miatt végül Texasba költöztünk. Akkor még nem tudtam, hogy Isten ugródeszkáit már letette abba az irányba. Az Angela nővérrel folytatott beszélgetésem után lefoglaltam magamnak a repülőjegyet, hogy két hét múlva Texasban legyek. Nem tudtam, hogy a nővérem családja már járt Texasban, hogy megnézze a Plano környéki területet.

Angela nővér imádkozott értem, és azt mondta, hogy ne aggódj, Jézus majd elvisz téged a repülőtérről. Blakey testvér és Blakey nővér olyan kedvesek és türelmesek voltak, hogy ez Angela nővér próféciájára emlékeztetett. Örömmel jöttek értem a repülőtérre, és olyan szeretetteljes és gondoskodó módon segítettek minden szükségletemben.

Angela nővér folytatta, hogy az első házat, amit látni fogok, imádnám, de nem az én házam lenne. Az interneten keresztül elkezdtem felhívni az Egyesült Pünkösdi Egyházakat azon a területen, és kapcsolatba léptem Conkle lelkipásztorral, aki a texasi Allen városában lévő Egyesült Pünkösdi Egyház lelkésze. Elmagyaráztam Conkle lelkésznek, hogy mit csinálok Texasban. Ezután megkért, hogy hívjam fel Nancy Conkle-t. Nem voltam biztos benne, hogy miért, és azt gondoltam, hogy talán a felesége vagy a titkárnője. Kiderült, hogy Nancy Conkle a család matriarchája, a család és a gyülekezet gondoskodó anyja. Conckle nővér felnevelte a saját hat gyermekét, és segített a testvérei nevelésében, akik összesen tizenegy testvért alkottak! Miután beszéltem Nancy Conkle-lal, rájöttem, hogy Conkle lelkész miért beszélgetett velem ezzel az erős és gondoskodó hölggyel, aki miatt azonnal úgy éreztem, hogy szívesen látnak. Conkle nővér aztán összekapcsolt a másik testvérével, James Blakeyvel, aki ingatlanügynök, és feleségével, Alice Blakeyvel. Ők a texasi Wylie kisvárosban élnek, alig néhány percre Allentől, a síkvidéki utakon keresztül.

Miután megismertem a környéket, visszarepültem Kaliforniába, hogy piacra dobjam a házamat. Az otthonom két hónap alatt elkelt. Ezután visszarepültem Texasba, hogy elkezdjem a házvadászatot. Imádkoztam, hogy melyik városban akarja Isten, hogy éljek, mert annyi kisváros és falu volt. Isten azt mondta" :Wylie." Fontos, hogy imádkozzunk és kérdezzük Istentől az Ő akaratát, mielőtt fontos döntéseket hozunk, mert mindig az lesz a helyes.

"Mert jobb, ha az Isten akarata úgy akarja, hogy a jó cselekedetért szenvedjetek, mint a rossz cselekedetért." (1 Péter 3:17)

Később elmagyaráztam Blakey testvérnek és Blakey nővérnek a prófétai üzeneteket, és hogy engedelmeskedni akarok Istennek. Nagyon óvatosan tiszteletben tartották kívánságomat, és meghallgatták mindazt, amit elmondtam nekik, hogy Isten szólt hozzám. Azt is elmondtam nekik, hogy az első texasi utam során Isten azt mondta: *"Nem tudjátok, mit tartogatok számotokra"*. Olyan türelmesek voltak velem, hogy mindig nagyon hálás leszek nekik az Isten dolgai iránti érzékenységükért. A Blakey család nagy szerepet játszott e prófétai üzenet beteljesedésében és az új életemben Texasban. Három napon át kezdtünk házakat nézegetni Wylie-ben, és a harmadik napon este vissza kellett térnem Kaliforniába. Elvittek, hogy megnézzek egy mintaházat egy új traktusban, és akkor Blakey nővér azt mondta: "Ez a te házad". Azonnal tudtam, hogy ez valóban az. Gyorsan elkezdtem a papírmunkát a vásárláshoz, majd azonnal elindultam a repülőtérre, tudván, hogy a dolgok valahogyan el fognak készülni. Ugyanebben az időben Isten azt mondta nekem, hogy menjek Indiába három hónapra. Nem kérdőjeleztem meg Őt, ezért meghatalmazást adtam Blakey testvérnek, hogy folytassa a ház megvásárlását Texasban, és meghatalmazást adtam Steve unokaöcsémnek, aki ingatlanügyekkel foglalkozik, hogy gondoskodjon a pénzügyeimről Kaliforniában. Tíz év után visszatértem szülőföldemre, Indiába. Hála Istennek a gyógyulásomért, mert nem tudtam volna megtenni a lábam mozgékonysága nélkül. Indiába repültem, és otthont vettem Texasban. A dolgok gyorsan változtak az életemben.

Visszatérés Indiába.

Amikor megérkeztem Indiába, gyorsan észrevettem, hogy a dolgok viszonylag rövid idő alatt megváltoztak. 25 éven át imádkoztam és böjtöltem azért, hogy ebben az országban újjáéledés legyen. India egy nagyon vallásos ország, ahol bálványimádás, kőből, fából és vasból készült szobrok imádása folyik. Vallásos képek, amelyek nem látnak, nem beszélnek és nem hallanak, és egyáltalán nincs hatalmuk. Olyan vallási hagyományok, amelyek nem hoznak változást az elmében vagy a szívben.

"És kimondom ítéleteimet ellenük minden gonoszságukat illetően, akik elhagytak engem, és más isteneknek tömjéneztek, és saját kezük műveit imádták." (Jeremiás 1:16)

A kereszténység kisebbségben volt ebben az országban, ahol annyi üldözés és gyűlölet volt a vallások között, és különösen a keresztények ellen. A keresztények elleni elnyomás csak megerősítette őket a hitükben azáltal, hogy ártatlan vér folyt, templomokat gyújtottak fel, embereket vertek meg vagy öltek meg. Sajnos az anyák és apák elutasították saját gyermekeiket, ha azok Jézus felé fordultak és elhagyták a családi vallásukat. Kirekesztettek talán, de nem árvák, mivel Isten a mi Mennyei Atyánk, aki letörli a könnyeket a szemünkről.

"Tegyétek fel, hogy azért jöttem, hogy békét adjak a földön? Mondom nektek: nem, hanem inkább a megosztottságot: Mert mostantól fogva egy házban öten lesznek megosztva, hárman kettő ellen, és ketten három ellen. Az apa a fiú ellen, és a fiú az apa ellen; az anya a leány ellen, és a leány az anya ellen; az anyós a menye ellen, és a menye az anyja ellen." (Lukács 12:51-53)

Annyira meglepett, hogy mindenütt Bibliával sétáló embereket láttam, és hallottam az imaórákról. Sok egyistenhitű gyülekezet és egy Istenben hívő ember volt. Isten eljött, hogy testben, Jézus Krisztus testében éljen közöttünk. És így az egy igaz Isten istenfélelem misztériuma is.

*"És ellentmondás nélkül nagy az istenfélelem titka: **Isten megjelent testben**, megigazult Lélekben, angyalok látták, hirdették a pogányoknak, hittek a világban, felvették a dicsőségbe."*
(1 Timóteus 3:16)

"Fülöp így szólt hozzá: Uram, mutasd meg nekünk az Atyát, és elég lesz nekünk. Jézus így szólt hozzá: Olyan régóta vagyok már nálad, és

mégsem ismersz engem, Fülöp? Aki engem látott, az látta az Atyát; és akkor hogyan mondod: Mutasd meg nekünk az Atyát? Nem hiszed, hogy én az Atyában vagyok, és az Atya énbennem? A beszédeket, amelyeket hozzátok mondok, nem magamtól mondom; hanem az Atya, aki bennem lakozik, az cselekszi a cselekedeteket. Higgyetek nekem, hogy én az Atyában vagyok, és az Atya bennem; vagy pedig higgyetek nekem éppen a cselekedetek miatt*." (János 14:8-11)*

"Te hiszed, hogy egy az Isten; jól teszed; az ördögök is hisznek és reszketnek." (Jakab 2:19)

Nagy öröm volt látni, hogy az emberek szomjaznak Istenre. Az imádatuk olyan erőteljes volt. Ez egy teljesen más India volt, mint amit huszonöt évvel korábban hagytam el. Fiatal és idős emberek egyaránt vágytak Jehova Isten dolgaira. Gyakori volt, hogy fiatalok keresztény szórólapokat osztogattak a hindu vallási ünnepségeken. Napközben templomba mentek, és az istentisztelet után 14:30-tól körülbelül hajnali 3:00-kor tértek vissza. Hinduk és muszlimok is eljöttek az istentiszteleteinkre, hogy gyógyulást és szabadulást találjanak. Az emberek nyitottak voltak arra, hogy meghallgassák az igehirdetést Isten Igéjéből és tanítást kapjanak a Szentírásból. Tudomást szereztem ezekről az indiai gyülekezetekről, és telefonon és e-mailen keresztül kommunikáltam a lelkipásztoraikkal. Az Egyesült Pünkösdi Gyülekezetekkel hálózatot építettem ki, hogy olyan amerikai prédikátorokat találjak, akik hajlandóak voltak az indiai lelkipásztorok nevében Indiába menni, hogy az éves konferenciáikon beszéljenek. Isten segítségével nagyon sikeresek voltunk. Örültem, hogy az amerikai prédikátorok terhet viseltek hazámért; lelki támogatást adtak az indiai prédikátoroknak. Találkoztam egy indiai lelkipásztorral, aki egy nagyon kicsi és szerény gyülekezetnek volt a vezetője. Annyira nagy volt a szegénység, és az emberek szükségletei olyan nagyok voltak, hogy személyesen vállaltam, hogy pénzt küldök. Olyan áldottak vagyunk Amerikában. Higgyétek el, hogy "semmi sem lehetetlen". Ha adni akarsz, tedd azt vidáman, hittel és titokban. Sok éven át senki sem tudott az elkötelezettségemről. Soha ne várd, hogy személyes haszonért adj, vagy hogy dicsőséget vagy dicséretet kapj másoktól. Adj tiszta szívvel, és ne alkudozz Istennel.

"Ezért amikor alamizsnát adsz, ne harsogj előtted, mint a képmutatók a zsinagógákban és az utcákon, hogy dicsőséget szerezzenek az embereknek. Bizony mondom nektek: Megvan nekik a jutalmuk. De amikor alamizsnát adsz, ne tudja a bal kezed, hogy mit tesz a jobb kezed: Hogy alamizsnáid titokban legyenek, és a te Atyád, aki titokban lát, maga is megjutalmaz téged nyilvánosan."
(Máté 6:2-4)

Isten megengedte, hogy történjenek dolgok az életemben, hogy otthon maradhassak. Csodálkozva tekintek vissza arra, hogy a betegségeim odáig fajultak, hogy már nem tudtam járni, gondolkodni, vagy normálisan érezni magam, egészen addig a napig, amikor James testvér imádkozott, és Isten felemelt a kerekesszékből. A daganatok és a vérbetegség miatt még mindig rokkantnak számítottam, és egy csekély havi rokkantsági csekkből éltem. A csekkem nem számított, mivel Isten elvette a munkámat, az volt az aggodalmam, hogy hogyan fogom kifizetni a számláimat. Jézus kétszer is szólt hozzám, mondván :"Én gondoskodom rólad". Ha Kaliforniában vagy Texasban élnék, Jézus minden szükségletemről gondoskodna. Isten tette ezt az Ő gazdagságából és bőségéből. Istenbe helyeztem bizalmamat minden napi szükségletemet illetően.

Ti pedig keressétek először az Isten országát és az ő igazságát, és mindezek hozzáadatnak hozzátok.
(Máté 6:33)

Mielőtt elutaztam Indiából, a gyülekezet néhány hölgye elmondta nekem, hogy már nem vásárolnak maguknak luxuscikkeket. Megelégedtek azzal, amit viseltek, mert annyi elégtételt kaptak abból, hogy a szegényeknek adakoztak.

Megcsináltam. "Az Ő útja"

De a megelégedéssel járó kegyesség nagy nyereség. Mert semmit sem hoztunk ebbe a világba, és az is bizonyos, hogy semmit sem vihetünk ki. És ha van élelmünk és ruhánk, legyünk megelégedve vele.
(1Tim 6:6-8)

Az idősek és a kisgyermekek is részt vettek a szeretetprojektekben. Összefogtak, hogy ajándékcsomagokat készítsenek a szegényeknek. Nagyon elégedettek voltak az adakozás áldásával.

"Adjatok, és adatik nektek; jó mértéket, összenyomva, összerázva és összefolyva adnak az emberek a kebletekbe. Mert ugyanazzal a mértékkel, amivel találkoztatok, újra megmérik nektek."
(Lukács 6:38)

Képzeljük csak el, mi történt ilyen viszonylag rövid idő alatt. Eladtam az otthonom, és egy másik államban vettem egy új otthont. Láttam, hogy az országom megváltozott az Úr Jézus Krisztusra szomjazó emberekkel. Most már vártam, hogy új életet kezdjek Texasban. Amikor Istent helyezzük előtérbe, a Dicsőség Ura is hűséges lesz hozzánk.

Vissza Amerikába.

Három hónappal később tértem vissza Indiából. Texasba repültem, amikor a házam készen volt. 2005. április 26-án, miközben a gépem leszállt a Dallas-Ft. Worth repülőtéren, sírtam, mert teljesen elszakadtam minden családtagomtól és barátomtól, mióta először jöttem ebbe az országba. Ekkor Isten a következő szentírást adta nekem:

De most így szól az Úr, aki teremtett téged, Jákób, és aki formált téged, Izrael: Ne félj, mert megváltottalak téged, neveden szólítottalak, enyém vagy. Amikor átmész a vizeken, én veled leszek, és a folyókon, nem árasztanak el téged; amikor a tűzön jársz, nem égsz meg, és nem gyullad meg rajtad a láng. Mert én vagyok az Úr, a te Istened, Izráel Szentje, a te Megváltód: Egyiptomot adtam

74

váltságdíjadért, Etiópiát és Szebenet érted. Mivel drága voltál
előttem, becsületes voltál, és én szerettelek téged; azért adok érted
embereket és népeket a te életedért. Ne félj, mert én veled vagyok;
magodat hozom keletről, és összegyűjtelek nyugatról; északnak azt
mondom: Add fel, és délnek: Ne tartsd vissza; hozd el fiaimat
messziről, és leányaimat a föld végéről;
(Ézsaiás 43:1-6)

Aznap, amikor megérkeztem, egyedül találtam magam abban a nagy új házban. A valóság akkor ült belém, amikor a nappali közepén álltam, és láttam, hogy a házam teljesen üres. Leültem a padlóra és sírni kezdtem. Olyan egyedül éreztem magam, és haza akartam menni Kaliforniába, ahol drága édesanyámat hagytam. Olyan sokáig éltünk együtt, és ő nagy része volt nekem. Annyira elhatalmasodott rajtam az elválás érzése, hogy legszívesebben elindultam volna a repülőtérre, és visszarepültem volna Kaliforniába. Nem akartam többé ezt a házat. A bánatom nagyobb volt, mint a valóság. Miközben ezeket az érzéseket éltem át, Isten emlékeztetett, hogy fel kell hívnom Blakey testvért. Blakey testvér nem tudta, hogy mit érzek abban a pillanatban, de Isten igen. Meglepődtem, amikor azt mondta: "Most Das nővér, tudod, hogy csak egy telefonhívásnyira vagy tőlünk". Szavai teljesen felkentek voltak, mert a fájdalmam és minden kétségbeesésem azonnal eltűnt. Éreztem, hogy van családom, nem vagyok egyedül, és hogy minden rendben lesz. Attól a naptól kezdve a Blakey család befogadott a saját családjába, amikor nekem senkim sem volt.

A nővérem és családja később a texasi Planóba költözött, ami csak néhány mérföldre van Wylie-től. A Blakey család tizenegy testvérből áll. A gyermekeik és unokáik mind családtagként kezeltek. Közel kétszázan voltak, és mindenki tud a Blakey családról Wylie-ben. Óriási támogatást nyújtottak nekem, és mindig úgy éreztem magam, mintha én is "Blakey" lennék! Miután berendezkedtem az otthonomban, templomot kellett találnom. Megkérdeztem Istent, hogy melyik gyülekezetet akarja nekem. Sok gyülekezetet meglátogattam. Végül Garland városában kerestem fel egy gyülekezetet, a North Cities United Pentecostal Church-et. Isten egyértelműen azt mondta: "Ez a te gyülekezeted". Még mindig itt gyülekezem. Szeretem a gyülekezetemet, és találtam egy csodálatos lelkipásztort, Rev. Hargrove-ot. A Blakey család a tágabb családom lett, akik meghívtak ebédre vagy vacsorára a templom után. Bevontak a családi összejöveteleikre és a családi ünnepekre is. Isten csodálatosan gondoskodott mindenről, amire szükségem volt.

Hálát adok Istennek az új lelkészemért, a gyülekezetért és Blakeyékért, akik befogadtak a családjukba. Most már kényelmesen élek az új otthonomban. Isten megtartotta ígéretét: "Gondoskodom rólad". Isten mindezt nekem választotta, az Ő akarata szerint az életemre vonatkozóan. Most már attól kezdve, hogy hajnali 3:50-kor felkelek és imádkozom, Neki dolgozom. Megreggelizem, és az otthoni irodámból készülök az Úr munkájára. A barátaim azt mondják: "Soha ne mondd Liz nővérnek, hogy nincs igazi munkája". Mi a válaszom? Az Úrnak dolgozom, hosszú órákat dolgozom, anélkül, hogy a munkaórát ütögetném, és nem kapok fizetést. Isten gondoskodik rólam, és a jutalmam a mennyben lesz.

Nagyra értékelem a munkámat, és szeretem, amit csinálok!

12. fejezet

Démoni szabadulás és Isten gyógyító ereje

Ovasárnap délután kaptam egy telefonhívást Patel úrtól, aki azt kérte, hogy menjünk és imádkozzunk az apjáért, akit démoni szellemek támadtak meg. Mr. Patel mérnök, aki több mint 30 éve él Amerikában. Hallott a gyógyításomról, és nyitott volt arra, hogy halljon az Úr Jézus Krisztusról. Másnap elmentünk a testvére házához, ahol találkoztunk Mr. Patellel és családjával (testvérével, a testvér feleségével, két fiával, valamint apjával és anyjával). Miközben mindenki figyelt, egy másik testvér, aki szintén keresztény volt, elkezdett beszélni arról, hogyan ismerte meg Jézust. Az apa, az idősebb Mr. Patel elmondta, hogy korábban bálványisteneket imádott, de mindig rosszul érezte magát, amikor az imádatot végezte. Azt mondta, úgy érezte, mintha egy rúd bökné a gyomrát, ami fájdalmat okoz neki, és amikor járkált, úgy érezte, mintha kövek lennének a lába alatt. Imádkozni kezdtünk érte az Úr Jézus Krisztus nevében. Addig imádkoztunk, amíg megszabadult a démoni szellemtől, és sokkal jobban kezdte magát érezni. Mielőtt elmentünk volna, kapott egy bibliatanulmányt, hogy megértse az Úr nevének erejét, és hogy hogyan maradjon mentes a visszatérő démoni támadásoktól.

Örültünk, amikor a fiú és az egyik unoka ragaszkodott ahhoz, hogy az idősebb Patel úr JÉZUS nevét kiáltsa, de ő nem volt hajlandó; bár nem okozott neki gondot " azIsten" (Bhagvan) kimondása. Az unokák ragaszkodtak " :hozzáNem, mondd Jézus Nevét", miközben a fiúk felsorakoztak, hogy imát fogadjanak. Az egyik unoka, aki a húszas éveiben járt, korábban autóbalesetet szenvedett. Sok sebésznél járt a térdével kapcsolatos problémával kapcsolatban. Azon a napon az Úr Jézus meggyógyította a térdét, és Patel úr öccsét nagyon megérintette Isten Lelke. Mindenki kapott imát, és bizonyságot tettek arról, hogy Isten Lelke hogyan mozgatta meg őket, amikor aznap gyógyító és szabadító csodákat tett. Amikor az Úr Jézus az emberek között járt, tanított és hirdette az eljövendő Királyság evangéliumát, és meggyógyított mindenféle betegséget és betegséget az emberek között. Meggyógyította és megszabadította a megszállottakat és a démonoktól gyötörteket, a holdkórosokat (elmebetegeket) és a bénultakat (Máté 4:23-24). Isten tanítványaiként ma is folytatjuk az Ő munkáját, és tanítunk másokat az üdvösségről a mi Urunk Jézus nevében.

*"Nincs másban sem üdvösség; mert nincs más **név** az ég alatt, mely az emberek között adatott volna, mely által üdvözülnünk kell."*
(ApCsel 4:12).

Az élő Isten szolgálatának számos előnye van. Egy sziklából vagy kőből készült isten helyett, aki nem lát vagy nem hall, nekünk az igaz és élő Istenünk van, aki kutatja az emberek szívét. Nyisd meg a szívedet és az elmédet, hogy hallgasd az Ő hangját. Imádkozz, hogy Ő megérintse a szívedet. Imádkozz, hogy bocsássa meg neked, amiért elutasítottad Őt. Imádkozz, hogy megismerd Őt és beleszeress belé. Tedd ezeket most, mert az ajtók hamarosan bezárulnak.

13. fejezet

Gyónás és tiszta lelkiismeret

Oegy nap egy indiai házaspár jött meglátogatni és imádkozni velem. Amikor imádkozni készültünk, a feleség hangosan imádkozni kezdett. A férj követte. Észrevettem, hogy mindketten ugyanolyan vallásos módon imádkoztak, de mégis élvezettel hallgattam ékesszóló szavaikat. Őszintén kértem Istent" :Szeretném, ha a számon keresztül imádkoznál". Amikor rám került a sor, hogy hangosan imádkozzam, a Szentlélek vette át a szót, és a Lélekben imádkoztam.

"Hasonlóképpen a Lélek is segít a mi gyengeségeinken; mert nem tudjuk, hogy miért imádkozzunk, ahogyan kellene; de a Lélek maga közbenjár értünk ki nem mondható sóhajtással. Aki pedig a szíveket vizsgálja, az tudja, mi a Lélek gondolata, mert ő közbenjár a szentekért az Isten akarata szerint". (Róma 8:26, 27).

Isten erejével imádkoztam a Lélekben, olyan módon, hogy lelepleztem a bűnt. A férj, aki nem bírta tovább, elkezdte megvallani bűnét a feleségének, aki megdöbbent. Később beszéltem velük a bűn megvallásán keresztül történő megtisztulásról.

"Ha megvalljuk bűneinket, hűséges és igaz, hogy megbocsátja bűneinket, és megtisztít minket minden hamisságtól. Ha azt mondjuk,

hogy nem vétkeztünk, akkor hazuggá tesszük őt, és az ő szava nincs bennünk." (1János 1:9, 10)

Elmagyaráztam a férjnek, hogy mivel bevallotta, Isten meg fog neki bocsátani.

Ne feledd, hogy bűneidet csak azoknak valld meg, akik imádkozhatnak érted.

Valljátok meg egymásnak hibáitokat, és imádkozzatok egymásért, hogy meggyógyuljatok. Az igaz ember buzgó, hatékony imádsága sokat használ. (Jakab 5:16)

Elmagyaráztam neki, hogy amint megkeresztelkedik, Isten eltörli a bűneit, és tiszta lesz a lelkiismerete.

"A hasonló alakzat, amelyhez hasonlóan most is a keresztség üdvözít minket (nem a test szennyének eltávolítása, hanem az Isten iránti jó lelkiismeretre való válasz) Jézus Krisztus feltámadása által." (1 Péter 3:21)

Néhány nappal később a férj és a feleség is megkeresztelkedett az Úr Jézus nevében. A férj teljesen megszabadult, és bűnei megbocsátást nyertek. Mindketten olyan áldássá váltak Isten országa számára.

"Térjetek meg, és keresztelkedjetek meg mindnyájan Jézus Krisztus nevében a bűnök bocsánatára, és megkapjátok a Szentlélek ajándékát." (ApCsel 2:38)

Isten azokat keresi, akik megalázzák magukat előtte. Nem az számít, hogy milyen ékesszóló és szép szavakkal imádkozol, hanem az, hogy teljes szívedből imádkozz. Ő azt is tudja, hogy mi van a szívben, amikor imádkozol. Távolítsd el a bűnt azáltal, hogy bocsánatot kérsz Istentől, különben imáidat akadályozni fogja a Szentlélek. Hívőként naponta vizsgáljuk meg a szívünket, és ítéljük meg magunkat. Isten mindig ott van, hogy megbocsásson és megtisztítson minket, ha vétkezünk.

14. fejezet.

A halál szélén

BJakab testvér, akiről korábban már beszéltem, Isten kenetének ereje által rendelkezik a gyógyítás ajándékával. Megkérték, hogy imádkozzon egy koreai hölgyért, aki a Queen of the Valley kórház intenzív osztályán (intenzív osztály) volt. Az orvosok szerint a nő közel állt a halálhoz. A családja már a temetéséről intézkedett. Aznap elkísértem James testvért, és láttam a testét a létfenntartó készülékeken; eszméletlen volt, és közel állt a halál széléhez. Amikor imádkozni kezdtem, úgy éreztem, mintha valami fel akart volna ragadni a lábamnál fogva és kidobni a szobából; de a Szentlélek ereje nagyon erős volt bennem, és nem engedte, hogy ez a szellem utat törjön magának.

Istentől vagytok, gyermekeim, és legyőztétek őket; mert nagyobb az, aki bennetek van, mint aki a világban van. (1 János 4:4)

Miután imádkoztam, az Úr szólt általam, és ezeket a szavakat mondtam: "Ez a gépezet meg fog változni". Ez az életfenntartó berendezésre vonatkozott, amely a testéhez volt csatlakoztatva. Hallottam magamban ezeket a szavakat, ahogy Isten kimondta ennek a nagyon beteg nőnek a sorsát. Jakab testvér imádkozott érte, majd beszéltünk a hölgy családjának az imádság és Isten Igéjének erejéről. Hallgatták, ahogy meséltem nekik a saját gyógyulásomról, és arról, hogy Isten hogyan vitt ki a kerekesszékből, hogy újra járni tudjak. A fiuk, aki pilóta volt, szintén jelen volt, de nem beszélt koreaiul. Én angolul beszéltem hozzá, míg a család többi tagja koreaiul társalgott. Érdekes módon elmagyarázta nekem, hogy az édesanyjának ugyanazon a napon kellett volna Kanadába utaznia, amikor nagyon beteg lett. Elmagyarázta, hogy a férje segítségért kiáltott, és kórházba vitték, bár ő nem volt hajlandó elmenni. A fiú azt mondta, hogy az anyja azt mondta nekik: "Meg fognak ölni a kórházban". Biztos volt benne, hogy meg fog halni, ha kórházba viszik. A fia tovább magyarázta nekünk, hogy azt mondta nekik, hogy minden este; a feketébe öltözött emberek bejönnek a házba. Az anyja minden este kiabált neki és az apjának is, és minden látható ok nélkül dühösen megdobálta őket edényekkel. Emellett olyan nyelven kezdett csekkeket írni, amit nem értettek. A viselkedése nagyon bizarr volt. Elmagyaráztam neki a démoni szellemekről, amelyek átvehetik a hatalmat és kínozhatják az embert. Ez megdöbbentette őt, mert ahogy nekünk elmagyarázta, mindannyian templomba járnak, és a nő rengeteg pénzt ad, de még soha nem hallottak erről. A démonok alá vannak vetve az igaz hívőknek, akiknek van Szentlelke; mert Jézus Vére van az életükön, és Jézus Nevének hatalma alatt, az Ő Nevének erejében szolgálnak.

Elmondtam a fiatalembernek, hogy Jakab testvér és én imádkozhatunk Jézus nevében, hogy kiűzzük a démont, és ő beleegyezett, hogy imádkozzunk az édesanyjáért a szabadulásért. Amikor az orvos eljött megnézni a betegét, megdöbbent, hogy az asszony reagál, és nem értette, mi történt a betegével. A család elmondta neki, hogy valaki eljött imádkozni érte az éjszaka folyamán, és az asszony elkezdett reagálni, ahogyan azt mondták nekik, hogy reagálni fog. Néhány nappal később újabb lehetőségünk volt imádkozni ugyanezért a hölgyért. Mosolygott, amikor beléptünk a szobába. Ekkor a fejére tettem a kezemet, és imádkozni kezdtem; ő eldobta a kezemet, és felemelte a fejét, a plafon felé mutatva, mert nem tudott beszélni. Az arckifejezése megváltozott, és olyan rémültnek tűnt. Miután

Elizabeth Das

elmentünk, az állapota egyre rosszabb lett. A gyermekei csodálkoztak, hogy mit látott, és megkérdezték tőle, hogy látott-e valami gonoszat. Ő a kezével jelezte" hogy ‚igen". Ismét visszatértünk, hogy imádkozzunk érte, mert rettegett kínzójától, egy démoni szellemtől a szobájában. Miután ezúttal is imádkoztunk, győztesen megszabadult kínzóitól. Hála Istennek, aki válaszol az imára. Később hallottuk, hogy kiengedték a kórházból, rehabilitációs programba került, és hazaküldték, ahol továbbra is jól van. A halál széléről húzta ki magát.

Menjetek, tegyetek bizonyságot a világnak:

*És megparancsolta nekik, hogy senkinek se mondják el; de minél inkább megparancsolta nekik, annál nagyobb mértékben **tették közzé;** (Márk 7:36)*

*Térj vissza a saját házadba, és mutasd meg, milyen nagy dolgokat tett veled Isten. Ő pedig elment, és az egész városban **hirdette**, hogy Jézus milyen nagy dolgokat tett vele. (Lukács 8:39)*

A Biblia azt mondja, hogy ki kell mennünk és tanúságot kell tennünk. Ez a koreai család bizonyságot tett más családoknak erről a csodáról. Egy nap Bro. James kapott egy hívást egy másik koreai hölgytől. Ennek a családnak a férje erőszakosan viselkedett, és nem tudta, mit csinál. A felesége egy nagyon vékony és kedves hölgy volt. Néha megpróbálta megölni őt. Sokszor kórházba kellett vinniük, mert a férfi kegyetlenül verte őt. Mivel hallott erről a csodáról, meghívott minket, és engem kért. Elmentünk meglátogatni őt és a férjét. Bro. James megkért, hogy beszéljek, és imádkozott. Mindannyian áldottak voltunk. Néhány héttel később a felesége felhívott, és megkérdezte, hogy eljönnénk-e újra, mivel a férje jobban van. Így újra elmentünk, és én bizonyságot tettem a megbocsátásról, és Bro. James mindannyiukért imádkozott.

Megosztottam velük, hogy amikor dolgoztam, és egy nő volt a felettesem, könyörtelenül zaklatott, és nem tudtam aludni éjszaka. Egy nap bementem a szobámba, hogy imádkozzak érte. Jézus azt mondta : "Meg kell neki bocsátanod". Először nehéznek tűnt, és azt gondoltam,

83

ha megbocsátok neki, akkor is ugyanezt fogja tenni velem. Mivel hallottam, hogy Jézus beszél hozzám, azt mondtam" :Uram, teljesen megbocsátok neki", és Isten az Ő kegyelmében segített, hogy elfelejtsem. Ahogy megbocsátottam neki, elkezdtem jól aludni, és nem csak ez, hanem amikor rosszat tett, az nem zavart.

A Biblia azt mondja.

A tolvaj nem azért jön, hanem hogy lopjon, öljön és pusztítson; én azért jöttem, hogy életük legyen, és hogy bőségesen legyen (János 10:10).

Örültem, hogy az anyósom ott volt, hogy meghallgassa ezt a bizonyságtételt, mert a szíve nehéz volt a szomorúságtól. Olyan csodálatos volt látni, ahogy Isten keze bejött és megváltoztatta ezt az egész helyzetet, és a megbocsátás átjárta a szívüket, és szeretet költözött beléjük.

*Ha pedig ti nem **bocsátotok meg**, a ti mennyei Atyátok sem **bocsátja meg** a ti vétkeiteket. (Márk 11:26)*

A megbocsátás hiánya nagyon veszélyes dolog. Elveszítitek a testetek és a szellemetek épségét. A megbocsátás a te érdekedben van, nem csak az ellenséged számára. Isten arra kér minket, hogy megbocsássunk, hogy jobban tudjunk aludni. A bosszúállás az Ő dolga, nem a miénk.

*Ne ítéljetek, és nem ítéltetek meg: Ne ítéljetek, és nem ítéltek el; **bocsássatok meg, és megbocsáttatik** nektek (Lukács 6:37).*

És a hit imája megmenti a beteget, és az Úr feltámasztja őt; és ha bűnöket követett el, azok megbocsátatnak neki. Valljátok meg egymásnak hibáitokat, és imádkozzatok egymásért, hogy meggyógyuljatok. Az igaz ember hatékony buzgó imádsága sokat használ. (Jakab 5:15, 16)

A fenti történet második részében hallottuk, hogy a férje teljesen meggyógyult a mentális problémájából, és olyan kedves és szeretetteljes volt a feleségével.

Dicsértessék az Úr! Jézus békét hozott az otthonukba.

15. fejezet

Béke Isten jelenlétében

TIsten jelenléte békét hozhat a léleknek. Egyszer imádkoztam egy úriemberért, aki halálos beteg volt, a rák végső stádiumában. Egy gyülekezeti hölgy férje volt. A hölgy és a fia egy időben nálam lakott az otthonomban.

Egy olyan gyülekezethez tartoztak, amely nem hitt az életük megváltoztatásában, amíg meg nem néztek egy videót a végidőről. Mindketten megkapták a kinyilatkoztatást az Úr Jézus nevében való megkeresztelkedésről, és elkezdtek keresni egy olyan gyülekezetet, amelyik megkereszteli őket Jézus nevében. Ekkor találták meg azt a gyülekezetet, ahová én is járok. A Sátán nem akarja, hogy bárki is megismerje az igazságot, mert ez vezet az üdvösséghez. Azt akarja, hogy sötétségben legyél, és azt hidd, hogy üdvözült vagy, miközben hamis tanokban és emberi hagyományokban hiszel. Ellened fordul, amikor az Igazságot keresed. Ebben a helyzetben az eszköz, amelyet ez ellen az anya és fia ellen használt, a hitetlen férj és apa volt, akik folyamatosan zaklatták és nevetségessé tették őket az Istenbe vetett hitük miatt. Sokszor előfordult, hogy végül eljöttek hozzám imádkozni, és végül ott is maradtak. Egy nap a fia hallotta, hogy az Úr azt mondja neki: meg vannak számlálva a napjai. Az apa a Baylor kórházban volt, a texasi Dallasban, az intenzív osztályon (ICU). Nagyon világossá tette, hogy nem akarja, hogy imádkozzanak, vagy hogy bármilyen egyházi ember jöjjön oda imádkozni. Egy nap megkérdeztem a feleségét, hogy meglátogathatnám-e és imádkozhatnék-e a férjéért. Elmagyarázta nekem, hogyan érez, és nemet mondott. Tovább imádkoztunk, hogy Isten megpuhítsa megkeményedett szívét.

Egy nap elmentem a fiával és a feleségével a kórházba, és megkockáztattam, hogy Isten megváltoztatta őt. A fiú megkérdezte az apját: *Apa, szeretnéd, hogy Erzsébet nővér imádkozzon érted? Ő egy imaharcos.* Mivel az apja már nem tudott beszélni, megkérte az apját, hogy kacsintson a szemével, hogy tudjon vele kommunikálni. Ezután megkérte, hogy kacsintson, hogy jelezze nekünk, ha azt akarja, hogy imádkozzak érte, kacsintott. Elkezdtem imádkozni, kérve, hogy bűnei Jézus vérében mosódjanak meg. Észrevettem rajta némi változást, és folytattam az imádkozást, amíg a Szentlélek jelenléte nem volt a szobában. Miután imádkoztam, az atya úgy próbált kommunikálni, hogy a mennyezetre mutatott, mintha mutatott volna valamit. Próbált írni, de nem tudott. A fiú megkérte az apját, hogy kacsintson, ha valami jót lát. Ő kacsintott! Aztán megkérte az apját, hogy kacsintson, ha az fény, de ő nem kacsintott. Aztán megkérdezte, hogy angyalok-e az, amit lát, és hogy kacsintson rá. De ő nem kacsintott. Végül a fiú megkérdezte, hogy az Úr Jézus-e az. Az apja ekkor kacsintott a szemével.

A következő héten ismét elmentem a kórházba, hogy meglátogassam. Ezúttal egészen más volt, és békés arcot öltött. Néhány nappal később békében meghalt. Isten az ő irgalmában és szeretetében békét adott neki, mielőtt elhunyt. Nem tudjuk, mi zajlik egy ilyen súlyos beteg és a Teremtője között. Az Úr jelenléte ott volt abban a szobában. Láttam egy embert, aki megkeményedett Istennel és saját családjával szemben, de a halál küszöbén az Úr megismertette vele magát, megadta neki az Ő létezésének tudását.

Adjatok hálát az Úrnak, mert jó, mert az ő irgalmassága örökké tart.
Adjatok hálát az istenek Istenének, mert az ő irgalmassága örökké

tart. Hálát adjatok az urak Urának, mert az ő irgalma örökké tart. Annak, a ki egyedül nagy csodákat cselekszik, mert az ő irgalmassága örökké tart. (Zsoltárok 136:1-4)

16. fejezet.

Áldozatos életmód az életben

DEz idő alatt a hajról, ruházatról, ékszerekről és sminkről szóló bibliai tanulmányt készítettem. Azt mondtam magamban: "Ezek az emberek régimódiak". A szívem mélyén tudtam, hogy szeretem Istent, ezért nem számít, hogy mit viselek. Telt-múlt az idő, és egy nap hallottam, hogy Isten (Ríma) Lelke a szívemhez szólt" :azt teszed, amit a szívedben érzel". Abban a pillanatban kinyílt a szemem. Megértettem, hogy a szívemben a világ iránti szeretet van, és a világ divatjához igazodtam. (A rím Isten megvilágított és felkent Igéje, amely egy adott időre vagy helyzetre szólt hozzád.)

Uram, te kutattál engem, és megismertél engem. Te ismered lecsüggedésemet és felemelkedésemet, te érted gondolataimat messziről. Te ismered utamat és fekvésemet, és ismered minden utamat. (Zsoltárok 139:1-3)

Ékszerek:

Nem szerettem az ékszereket, így nem volt nehéz megszabadulni attól a néhány darabtól, ami volt.

*Hasonlóképpen, ti feleségek, legyetek engedelmeskedve a saját férjeteknek, hogy ha valaki nem engedelmeskedik az igének, akkor az asszonyok beszéde által nyerjék meg őket szó nélkül is; míg ők látják a ti tisztaságos, félelemmel párosuló beszélgetéseteket. A kiknek dísze ne legyen az a **külső** díszítés, a haj befonása, az arany viselése, vagy a ruhák felöltése; hanem a szívnek rejtett embere legyen az, a mi nem romlandó, a szelíd és csendes lélek **dísze**, a mely az Isten előtt igen drága. Mert a régi időkben a szent asszonyok is így ékesítették magukat, akik Istenben bíztak, saját férjüknek engedelmeskedve: Ahogyan Sára is engedelmeskedett Ábrahámnak, urának nevezve őt; kinek leányai vagytok, ha jól cselekesztek, és nem féltek semmi csodálkozással. (1 Péter 3:1-6)*

Hasonlóképpen azt is, hogy az asszonyok szerényen, szégyenlősen és józanul öltözködjenek, nem pedig fésült hajjal, aranynyal, gyöngyökkel vagy drága ruhákkal, hanem (ami az istenfélő asszonyokhoz illik) jó cselekedetekkel. (1Timóteus 2:9, 10)

Haj

*Hát nem tanít-e titeket maga a természet is arra, hogy ha valakinek hosszú haja van, az szégyen számára? De ha az asszonynak hosszú haja van, az dicsőségére van; mert a haja **takarásra** adatott neki. (1 Korinthus 11:14, 15)*

Fiatalabb koromban mindig hosszú hajam volt. Húszéves koromban vágattam le először a hajamat, és addig vágattam, amíg nagyon rövid nem lett. Így a vágatlan hajról szóló tanítást eleinte nehéz volt elfogadnom. Nem akartam hagyni, hogy megnőjön a hajam, mert szerettem a rövid hajat. Könnyű volt ápolni. Elkezdtem kérni Istent, hogy engedje meg, hogy rövid hajat viselhessek. De meglepetésemre Isten megváltoztatta a gondolkodásmódomat azzal, hogy az Ő Igéjét a szívembe helyezte, és többé nem esett nehezemre, hogy hagyjam megnöveszteni a hajamat.

Elizabeth Das

Ez idő alatt anyám velem élt. Mivel nem tudtam, hogyan kell ápolni a hosszú hajamat, anyám megkért, hogy vágjam le, mert nem tetszett neki, ahogy kinézett. Elkezdtem többet tanulni a hajról a Bibliából. Jobb megértést és tudást kaptam, ami segített abban, hogy a meggyőződésem egyre erősebbé váljon a szívemben.

Imádkoztam és megkérdeztem az Urat" :*Mit tegyek az anyukámmal, mivel nem szereti a hosszú hajamat*"? Ő szólt hozzám, és azt mondta : "*Imádkozz, hogy megváltozzon a gondolkodása*".

Bízzál az Úrban teljes szívedből, és ne támaszkodj a magad eszére.
Minden utadon ismerd el őt, és ő irányítja ösvényeidet.
(Példabeszédek 3:5, 6)

Az Úr az én tanácsadóm, ezért továbbra is imádkoztam, hogy a gondolkodásmódja megváltozzon.

Jézus a mi Tanácsadónk;

*Mert gyermek születik nekünk, fiú adatik nekünk, és a kormányzat az ő vállán lesz, és az ő neve lesz: Csodálatos, **Tanácsadó**, Hatalmas Isten, Örök Atya, Béke Fejedelme. (Ézsaiás 9:6)*

Többé nem vágtam le a hajamat. A hajam tovább nőtt, és egy nap anyukám azt mondta nekem" :Jól nézel ki hosszú hajjal!". Nagyon örültem ezeknek a szavaknak. Tudtam, hogy az Úr irányított engem az imában, és meghallgatta az imámat. Tudom, hogy a vágatlan hajam az én dicsőségem, és az Angyalok miatt kaptam erőt a fejemen.

Tudom, hogy amikor imádkozom, akkor van erő. Dicsértessék az Úr!!!

*De minden asszony, aki **fedetlen** fővel imádkozik vagy prófétál, meggyalázza a fejét; mert az is mind egy, mintha borotvált volna. Ha pedig az asszonynak hosszú haja van, az dicsőségére van; **mert a haja takarásra adatott** neki. (1. Korinthus 11:5,15,)*

91

Ez a szentírás nagyon világosan kifejezi, hogy a vágatlan haj a mi fedőnk, és nem a kendő, a kalap vagy a fátyol. Azt jelképezi, hogy alávetjük magunkat Isten tekintélyének és dicsőségének. Isten Igéjében végig azt találjuk, hogy az angyalok védték Isten dicsőségét. Ahol Isten dicsősége volt, ott angyalok voltak jelen. A mi vágatlan hajunk a mi dicsőségünk, és az Angyalok mindig jelen vannak, hogy megvédjenek minket, mert alávetettük magunkat Isten Igéjének. Ezek az Angyalok védelmeznek minket és a családunkat.

Ezért kell az asszonynak hatalmat kapnia a fejére az angyalok miatt.
(1. Korinthus 11:10)

Az 1. Korinthus 11 Isten rendezett gondolata és cselekedete a nő és a férfi közötti egyértelmű különbségtétel fenntartására.

Az Újszövetség azt mutatja, hogy a nőknek vágatlan hosszú hajuk volt.

*És íme, egy asszony a városban, aki bűnös volt, amikor megtudta, hogy Jézus a farizeus házában ül az asztalnál, hozott egy alabástrom doboz kenőcsöt, és sírva állt a lábaihoz mögé, és könnyeivel kezdte mosni a lábát, és **a feje hajával törölgette**, és megcsókolta a lábát, és megkente a kenőccsel. (Lukács 7:37, 38)*

a Lordok azt mondják

"Vágd le a hajadat, Jeruzsálem, és dobd el, és vigyél fel siratót a magaslatokra, mert az Úr elvetette és elhagyta haragjának nemzedékét." (Jeremiás 7; 29)

A levágott haj a szégyen, a gyalázat és a gyász szimbóluma. A haj levágása az Istentől elmaradott emberek istentelen és szégyenletes cselekedetét jelképezi. Ez annak a jele, hogy az Úr elutasította őket. Ne feledjük, hogy mi az Ő menyasszonya vagyunk.

Az Encyclopedia Britannica, V, 1033 szerint az I. világháború után "a hajat leborotválták". A hajvágást szinte mindenütt, szinte minden nő átvette.

Isten szavai az örökkévalóságra szólnak. Isten követelménye a nők számára, hogy vágatlan hosszú hajuk legyen, a férfiaknak pedig rövid hajuk.

Ruházat

Isten Igéje arra is utasít minket, hogyan öltözködjünk. Amikor újonnan megtértem, és tanultam, hogyan kell öltözködnünk, nem voltam meggyőződve a ruháimról. A munkám jellege miatt nadrágot viseltem. Azt gondoltam magamban" *:Nem lenne baj, ha továbbra is csak nadrágot viselnék a munkahelyemen"*. Vettem néhány új nadrágot, és sok bókot kaptam, hogy milyen jól nézek ki. Már tudtam, hogy a nőknek nem szabad férfiruhát viselniük. A nadrág mindig is a férfiak ruházata volt, nem a nőké. Ha egyszer Isten igéje elültetik a szívedben, akkor meggyőződést kapsz a megfelelő ruházat viseléséről.

Az asszony ne viselje azt, ami a férfié, és a férfi ne vegye fel az asszony ruháját; mert mindaz, aki így cselekszik, **utálatos** *az Úrnak, a te Istenednek. (5Mózes 22:5)*

A zűrzavar akkor kezdődött, amikor a férfiak és a nők elkezdtek uniszex ruhákat viselni. A következő lépés, ahogy Isten mondta, oda fog vezetni:

3Móz 18:22 Ne hálj az emberrel, mint az asszonnyal: **utálatosság** *az.*

Az, hogy mit viselünk, hatással lesz ránk. A förtelem szóval jellemzik azt a nőt, aki "férfiruhát" visel, és azt a férfit, aki n"ő iruhát" vesz fel. Isten ismeri a szexuális zűrzavar minden lépését. Isten a két nemet teljesen különbözővé tette, más-más céllal. Észrevettétek, hogy a nők voltak azok, akik először kezdtek nadrágot felvenni? Ez pont olyan, mint amikor Éva engedetlen volt az Édenkertben! Ez a zűrzavar a mai társadalom bizonyítéka, amelyben élünk. Néha nem lehet megkülönböztetni a férfiakat és a nőket.

Több mint 70 évvel ezelőtt a nő iöltözködés nem volt kérdés, mert alapvetően hosszú ruhákat vagy hosszú szoknyákat viseltek. Nem volt zavar. Ahogy a nők elkezdtek férfiruhát viselni, elkezdtek férfiként viselkedni, a férfiak pedig nőként. Ez a rendetlenség.

*Vászon főkötő legyen a fejükön, és vászon **nadrág** az ágyékukon, és ne övezzék magukat semmi izzadságot okozóval (Ezékiel 44:18).*

A mai perverz, engedetlen, média vezérelte nemzedék a levegő fejedelmétől, azaz a Sátántól tanul. Nem ismerik a Biblia igazságát. Támogatóik is hamis tanítók, akik az ember és nem Isten tanítását és parancsait tanítják.

Íme, te az én napjaimat olyanokká tetted, mint egy tenyérnyi időt, és az én korom olyan előtted, mint semmi; bizony, minden ember a legjobb állapotában is teljesen hiábavaló. Selah. Bizony, minden ember hiábavalóságban jár; bizony, hiába nyugtalankodnak; gazdagságot halmoz fel, és nem tudja, ki szedi össze. (Zsoltárok 39:5-6)

Amikor Ádám és Éva engedetlenek voltak az Úrral szemben, és ettek a tiltott fa gyümölcséből, tudták, hogy vétkeztek, és szemük felnyílt a meztelenségükre.

És megnyílt mindkettőjük szeme, és megtudták, hogy mezítelenek; és fügefaleveleket varrtak össze, és kötényt készítettek maguknak (1Mózes 3: 7).

Ádám és Éva fügefalevelekkel takarta be magát. Kötényt készítettek fügefalevelekből, ami nem volt elegendő. Istennek van egy szabványa a takarásra, és ezért nem hagyta jóvá a fügelevelekből készült helytelen takarásukat...... Ezért bőrkabátba öltöztette őket.

Ádámnak is és feleségének is csinált az Úr Isten bőrből ruhát, és felöltöztette őket. (1Mózes 3: 21)

Lelkünk ellensége, az ördög, szereti a testünk szerénytelen felfedését.

*Lukács 8:35 "Akkor kimentek, hogy megnézzék, mi történt; és eljutottak a Jézus, és találták az embert, akiből az ördögök távoztak, Jézus lábainál ülni, **felöltözve** és ép elméjűen; és megijedtek."*

Ha valaki nem takarja el a testét, az azt bizonyítja, hogy a rossz szellem befolyása alatt áll, amely rossz indítékokat szül.

Nagyon fontos, hogy mindig olvassuk Isten Igéjét, szüntelenül imádkozzunk, és böjtöljünk, hogy jobban megértsük és vezessük az Ő Lelkét. Az átalakulás Isten igéje által jön, ami először belülről jön, és csak azután jön a változás kívülről.

A törvénynek e könyve ne hagyja el a te szádat, hanem elmélkedjél benne éjjel-nappal, hogy megtartsd, hogy mindazt, ami benne meg van írva, úgy cselekedj; mert akkor sikerülni fog az utad, és akkor jó sikered lesz. (Józsué 1:8)

A Sátán támadása Isten Igéje ellen irányul. Emlékeztek Évára? Az ördög tudja, hogy mit és mikor támadjon, mert ravasz és ravasz.

Legyetek józanok, legyetek éberek, mert a ti ellenfeletek, az ördög, mint ordító oroszlán, úgy járkál, keresve, kit emészthet el (1Péter 5:8).

Aki megtartja az én parancsolataimat, és megtartja azokat, az az, aki szeret engem; és aki szeret engem, azt szereti az én Atyám, és én szeretni fogom őt, és kinyilatkoztatom magamat neki. (János 14:21)

Ha megtartjátok az én parancsolataimat, megmaradtok az én szeretetemben, amint én is megtartottam az én Atyám parancsolatait, és megmaradok az ő szeretetében. (János 15:10)

Aznap este, amikor a munkahelyemen voltam, egy gondolat jutott eszembe. Azon tűnődtem, hogy vajon hogyan nézek ki Isten szemében. Hirtelen szégyen fogott el, és nem tudtam felnézni. Úgy éreztem, mintha az Úr, a mi Istenünk előtt állnék. Mint tudjátok, mi a fülünkön keresztül hallunk, de én az Ő hangját hallottam, mintha testem minden sejtjén keresztül szólt volna, és azt mondta volna: "Őszintén szeretlek". Amikor hallottam ezeket a gyönyörű szavakat Istentől, hogy "őszintén szeretlek", az olyan sokat jelentett nekem. Alig vártam, hogy végezzek a munkával és hazamenjek, hogy teljesen kitakaríthassam a szekrényemet az összes világi ruhámtól.

Néhány hétig folyamatosan hallottam az Ő hangjának visszhangját, amely azt mondta nekem: "Őszintén szeretlek". Később elhalkult.

Az Istenért való élet nem csak egy beszéd, hanem egy életstílus. Amikor Isten Mózeshez szólt, nagyon világosan beszélt hozzá. Mózes kétségtelenül tudta, hogy Isten hangját hallja.

A görögből fordított szégyenérzet szó a szégyenérzetre vagy a szerénységre utal, vagy arra a belső tisztességre, amely felismeri, hogy a ruházat hiánya szégyenletes. Ez azt jelenti, hogy külső megjelenésünk nemcsak önmagunk, hanem mások számára is tükrözi belső lényünket. Ezért mondja a Biblia, hogy a szerény öltözködés hasonlít a szégyenérzethez

> *Példabeszéd 7:10 És ímé, egy parázna asszony jött vele szembe, parázna ruházatban és aljas szívvel.*

> *Hasonlóképpen azt is, hogy az asszonyok is szerényen öltözködjenek, **szemérmesen** és **józanul**, ne fonott hajjal, ne arannyal, gyöngyökkel vagy drága ruhákkal; (1Timóteus 2:9).*

A ruházatnak el kell fednie az ember meztelenségét. A józanság megakadályozná, hogy valaki olyan ruhát viseljen, amely szexinek hivatott tűnni, vagy amely leleplező divatot képvisel. A mai ruházati stílus olyan rövidre szabott, hogy az egy prostituált ruházatára emlékeztet. Minden arról szól, hogy az ember mennyire néz ki szexinek. A ruhatervezők egyre árulkodóbbá és provokatívabbá teszik a ruhák stílusát.

Hála Istennek az Ő igéjéért, amelyet az örökkévalóságra állított; Ő ismeri minden korszak nemzedékeit. Az Ige megóv téged attól, hogy ehhez a világhoz igazodj.

A szerénység meghatározása országonként, koronként és generációnként változik. Az ázsiai nők bő nadrágot és hosszú blúzt viselnek, amelyet panjabi ruhának neveznek, és amely nagyon szerény. Az arab hölgyek hosszú köntöst viselnek fátyollal. A nyugati keresztény hölgyek a ruhájukat térd alatt hordják.

Még mindig vannak istenfélő keresztény hölgyek, akik szeretnek szerények lenni, és megtartják Isten igehirdetését és tanítását.

Próbáljatok ki mindent; tartsátok meg, ami jó. (1Thesszalonika 5:21)

Megdöbbentő időket élünk, amikor nincs istenfélelem.

Ha szerettek engem, tartsátok meg parancsolataimat. (János 14:15)

Paul azt mondta,

"Mert ti drágán vagytok megvásárolva; dicsőítsétek tehát Istent **testetekben** *és lelketekben, amelyek Istenéi." (1 Korinthus 6: 20)*

A ruházat nem lehet szűk, rövid vagy mélyen kivágott. Egyes ingeken és blúzokon a képek gyakran helytelenül vannak elhelyezve.

Isten elképzelései szerint ruhát kell viselnünk, hogy elfedjük magunkat. Emlékezzünk, hogy Éva és Ádám meztelenek voltak. Mi már nem vagyunk ártatlanok. Tudjuk, hogy ez az ember szemének kísértése. Dávid meglátta Betsabét ruha nélkül, és házasságtörésbe esett.

Korunkban a fiatal nők vagy kislányok öltözködési divatja szerénytelen. A nadrágok szűken vannak hordva. A Biblia azt mondja, hogy tanítsuk a gyermekeket Isten igazságára. Ahelyett, hogy szerénységre tanítanák a lányokat, a szülők szerénytelen ruhákat vásárolnak.

Az istenfélő, lelkiismeretes keresztény nő úgy választja meg ruházatát, hogy az Krisztusnak és férjének is tetsző legyen. Többé már nem azt kívánja viselni, ami "divatos".

A szemérmetlen ruházat, az ékszerek és a smink a szemek kívánságát, a test kívánságát és az élet büszkeségét táplálja.

*Ne szeressétek a világot, sem azt, ami a világban van. Ha valaki a világot szereti, nincs benne az Atyának szeretete. **Mert mindaz, ami a világban van**, a **test kívánsága**, a **szemek kívánsága** és **az élet kevélysége**, nem az Atyától van, hanem a világtól van. És elmúlik a világ és annak kívánsága; de aki az Isten akaratát cselekszi, az megmarad örökké. (1 János 2:15-17)*

A Sátán tudja, hogy az ember vizuálisan orientált. A nők nem látják a Sátán szándékát. A szemérmetlenség erős kísértés és csábítás a férfiak számára. A szemérmetlen ruházat, az ékszerek és a smink izgalmat vált ki a férfiakból. A büszkeség és a hiúság építi az emberi egót. A nő erősnek érzi magát, mert magára vonzza a férfiak kéjes figyelmét. Ezek a dolgok büszkévé teszik a nőt a külső megjelenésére.

Kérlek tehát titeket, testvéreim, Isten irgalmassága által, hogy testeteket élő, szent, Istennek tetsző áldozatul mutassátok be, amely a ti értelmes szolgálatotok. És ne igazodjatok e világhoz, hanem a ti elmétek megújulása által változzatok át, hogy kipróbáljátok, mi az Istennek jó, és kedves és tökéletes akarata. (Róma 12:1, 2)

Smink

A Biblia határozottan **a** smink **ellen** beszél. A Bibliában a sminket mindig az istentelen nőkkel hozzák összefüggésbe. A Bibliában Jezabel egy gonosz nő volt, aki kifestette az arcát.

Isten az Ő Igéjén keresztül adott nekünk, keresztényeknek írásos utasításokat az arcfestésre vonatkozóan, amit ma sminknek nevezünk. Isten minden részletről tájékoztatott minket, még történelmi hivatkozásokkal is. A Biblia úgy tekint ránk, mint a világ világosságára; ha mi ilyen világosság vagyunk, akkor nincs szükségünk festésre. Senki sem festi le a villanykörtét. Egy halott dolognak szüksége van festésre. Lehet festeni a falat, a fát stb.

A legtöbb nő és kislány manapság úgy sminkel, hogy nem ismeri a történelmet vagy a Bibliát. Korábban csak az arcra használtak sminket; de ma már szívesen festik és nyomják a test különböző részeit, például a karokat, kezeket, lábakat stb. Bűnös a sminkelés? Istent érdekli, hogy mit teszel a testeddel. Isten világosan kimondja, hogy ellenzi a test festését és piercingjét, a sminkelést és a tetoválásokat.

*Ne vágjatok a testetekbe vágásokat a halottakért, **és ne nyomjatok magatokra semmiféle jelet**: Én vagyok az Úr. (3Mózes 19:28).*

Soha nem sminkeltem, de rúzsoztam, mert szerettem. Amikor hallottam a sminkelésről szóló prédikációkat, kevesebb rúzst kezdtem el viselni, később pedig teljesen abbahagytam. A szívem mélyén még mindig vágytam rá, hogy viseljem, de nem tettem.

Imában megkérdeztem Istent, hogy mit gondol a rúzsról. Egy nap két hölgy jött felém, és észrevettem, hogy rúzst viselnek. Abban a pillanatban az Ő lelki szemével láttam, hogy néz ki..... Olyan rosszul éreztem magam a gyomromban. Erősen elítélték a szívemet, és soha többé nem volt kedvem rúzst viselni. Az volt a vágyam, hogy örömet szerezzek Neki, és engedelmeskedjek az Igének.

"Így beszéljetek és így cselekedjetek, mint akiket a szabadság törvénye alapján ítélnek meg" (Jakab 2:12).

Bár megvan a szabadságunk, hogy azt tegyük, amit akarunk, és úgy éljünk, ahogyan szeretnénk, a szívünk csalóka, és a testünk e világ dolgait keresi. Tudjuk, hogy testünk ellenséges Istennel és Isten dolgaival szemben. Mindig lélekben kell járnunk, hogy ne teljesítsük be a test kívánságát. Nem az ördög a probléma. Mi magunk vagyunk a saját problémánk, ha a testben járunk.

Mert mindaz, ami a világban van, a test kívánsága, a szemek kívánsága és az élet kevélysége, nem az Atyától van, hanem a világtól van. És elmúlik a világ és annak kívánsága; de aki az Isten akaratát cselekszi, az megmarad örökké. (1János 2:16-17)

A Sátán mindenek középpontjában akar lenni. Tökéletes szépségű és büszkeséggel teli volt. Tudja, hogy mi okozta a bukását, és ezt arra is felhasználja, hogy téged is elbuktasson.

Emberfia, emelj siralmat Tírusz királya felett, és mondd neki: Így szól az Úr Isten: Te pecsételted meg az összeget, tele bölcsességgel és __*tökéletes szépséggel*__*. Az Édenben voltál, az Isten kertjében; minden drágakő volt a te borításod: a szardínia, a topáz és a gyémánt, a berill, az ónix és a jáspis, a zafír, a smaragd és a karbunkulus és az arany; a te tablódnak és pipáidnak munkája elkészíttetett benned azon a napon, a melyen teremtettél*
(Ezékiel 28:12,13).

Amikor testben járunk, mi is a figyelem középpontjába akarunk kerülni. Ez megmutatkozik az öltözködésünkben, a beszélgetéseinkben és a cselekedeteinkben. Könnyen beleesünk a Sátá ncsapdájába, ha alkalmazkodunk a világhoz és annak világi divatjához.

Hadd osszam meg, hogyan és hol kezdődött a sminkelés vagy a festés. A sminkelés Egyiptomban kezdődött. A királyok és királynők a szemük körül viseltek sminket. Az egyiptomi szemsminket a gonosz mágiától való védelemre használták, és a reinkarnációban az újjászületés szimbólumaként is. Azok is használták, akik a halottakat öltöztették. Azt akarták, hogy a halottak úgy tűnjenek, mintha csak aludnának.

Tudnod kell, hogy a Biblia mit mond világosan erről a témáról. Ha a smink fontos Isten számára, akkor azt az Ő Igéjében meg kell említenie - konkrétan és elvileg is.

És mikor Jehu Jezréelbe jött, meghallotta ezt Jezábel, és kifestette az arcát, és megfárasztotta a fejét, és kinézett az ablakon.
(2 Királyok 9:30)

Az ifjú Jehu ezután azonnal Jezréelbe ment, hogy ítéletet hozzon Jezabel felett. Amikor meghallotta, hogy veszélyben van, kisminkelte magát; de a sminkje nem tudta elcsábítani Jehut. Amit Isten prófétája megjövendölt Jezabel és férje, Akháb király fölött, az beteljesedett. Az ő utálatossága véget ért, ahogyan Isten prófétája prófétált felettük. Amikor Jehu kidobatta őt az ablakon, a kutyák megették a húsát; ahogy Isten megmondta! A smink egy önpusztító fegyver.

Ne kívánkozz a te szívedben az ő szépségére, és ne hagyd, hogy a szemhéjával ragadjon meg téged (Példabeszédek 6:25).

"És ha megromlottál, mit fogsz tenni? Hiába öltözteted magad bíborba, hiába díszíted magad arany díszekkel, hiába téped arcodat festéssel, hiába teszed magadat széppé, szerelmeseid megvetnek, életedre törnek."(Jeremiás 4:30)

A történelem tanúsága szerint a prostituáltak azért festették be az arcukat, hogy felismerjék őket prostituáltként. Idővel a smink és az arcfestés általánossá vált. Ma már nem tekintik illetlennek.

És továbbá, hogy messziről küldtél embereket, akikhez követet küldtél, és íme, eljöttek; akikért megmostad magad, kifestetted a szemedet, és feldíszítetted magad díszekkel. (Ezékiel 23:40)

A smink "olyan termék, amire senkinek sincs szüksége", de az emberi természetből fakad, hogy akarjuk őket. A büszkeség és a hiúság az oka annak, hogy sok nő sminket használ, hogy beilleszkedjen a világba. Ez az emberi természet. Mindannyian be akarunk illeszkedni!

A hollywoodi sztárok felelősek a nő kkülső megjelenésről való gondolkodásának ilyen drasztikus változásáért. Sminket csak az arrogáns és beképzelt, büszke nők viseltek. Mindenki csinos akar lenni, még a gyerekek is, akik sminkelnek.

A büszkeség és a hiúság elősegítette a sminkipart, a sminkek befogadásával hiúvá váltak. Bárhová mész, mindenhol találsz sminket. A legszegényebbektől a leggazdagabbakig mindenki szépnek akar látszani. A mai társadalom túl nagy hangsúlyt fektet a külső megjelenésre; a belső bizonytalanság miatt minden korosztály sminkeli magát.

Sokan depressziósak a kinézetük miatt; még öngyilkosságot is megkísérelnek. A szépség az egyik legjobban csodált dolog ebben a generációban. Vannak, akik már akkor sminkelik magukat, amikor felébrednek. Nem szeretik a természetes kinézetüket. A smink annyira megszállta őket, hogy nélküle nem érzik magukat kívánatosnak. Ez depressziót okoz a fiatalabb generációnkban és még a kisgyerekekben is.

Gondoljunk csak az Ó- vagy Újszövetségi Biblia legismertebb igaz asszonyaira. Egyetlen egyet sem fogsz találni, aki sminket viselt volna. Nincs említés arról, hogy Sára, Ruth, Abigail, Naomi, Mária, Debóra, Eszter, Rebeka, Feebie vagy bármely más erényes és szelíd nő valaha is sminkelte volna magát.

Megszépíti a szelídeket az üdvösséggel (Zsoltárok 149:4b).

Valójában Isten Igéjében az egyetlen példa a sminket viselőkre a házasságtörők, a paráznák, a lázadók, a visszaesők és a hamis prófétanők voltak. Ez nagy figyelmeztetésként kell, hogy szolgáljon mindenkinek, akit érdekel Isten Igéje, és aki a bibliai igaz példát szeretné követni ahelyett, hogy az istentelen nők példáját választaná.

***Öltsétek** fel azért, mint Isten választottjai, szentek és szeretettek, az irgalmasság bensőjét, kedvességet, alázatosságot, szelídséget, hosszútűrést (Kolossé 3:12).*

Nem, hanem, ó ember, ki vagy te, aki Isten ellen haragszol?
Mondhatja-e a megformált dolog annak, aki megformálta: Miért
alkottál engem így? (Róma 9:20).

Testünk Isten temploma; vágynunk kell arra, hogy Isten igaz útjait keressük. Ez úgy történik, hogy a nők szentséges öltözetben, nyílt arccal (tiszta arccal) mutatkoznak be, és testünkben Isten drága dicsőségét tükrözik.

Mi az? Nem tudjátok, hogy a ti testetek a Szentlélek temploma, amely
bennetek van, amelyet Istentől kaptatok, és nem vagytok a magatokéi?
(1 Korinthus 6:19)

Téged és engem áron vásároltunk meg, és Isten is az Ő képmására teremtett minket. Isten törvényei azért vannak, hogy megvédjenek minket, és a szívünkbe kell írni őket. Neked és nekem vannak szabályaink és iránymutatásaink, amelyek szerint élnünk kell, ahogy nekünk, szülőknek is vannak szabályaink és iránymutatásaink a gyermekeink számára. Ha úgy döntünk, hogy engedelmeskedünk Isten törvényeinek és iránymutatásainak, akkor áldásban részesülünk, és nem büntetésben.

"Felhívom az eget és a földet, hogy ma feljegyezzék ellened, hogy
életet és halált, áldást és átkot állítottam eléd: válaszd azért az életet,
hogy te és a te magod is élj" (5Mózes 30:19).

A büszkeség és a lázadás betegséget, pénzügyeket, elnyomást és démoni megszállást hoz ránk. Amikor büszkeség és lázadás által e világ dolgait keressük, akkor kudarcra készítjük fel magunkat. Az ördögök vágya, hogy a büszkeség bűnével megrontsák az életünket. Ez nem Isten akarata az életünkkel kapcsolatban!

Láttam a változásokat, amikor a világi nők istenfélő nőkké válnak. Átalakulnak, és az öregedő, depressziós, stresszes, meggyötört és boldogtalan nőkből fiatalosabb, gyönyörű, élettel teli, békés és sugárzó nőkké válnak.

Egyetlen életünk van! Ezért képviseljük Ábrahám, Jákob és Izsák Istenét...., bemutatva testünket, élő áldozatot, szent és elfogadható az Ő színe előtt. Ez a mi ésszerű szolgálatunk belsőleg és külsőleg, feddhetetlenül mindenben!

Amikor büszkeségből és lázadásból nem engedelmeskedünk Isten Igéjének, átkot hozunk magunkra, gyermekeinkre és gyermekeink gyermekeire. Ezt láthatjuk É vaengedetlen és lázadó cselekedeteiben; az eredmény az özönvíz volt, amely a földre jött, és minden elpusztult. Sámson és Saul az engedetlenségükkel pusztulást hoztak magukra és családjukra. Éli engedetlensége a fiai halálát és a papságból való eltávolítását hozta.

A történelem Isten Igéjén keresztül azt mondja nekünk, hogy a pusztulás előtt az emberi faj mentalitása gőgös, önző volt, és a saját örömüket keresték.

*Sőt, ezt mondja az Úr: Mert **Sion leányai** gőgösek, és kinyújtott nyakkal és tágra nyílt szemekkel járnak, járnak és táncolnak, amint mennek, és lábukkal csilingelnek: Azért az Úr megveri Sion leányainak fejének koronáját, és az Úr feltárja titkos testrészeiket. Azon a napon elveszi az Úr az ő csilingelő díszeiket lábuk körül, és a karkötőiket, és a kerek abroncsaikat, mint a hold, a láncokat, a karpereceket és a muffokat, a főkötőket és a lábdíszeket, és a fejpántokat, és a táblákat, és a fülbevalókat, a gyűrűket, és az orrékszereket, a változó ruhákat, és a köpenyeket, és a fövegeket, és a ropogós tűket, a szemüvegeket, és a finom vásznakat, és a csuklyákat, és a kámzsákat. És lesz, hogy édes illat helyett bűz lesz, és öv helyett szakadás, és jól állított haj helyett kopaszság, és haskötő helyett zsákruha-öv, és szépség helyett égés. Férfiaid kard által esnek el, és hatalmasaid a háborúban. És az ő kapui siránkoznak és gyászolnak, és a földön ül, mert elhagyatott.*
(Ézsaiás 3:16-26)

Az életben hozott döntéseink nagyon fontosak. Ha olyan döntéseket hozunk, amelyek a Biblián alapulnak és a Lélek által vezéreltek, az áldást hoz ránk és gyermekeinkre. Ha úgy döntesz, hogy Isten Igéje ellen lázadsz, és a saját önző örömödet keresed, akkor megismétled a történelmet:

1. Engedetlen Éva, aki az özönvizet hozta.

És látta Isten, hogy az ember gonoszsága nagy a földön, és hogy szíve gondolatainak minden képzelete folyton csak gonoszság. És megbánta az Úr, hogy embert teremtett a földön, és bánkódott a szíve. És monda az Úr: Elpusztítom az embert, a kit teremtettem, a föld színéről, mind az embert, mind a vadállatot, mind a csúszómászókat és az ég madarait, mert megbánt engem, hogy én teremtettem őket. (1Mózes 6:5-7)

2. Szodoma és Gomorra lázadása:

*És szóla az Úr **Sodomára** és Gomorrára kénkő és tűz az Úrtól az égből (1Móz 19,24).*

Ez néhány példa a Bibliából. Tudjátok, hogy változást hoztok a világban. Nem akarod feleleveníteni a gonosz ősi történelmet.

Ez az, amit Isten a lázadókról és az engedetlenségről mond:

És küldök közéjük kardot, éhséget és döghalált, míg ki nem pusztulnak a földről, amelyet nekik és atyáiknak adtam (Jeremiás 24:10).

De az engedelmeseknek:

És térj vissza, és hallgass az Úr szavára, és tedd meg minden parancsolatát, a melyeket ma parancsolok néked. És az Úr, a te Istened bőségessé tesz téged kezed minden munkájában, a te gyümölcsödben.
testedben, és a te jószágod gyümölcsében, és a te földed gyümölcsében, jóra; mert az Úr ismét örülni fog rajtad jóra, mint ahogy örült a te atyáidnak: Ha hallgatsz az Úrnak, a te Istenednek szavára, hogy megtartsd parancsolatait és rendeléseit, amelyek meg

vannak írva a törvénynek e könyvében, és ha teljes szívedből és teljes lelkedből az Úrhoz, a te Istenedhez fordulsz. Mert ez a parancsolat, amelyet ma parancsolok neked, nincs elrejtve előled, és nincs messze tőled. (5Mózes 30:8-11.)

17. fejezet

Utazási szolgálat: Tanítani és terjeszteni az evangéliumot.

Inem vagyok lelkész abban az értelemben, mint akit tiszteletesnek, lelkésznek vagy prédikátornak hívnak. Amikor megkapjuk a Szentlelket és a tüzet, az Ő Igéjének szolgáivá válunk az örömhír terjesztésében. Bárhová megyek, kérem Istentől a lehetőséget, hogy tanúja és tanítója lehessek az Ő Igéjének. Mindig a KJV Bibliát használom, mivel ez az egyetlen forrás, amely megeleveníti az ember szívét és elméjét. Ha a magot elültettük, a Sátán számára lehetetlen eltávolítani, ha folyamatosan imával öntözzük.

Amikor az egyének elfogadják ezt a csodálatos igazságot, összekapcsolom őket egy helyi gyülekezettel, hogy megkeresztelkedjenek *Jézus nevében*; egy lelkipásztor tanítványai lehetnek, hogy kapcsolatban maradjanak velük. Fontos, hogy legyen egy lelkipásztor, aki táplálja (tanítja) Isten Igéjét és vigyáz rájuk.

*"Menjetek tehát és tanítsatok minden népet, keresztelve őket az Atyának és a Fiúnak és a Szentléleknek **nevében**." (Máté 28:19)*

"És adok nektek pásztorokat szívem szerint, akik tudással és értelemmel táplálnak benneteket." (Jeremiás 3:15)

Amikor az Úr utasítást ad nekünk, hogy teljesítsük az Ő akaratát, az bárhol és bármikor történhet. Lehet, hogy az Ő útjainak néha nincs értelme, de én a tapasztalatból megtanultam, hogy ez nem számít nekem. Attól kezdve, hogy felébredek, egészen addig, hogy kisétálok a házamból, soha nem tudom, hogy Isten mit készített nekem. Hívőként az Ige tanulmányozása által kell növekednünk a hitünkben, hogy érett tanítókká váljunk. Az érettség magasabb szintjeit továbbra is úgy érjük el, hogy soha nem hagyunk ki egy alkalmat sem, hogy tanúságot tegyünk másoknak; különösen akkor, ha Isten megnyitotta az ajtót.

"Mert amikor egy időre tanítóknak kellene lennetek, szükségetek van arra, hogy valaki újra megtanítson benneteket arra, hogy mik az Isten orákulumainak első elvei; és olyanokká lettetek, mint akiknek tejre van szükségük és nem erős ételre. Mert mindenki, aki tejet használ, járatlan az igazság igéjében, mert még csecsemő. Az erős étel pedig a nagykorúaké, azoké, akiknek a használat révén gyakorlott az érzékük, hogy megkülönböztessék a jót és a rosszat."
(Zsidókhoz írt levél 5:12-14)

Ebben a fejezetben megosztom veletek néhány utazási tapasztalatomat néhány fontos történelmi ponttal, amelyeket a korai egyházi és későbbi tanítási hitek magyarázatára vetettem be.

Isten egy "logikátlan repülési terv" révén visszahozott, hogy meglátogassam Kaliforniát. Egészségügyi problémák miatt mindig a közvetlen járatokat részesítem előnyben. Ezúttal a texasi Dallas - Ft. Worthből a kaliforniai Ontarióba vettem repülőjegyet, a coloradói Denverben való átszállással. Nem tudom megmagyarázni, miért tettem ezt, de később már volt értelme. A repülőgépen a stewardessnek tudtára adtam, hogy fájdalmaim vannak, és a pihenőhelyiség közelében foglaltam helyet. A repülés második felében megkértem a stewardess-t, hogy keressen nekem egy helyet, ahol lefeküdhetek. A gép hátsó részébe vezetett. A fájdalom később enyhült. A stewardess visszatért, hogy megnézze, hogy érzem magam, és elmondta, hogy imádkozott értem.

Az Úr megnyitotta előttem az ajtót, hogy megosszam, amit értem tett. Meséltem neki a sérüléseimről, betegségeimről és gyógyulásaimról. Nagyon csodálkozott, hogy mindezt gyógyszerek nélkül, csak Istenben bízva bírtam ki. Miközben a Bibliáról beszélgettünk, azt mondta nekem, hogy még soha nem hallott arról, hogy bárki is kaphat Szentlelket. Elmagyaráztam neki, hogy a Szentírás szerint ez ma is megvan számunkra. Elmondtam neki, hogy miért hagytam el az indiai otthonom; ha teljes szívünkből keressük Istent, Ő meghallgatja imáinkat. Nagyon kedves és gondoskodó volt velem, mint ahogyan sok más alkalommal is, amikor repültem, úgy tűnik, mindig van valaki a repülőn, aki ilyen kedvesen és gondoskodóan viselkedik velem. Továbbra is meséltem neki a Szentlélekről és a nyelveken szólás bizonyítékáról. Ő hajthatatlanul azt mondta, hogy nem hisz benne. Beszéltem neki az Úr Jézus nevében való keresztségről, és bevallotta, hogy erről sem hallott még soha. Az apostolok keresztségét, ahogyan arról az Apostolok Cselekedetei 2. fejezetében szó van, az egyházak többsége nem hirdeti, mivel a legtöbb gyülekezet elfogadta a Szentháromság tant, miszerint az Istenségben három személy van, és a címekre hivatkoznak: Atya, Fiú és Szentlélek, amikor keresztelnek.

*"És Jézus odament, és szólt hozzájuk, mondván: Nekem adatott minden hatalom mennyen és földön. Menjetek tehát, és tanítsatok minden népet, keresztelve őket az Atyának és a Fiúnak és a Szentléleknek **nevében**." (Máté 28:18-19)*

Amikor a tanítványok Jézus nevében kereszteltek, akkor az Atya, a Fiú és a Szentlélek keresztségét teljesítették be, amikor az illető teljes alámerüléssel ment a vízbe. Ez nem valami zavaros dolog volt; azt teljesítették, amit Jézus parancsolt nekik, ahogy a szentírások mutatják.

*Mert hárman vannak a mennyben, akik feljegyzik: az Atya, az Ige és a Szentlélek; és ez a **három egy**. (1 János 5:7)*

(Ez az írás az NIV-ből és az összes modern bibliafordításból eltávolították.)

*"Mikor pedig ezt hallották, megszúrta őket a szívük, és mondták Péternek és a többi apostolnak: Férfiak és testvérek, mit tegyünk? Péter pedig így szólt hozzájuk: Térjetek meg, és keresztelkedjetek meg mindnyájan **Jézus Krisztus nevében** a bűnök bocsánatára, és megkapjátok a Szentlélek ajándékát"." (ApCsel 2:37-38)*

*"Amikor ezt meghallották, **megkeresztelkedtek az Úr Jézus nevében**. És amikor Pál rájuk tette a kezét, rájuk szállt a Szentlélek, és nyelveken szóltak és prófétáltak. És mind a tizenkét férfiú volt körülbelül tizenkettő." (ApCsel 19:5-7)*

*"Mert hallották őket nyelveken szólni és Istent magasztalni. Erre Péter azt felelte: Megtilthatja-e valaki a vizet, hogy ezek ne legyenek megkereszteltek, akik ugyanúgy megkapták a Szentlelket, mint mi? És ő megparancsolta nekik, hogy **keresztelkedjenek meg az Úr nevében**. Azután könyörögtek neki, hogy maradjon még néhány napig". (ApCsel 10:46-48)*

Az apostolok nem voltak engedetlenek Jézusnak. Pünkösd napja volt az egyházi korszak kezdete, miután Jézus feltámadt a halálból és dicsőségre jutott. Megjelent az apostoloknak, és megdorgálta őket hitetlenségükért, és negyven napig velük volt. Ez idő alatt Jézus sok mindenre tanította őket. A Biblia azt mondja, hogy a hívőknek meg kell keresztelkedniük.

"Azután megjelent a tizenegyeknek, amikor az asztalnál ültek, és megdorgálta őket hitetlenségükért és szívük keménységéért, mert nem hittek azoknak, akik látták őt, miután feltámadt. És azt mondta nekik: "Menjetek el az egész világra, és hirdessétek az evangéliumot minden teremtménynek. Aki hisz és megkeresztelkedik, üdvözül; aki pedig nem hisz, az elkárhozik." (Márk 16:14-16)

Az ember később más keresztelési formulát fogadott el, beleértve a "locsolást" a teljes alámerülés helyett. (Egyes érvek szerint azért, mert a Biblia nem mondja, hogy nem lehet locsolni, és a római egyház csecsemőket keresztelt). A Jézus nevére való keresztelést a római egyház megváltoztatta, amikor elfogadták a szentháromság nézetet.

Mielőtt folytatnám, először is szeretném elmondani, hogy nem kérdőjelezem meg sok csodálatos hívő őszinteségét, akik az Úrral való személyes együttlétre törekszenek, akik szeretik Istent és hisznek abban, amit a korai bibliai tanításnak tartanak. Ezért olyan fontos, hogy magad is elolvasd és tanulmányozd a Szentírást, beleértve a korai apostoli egyház bibliai tanításának történetét is. "Az egyházi tanítás az apostolkodásba megy".

A hitehagyás az igazságtól való elszakadást jelenti. A hitehagyott az, aki egyszer hitt, majd elutasította Isten igazságát.

Kr. u. 312-ben, amikor Konstantin császár volt, Róma a kereszténységet fogadta el kedvelt vallásként. Konstantin eltörölte Diocletianus (latinul: Gaius Aurelius Valerius Diocletianus Augustus ;) üldözési rendeleteit, amelyek i.sz. 303-ban kezdődtek. Diocletianus Kr. u. 284-305 között volt római császár. Az üldözési rendeletek elvették a keresztények jogait, és megkövetelték tőlük " ahagyományos vallási gyakorlatok" követését, amelyek közé tartozott a római isteneknek való áldozás is. Ez volt a kereszténység utolsó hivatalos üldözése azok megölésével és megfélemlítésével együtt, akik nem akartak engedelmeskedni. Konstantin "kereszténnyé" tette a Római Birodalmat, és az államvallássá, azaz hivatalos vallássá tette. Uralkodása alatt a pogány vallásokat is bátorította Rómában. Ez megerősítette Konstantin tervét, hogy birodalmában egységet és békét teremtsen. Így "kereszténnyé tette Rómát" és egy politikai egyházat tett uralkodóvá. Mindezzel a Sátán a leghatalmasabb tervet dolgozta ki az egyház belülről való megrontására, úgy, hogy a korai egyházat sehol sem ismerték el. A kereszténységet lealacsonyították, megfertőzték és meggyengítették azzal, hogy egy pogány rendszer csatlakozott az akkori világpolitikai rendszerhez. E rendszer szerint a keresztség bárkit kereszténnyé tett, és bevitték a pogány vallásukat, szentjeiket és képeiket az egyházba. Egy későbbi szakaszban a Szentháromság-tant is megalapozták a zsinatukon. A hitehagyott egyház már nem ismerte el, nem prédikált, és nem is foglalkozott a Szentlélek vagy a nyelveken szólás fontosságával. Kr. u. 451-ben, a khalkédoni zsinaton a pápa jóváhagyásával a nikaiai/konstantinápolyi hitvallást tekintélyesnek határozták meg. Senki sem vitatkozhatott erről a kérdésről. A Szentháromság ellen beszélni most már istenkáromlásnak számított. Az engedetlenekre a csonkítástól a halálig terjedő kemény büntetéseket hirdettek. A keresztények között hitbeli nézetkülönbségek alakultak ki, ami ezrek megcsonkításához és lemészárlásához vezetett. Az igaz hívőknek nem maradt más választásuk, mint a föld alá bújni, és elrejtőzni üldözőik elől, akik a kereszténység nevében mészároltak.

Elmondtam neki, hogy a szentháromsághit a pogányoktól származik, akik nem voltak tisztában Isten rendeléseivel, törvényeivel és parancsolataival, és Kr. u. 325-ben alakult ki, amikor az első nikaiai zsinat ortodoxiaként rögzítette a szentháromságtant, és elfogadta a római egyház niceai hitvallását.

A Szentháromságot azután állították össze, hogy 300 püspök összegyűlt, és hat hét után álltak elő vele.

Soha senki nem változtathat meg egy parancsolatot! Az ősegyház az Apostolok Cselekedeteiben az Isten abszolút Egységéről szóló ószövetségi hitből indult ki, valamint Jézus Krisztusról, mint a megtestesült Istenről szóló újszövetségi kinyilatkoztatásból. Az Újszövetség elkészült, és az utolsó apostolok az első század vége felé haltak meg. A negyedik század elejére a kereszténységben az Istenről szóló elsődleges tanítás Isten bibliai Egységéről a trinitárius hitre változott.

Csodálkozom, hogy ilyen hamar eltávolodtatok attól, aki Krisztus kegyelmébe hívott el benneteket, egy másik evangéliumhoz: Ami nem más, hanem vannak, akik zavarnak titeket, és elferdítik a Krisztus evangéliumát. De ha mi vagy egy angyal a mennyből más evangéliumot hirdetnénk nektek, mint amit mi hirdettünk nektek, legyen átkozott. Amint az előbb mondtuk, úgy mondom most is: Ha valaki más evangéliumot hirdet nektek, mint amit kaptatok, legyen átkozott. (Galata 1:6-9)

A poszt-apostoli kor (Kr. u. 90-140) írói hűek voltak a bibliai nyelvhez, annak használatához és gondolkodásmódjához. Hittek a monoteizmusban, vagyis Jézus Krisztus abszolút istenségében és Isten testben való megjelenésében.

Halld meg, ó Izrael! Egy az Úr, a mi Istenünk, egy az Úr (5Mózes 6:4).

*És ellentmondás nélkül nagy az istenfélelem titka: **Isten megjelent testben**, megigazult a Lélekben, angyalok látták, hirdették a pogányoknak, hittek a világban, felvették a dicsőségbe. (1 Timóteus 3:16)*

Nagy jelentőséget tulajdonítottak Isten nevének, és hittek a Jézus nevére történő keresztségben. Az ősegyház megtérői zsidók voltak; tudták, hogy Jézus az "Isten Báránya". Isten testet öltött, hogy vért onthasson.

*"Vigyázzatok tehát magatokra és az egész nyájra, amely felett a Szentlélek titeket felügyelőkké tett, **hogy legeltessétek Isten egyházát, amelyet saját vérével** vásárolt meg (ApCsel 20:28).*

A Jézus név jelentése: Jesus: héberül Yeshua, görögül Yesous, angolul Jesus. Ezért mondta Jézus.

Jézus így szólt hozzá: Olyan régóta vagyok veled, és mégsem ismersz engem, Fülöp? Aki engem látott, az látta az Atyát; és akkor hogy mondod: Mutasd meg nekünk az Atyát? (János 14:9)

Nem támogatták a szentháromság eszméjét, sem a szentháromságtani nyelvezetet, ahogyan azt később a római egyház átvette. Bár a keresztény egyházak többsége ma a szentháromságtant követi, az ősegyház még mindig a pünkösd napi apostoli tanítást vallja. Isten figyelmeztetett minket, hogy ne forduljunk el a hittől. Egy az Isten, egy a hit és egy a keresztség.

*"Egy az Úr, egy a hit, **egy a keresztség**, egy az Isten és mindenek Atyja, aki mindenek felett és mindenek által és mindnyájatokban van".*
(Efézus 4:5-6)

*"Jézus pedig felelvén néki, monda néki: Az első minden parancsolatok közül ez: Halld meg, Izráel: **Egy az Úr, a mi Istenünk, egy az Úr.**"*
(Márk 12:29)

*"Mégis én vagyok az Úr, a te Istened Egyiptom földjéről, és nem ismerhetsz más istent rajtam kívül, mert **nincs szabadító rajtam kívül.**" (Hóseás 13:4)*

A kereszténység eltávolodott Isten egységének koncepciójától, és elfogadta a szentháromság zavaros tanítását, amely a keresztény valláson belül máig viták forrása. A Szentháromság tana azt állítja, hogy Isten három isteni személy - az Atya, a Fiú és a Szentlélek - egyesülése. Eltértek az igazságtól és elkezdtek elkalandozni.

Amikor a Szentháromság-tan e gyakorlata elkezdődött, elrejtette a "Jézus Nevének" alkalmazását a keresztségben. JÉZUS neve azért olyan hatalmas, mert e név által üdvözülünk:

Nincs üdvösség más névben sem, csak JÉZUSban:

*És másban sincs üdvösség; mert **nincs más név** az ég alatt, amely az emberek között adatott volna, hogy üdvözüljünk. (ApCsel4:12)*

Voltak zsidó és pogány keresztények, akik nem akarták vállalni a címek (Atya, Fiú és Szentlélek) keresztségét. Az egyházi korszak hitehagyottá vált. (Mit jelentett ez? elszakadás az igazságtól).

A hitehagyás lázadás Isten ellen, mert lázadás az igazság ellen.

Hasonlítsuk össze, mit mond a NASB és a KJV bibliák erről a fontos kérdésről.

Az aláhúzott mondat az NIV, a NASB és más bibliafordításokból került ki.

> *"Senki se tévesszen meg titeket, mert az [Jézus visszajövetele] nem jön el, hacsak előbb el nem jön **a hitehagyás**, és ki nem nyilatkozik a törvénytelenség embere, a veszedelem fia."*
> *(2Thesszalonika 2:3 **NASB Version**).*

> *"Senki se tévesszen meg titeket semmivel, mert az a nap (Jézus visszajövetele) nem jön el, **hacsak előbb el nem jön az elesés**, és ki nem nyilatkozik a bűn embere, a kárhozat fia."*
> *(2 Thesszalonika 2:3 **KJ változat**)*

A stewardess nagyon érdeklődött az iránt, amit tanítottam neki. Az idő rövidsége miatt azonban elmagyaráztam neki Isten Egységét, hogy a rendelkezésemre álló rövid idő alatt teljes megértést adjak neki.

> *"Vigyázzatok, nehogy valaki megrontson titeket filozófiával és hiábavaló csalással, az emberek hagyománya szerint, a világ kezdetleges szokásai szerint, és nem Krisztus szerint. Mert őbenne lakik az Istenség egész teljessége testileg."*
> *(Kolossé 2:8-9)*

A Sátá nszékhelye (más néven Pergamos, Pergos vagy Pergemon):

Elmagyaráztam a stewardessnek azt is, hogy Törökország országa milyen kulcsszerepet játszik napjainkban és a végidőben. Pergamon vagy Pergamum egy ókori görög város volt a mai Törökország területén, amely a hellenisztikus korban, az Attalidák dinasztiája alatt, i. e. 281-133 között a Pergamon Királyság fővárosa lett. A város egy dombon áll, ahol főistenük, Aszklépiosz temploma található. Van egy szobor, amely Asclepiust ábrázolja, amint ülve tart egy botot, amely körül egy kígyó tekeredik. A Jelenések könyve Pergamonról, a hét gyülekezet egyikéről szól. Patmosi János a Jelenések könyvében a" Sátán székhelyeként" említi.

*"A pergámosi gyülekezet angyalának pedig írd meg: Ezt mondja az, akinek éles, kétélű kardja van: Ismerem cselekedeteidet, és azt, hogy hol laksz, sőt azt is, hogy hol van **a Sátán székhelye**; és te kitartasz nevem mellett, és nem tagadtad meg hitemet, még azokban a napokban is, amikor Antipász volt az én hűséges vértanúm, aki megölték köztetek, ahol a Sátán lakik. De van néhány dolog ellened, mert ott vannak nálad azok, akik Bálám tanítását tartják, aki arra tanította Bálákot, hogy Izrael fiai elé vessék a botlást, hogy bálványáldozatokat egyenek és paráznaságot kövessenek el.".*
(Jelenések 2:12-14)

Miért olyan fontos ma ez a város? Az ok az, hogy amikor Nagy Kürosz Kr. e. 457-ben elfoglalta Babilont, Kürosz király arra kényszerítette a pogány babiloni papságot, hogy meneküljön nyugatra, a mai Törökországban található PERGAMOSZ-ba.

{Jegyzet: Izraelre és a prófécia beteljesedésére kell tekintenünk. Nem csoda, hogy 2010. július 6-án Madridban, Spanyolországban Aszad szíriai elnök arra figyelmeztetett, hogy Izrael és Törökország közel áll a háborúhoz? Isten szeretett Izraelének és a Sátán (Szék)trónjának találkozása a mai hírekben.

Miután a légitársaság hostessével beszélgettem Pergamosról, elkezdtem tanítani az újjászületésről. Soha nem hallott még senkit nyelveken szólni (Szentlélek). Átadtam neki az összes információt, szentírásokat és egy listát, hogy hol találhat egy bibliahívő gyülekezetet. Annyira izgatott volt ettől az igazságtól és kinyilatkoztatástól. Most már értettem, hogy megmagyarázhatatlan módon miért vettem egy nem közvetlen repülőjegyet Kaliforniába. Isten mindig tudja, mit tesz, és megtanultam, hogy nem mindig ismerem a szándékát, de később visszatekintve láthatom, hogy végig volt terve. Amint megérkeztem Kaliforniába, fájdalommentesen és láz nélkül szálltam le a repülőgépről.

A kérdés: Mi az apostoli?

Egy másik járaton voltam Dallas-Ft. Worthből a kaliforniai Ontarióba. Egy rövid szunyókálás után észrevettem, hogy a mellettem ülő hölgy olvas. Némi nehézséggel próbált kifelé nézni, ezért felhúztam a redőnyt az ablakomon, és ő boldog volt. Kerestem az alkalmat, hogy beszélgessek vele, így ezzel a gesztussal kezdődött a beszélgetésünk, amely közel egy órán át tartott. Elkezdtem mesélni neki a bizonyságtételemről.

Azt mondta, hogy megnézi, amikor bejelentkezik a szállodai szobájába. A templomról kezdtünk beszélgetni, amikor bevallotta, hogy csak néha-néha jár oda. Azt is elmondta, hogy házas és két lánya van. Ekkor elmondtam neki, hogy én egy apostoli pünkösdi gyülekezetbe járok. Ekkor vettem észre, hogy tágra nyílt a szeme. Elmondta nekem, hogy nemrég a férjével együtt láttak egy hirdetőtáblát egy apostoli egyházról. Nem tudtuk, mit jelent ez a szó (apostoli), mondta. Elmagyaráztam neki, hogy ez az a tanítás, amelyet Jézus a János 3:5-ben állapított meg, és amelyet az Apostolok Cselekedeteiben alkalmaznak, leírva az apostoli korszak korai egyházát. Szilárdan hiszem, hogy Isten éppen ennek a hölgynek a mellé helyezett, hogy válaszoljak erre a kérdésre. Ez túl nagy véletlen volt ahhoz, hogy véletlen legyen.

Apostoli korszak:

Feltételezések szerint Krisztus Kr. e. 4 előtt vagy Kr. u. 6 után született, és Kr. u. 30 és Kr. u. 36 között, 33 éves korában feszítették keresztre. Így a keresztény egyház megalapítása a becslések szerint Kr. u. 30 májusában, pünkösd ünnepén történt.

Az apostoli korszak körülbelül hetven évet ölel fel (Kr. u. 30-100), amely pünkösd napjától János apostol haláláig tart.

János leveleinek megírásától kezdve az első század eltávolodott az igazságtól. Az első században sötétség költözött a gyülekezetekbe. Ezen kívül nagyon keveset tudunk az egyháztörténelemnek erről az időszakáról. Az Apostolok Cselekedeteinek könyve (2:41) feljegyzi háromezer ember pünkösdi megtérését egy nap alatt Jeruzsálemben. A történelem szerint tömeggyilkosság történt Néró alatt. A keresztény megtérők nagyrészt a közép- és alsóbb osztálybeli emberek közül kerültek ki, mint például az írástudatlanok, rabszolgák, kereskedők stb. Becslések szerint Konstantin térítése idején a keresztények száma e római rendelet alapján meghaladhatta a tizenegy milliót, ami a Római Birodalom teljes lakosságának egytizede, ami hatalmas és gyors sikert jelent a kereszténység számára. Ez az ellenséges világban élő keresztényekkel szembeni kegyetlen bánásmódot eredményezett.

Jézus azt tanította, hogy úgy kell szeretnünk egymást, mint önmagunkat, és hogy az Ő nevében jön el az üdvösség és a bűnbánat.

És hogy a bűnbánatot és a bűnök bocsánatát hirdessék az ő nevében minden nemzetnek, Jeruzsálemtől kezdve. (Lukács 24:47)

Az apostolok átvették Jézus tanításait, és pünkösd napján alkalmazták azokat, majd elmentek, és először a zsidóknak, majd a pogányoknak hirdették Jézust.

*"Vigyázzatok tehát magatokra és az egész nyájra, amely felett a Szentlélek titeket felügyelőkké tett, **hogy legeltessétek Isten egyházát, amelyet saját vérével vásárolt meg.** Mert tudom azt, hogy távozásom után súlyos farkasok fognak közétek behatolni, nem kímélve a nyájat. Magatok közül is támadnak majd emberek, akik perverz dolgokat beszélnek, hogy maguk után vonzzák a tanítványokat. Ezért vigyázzatok, és emlékezzetek, hogy három év alatt nem szűntem meg éjjel és nappal könnyekkel figyelmeztetni mindenkit."*
(ApCsel 20:28-31)

Nem mindenki vetette alá magát Konstantin római birodalmi rendeletének.

Voltak olyanok, akik az apostolok eredeti tanítását követték, és nem fogadták el a konstantinápolyi rendeletben meghatározott "megtérést". A rendelet magában foglalta a római egyházi zsinatok során kialakult vallási hagyományokat, valamint olyan változtatásokat, amelyek kiforgatták a korai egyház igazságát. Ezek az emberek, akik a konstantinápolyi dekrétumot megalkotó zsinatokat létrehozták, nem voltak igazi újjászületett hívők.

Ezért nevezi magát ma sok egyház apostoli vagy pünkösdi gyülekezetnek, az apostolok tanításait követve.

"Nem sok bölcs a test szerint, nem sok erős, nem sok nemes lett elhívva, hanem Isten a világ bolondjait választotta, hogy megszégyenítse a bölcseket; és Isten a világ gyengéit választotta, hogy megszégyenítse az erőseket; és a világ alantas dolgait és a megvetetteket választotta Isten, igen, és a nem létezőket, hogy a létezőket semmivé tegye, hogy senki test ne dicsekedjék Isten előtt."
(1Kor 1:26-29)

Vallásközi

Ma egy új fenyegetés fenyegeti Isten elveit. Úgy hívják hogy , "vallásközi". "Az intervallás azt állítja, hogy **minden istennek** tiszteletet adni fontos. A megosztott hűség és a megosztott tisztelet elfogadható az interhitűek számára. Tisztelhetjük egymást, mint egyéneket, és szerethetjük egymást, még akkor is, ha nem értünk egyet; a Biblia azonban kristálytisztán beszél az "Isten féltékenységéről", amely kizárólagos odaadást követel Neki, és más isteneknek tiszteletet adni csapda.

"Vigyázz magadra, nehogy szövetséget köss annak az országnak lakosaival, ahová mész, nehogy csapdává legyen közötted; hanem romboljátok le oltáraikat, törjétek össze képeiket, és vágjátok le ligetüket: Mert más istent ne imádj; mert az Úr, a kinek neve Féltékeny, féltékeny Isten: Nehogy szövetséget köss az ország lakóival, és azok az ő isteneik után kurválkodjanak, és áldozatot

mutassanak be az ő isteneiknek, és téged hívjon egy, és te egyél az ő áldozatából." (2Mózes 34:12-15.)

Az ördög kitalálta " azinterhit" megtévesztő hitét, hogy megtévessze a kiválasztottakat. Tudja, hogyan manipulálja a modern embert a politikai korrektség saját eszközével, amikor valójában szövetséget kötnek azzal, hogy elismerik vagy tisztelik hamis isteneiket, bálványaikat és képeiket.

18. fejezet

Szolgálat Mumbaiban, India "Egy nagy hitű ember"

Svalamikor 1980 előtt elmentem Mumbaiba, Indiába, hogy vízumot szerezzek, hogy az országon kívülre utazhassak. Ahogy vonattal utaztam Mumbaiban, észrevettem, hogy egy nyomornegyeden megyünk keresztül, ahol nagyon szegény emberek és kunyhók laknak. Soha nem láttam még ilyen siralmas életkörülményeket, szörnyű szegénységben élő embereket.

Az elején elmondtam, hogy szigorúan vallásos családban nőttem fel. Apám orvos volt, anyám pedig ápolónő. Bár vallásosak voltunk, és sokat olvastam a Bibliát, életemnek abban az időszakában nem volt Szentlelkem. Szomorú volt a szívem, amikor az Úr terhe rám nehezedett. Attól a naptól kezdve hordoztam ezt a terhet ezekért az emberekért, akik remény nélkül éltek ezekben a nyomornegyedekben. Nem akartam, hogy bárki is lássa a könnyeimet, ezért lehajtottam a fejem, elrejtve az arcom. Csak el akartam aludni, de az ezekért az emberekért viselt terhemet úgy éreztem, mintha nagyobb lenne, mint egy nemzet. Imádkoztam, és azt kérdeztem Istentől" :Ki megy el, hogy hirdesse az evangéliumot ezeknek az embereknek?". Arra gondoltam, hogy én magam félnék elmenni erre a területre. Akkor még nem értettem, hogy Isten keze olyan nagy, hogy bárkit, bárhová el tud érni. Akkor még nem tudtam, hogy Isten az elkövetkező években visszahoz majd erre a helyre. Amerikába visszatérve, 12 évvel később, a mumbai nyomornegyedekben élő emberek iránti terhem még mindig a szívemben volt.

Indiai szokás volt, és a mi családunkban is az volt, hogy mindig befogadtuk a lelkészeket az otthonunkba, etettük őket, elláttuk szükségleteiket, és adományt adtunk nekik. Korábban metodista voltam, de most már megkaptam az igazság kinyilatkoztatását, és nem volt kompromisszum. A családom egy Amerikában vendégeskedő indiai lelkészt várt. Vártuk, de nem érkezett meg időben. Munkába kellett mennem, és lemaradtam a lehetőségről, hogy találkozzam vele, de anyukám később elmondta, hogy nagyon őszinte volt. A következő évben, 1993-ban ugyanez a lelkész másodszor is eljött hozzánk, a kaliforniai West Covinába. Ezúttal a bátyám azt mondta neki, hogy találkoznia kell a húgával, mert ő hűséges Isten Igéjéhez, és a család tiszteli a hitét és az Istenbe vetett hitét. Ez volt az a nap, amikor találkoztam Chacko lelkipásztorral. Elkezdtünk beszélgetni a keresztségről és az ő Isten Igéjéről való hitéről. Chacko lelkész elmondta nekem, hogy ő teljes alámerüléssel keresztel Jézus nevében, és hogy nem köt kompromisszumot semmilyen másfajta kereszteléssel. Nagyon örültem és izgatott voltam, hogy Isten eme embere az apostoli ősegyház bibliai módszere szerint cselekszik. Ezután meghívott, hogy látogassak el Mumbaiba, Indiába, ahol él.

Elmondtam a lelkipásztoromnak, hogy Chacko lelkipásztor erősen meg van győződve Isten Igéjéről, és hogy meglátogatott minket otthon. Aznap este Chacko lelkész meglátogatta a gyülekezetünket, a lelkészem megkérte, hogy mondjon néhány szót a gyülekezet előtt. Chacko lelkipásztor munkája iránt nagy volt az érdeklődés Mumbaiban, ezért a gyülekezetem elkezdte őt anyagilag és imáinkkal támogatni. A mi gyülekezetünk missziós gondolkodású volt. Mindig úgy fizettük a missziót, ahogy a tizedet is. Elképesztő volt, ahogy minden a helyére került, és Mumbai most már támogatást kapott a helyi gyülekezetemtől Kaliforniában.

A következő évben Isten Indiába küldött, így elfogadtam Chaco lelkész ajánlatát, hogy meglátogassam a gyülekezetet és a családját Mumbaiban. Amikor először megérkeztem, Chacko lelkipásztor eljött értem a repülőtérről. Elvitt a szállodámba. Ez volt az a hely, ahol a gyülekezet is találkozott, és ugyanabban a nyomornegyedben, amelyen 1980-ban vonattal átmentem. Most 1996-ot írtunk, és szívből jövő reményteli imám ezekért a gyönyörű lelkekért meghallgatásra talált. Chacko lelkész nagyon vendégszerető volt, és megosztotta velem a terheit és a vágyát, hogy templomot építsen. Más gyülekezeteket is meglátogathattam, és felkértek, hogy beszéljek a gyülekezet előtt, mielőtt elutazom célvárosomba, Ahmadabadba. Nagyon elszomorítottak a mumbai gyülekezet életkörülményei. Egy katolikus atya egy tantermet adott Chacko lelkésznek a vasárnapi istentiszteletre.

Az emberek nagyon szegények voltak, de örömömre szolgált, hogy tanúja lehettem a gyönyörű kisgyermekeknek, akik Istent dicsőítették és szolgálták. Együtt ettek, csak egy kis szelet kenyérrel, amit átadtak, és vízzel, amit megittak. Meghatódtam az együttérzéstől, hogy vegyek nekik ennivalót, és megkértem őket, hogy adjanak egy listát a szükséges dolgokról. Mindent megtettem, amit csak tudtam, hogy kielégítsem a listán szereplő szükségleteket. Imáikkal megtiszteltek az Indiába tartó hosszú repülőutam után. Egy testvér a gyülekezetből imádkozott felettem, és éreztem, hogy a Szentlélek ereje, mint az elektromosság, azonnal átjárja legyengült és álmatlan testemet. Felfrissülve éreztem magam, ahogy visszatért az erőm, és a fájdalom eltűnt az egész testemből. Az imáik olyan erőteljesek voltak, hogy olyan áldást kaptam, amit nem tudok megmagyarázni. Többet adtak nekem, mint amit én adtam nekik. Mielőtt visszarepültem volna Amerikába, elhagytam Ahmadábádot, és visszatértem Mumbaiba, hogy még egyszer meglátogassam Chacko lelkipásztort. Odaadtam neki az összes rúpiát, amit ott hagytam, adományként neki és a családjának.

Szerencsére tanúságot tett nekem a feleségéről, aki súlyosan szégyellte magát, amikor elsétált a bolt mellett, ahol tartoztak. Szégyenkezve, lehorgasztott fejjel sétált, mert nem tudták kifizetni ezt a tartozást.

Chacko lelkész a fia taníttatásáról is mesélt nekem. Az iskolának fizetendő tandíj esedékes volt, és a fia nem tudta volna folytatni az iskolát. Láttam, hogy a család számára nyomasztó a helyzet. Isten arra indított, hogy adakozzak, és az adomány, amit adtam, több mint elegendő volt mindkét ügy megoldására, és még bőségesen többre is. Dicsértessék Isten!

"Védjétek meg a szegényeket és árvákat, tegyetek igazságot a nyomorgóknak és a rászorulóknak. Szabadítsátok meg a szegényeket és a rászorulókat, szabadítsátok ki őket a gonoszok kezéből."
(Zsoltárok 82:3-4)

Amikor visszatértem Kaliforniába, imádkoztam és sírtam ezért a kis gyülekezetért és az emberekért. Annyira megtörtem, hogy megkértem Istent, hogy ketten vagy hárman egyezzenek meg abban, hogy bármit megérintsenek, amit kérnek.

"Bizony mondom nektek, amit megkötöztök a földön, meg lesz kötve a mennyben, és amit feloldotok a földön, fel lesz oldva a mennyben. Ismét mondom nektek, hogy ha ketten közületek egyetértenek a földön valamiben, amit kérnek, az meglesz nekik az én mennyei Atyámtól. Mert ahol ketten vagy hárman összegyűlnek az én nevemben, ott vagyok én közöttük." (Máté 18:18-20)

Az volt a terhem és a gondom, hogy segítsek Isten gyülekezetének Mumbaiban, de meg kellett osztanom a terhemet valakivel. Egy nap a munkatársam, Karen megkérdezte tőlem, hogyan tudok ilyen sokáig imádkozni? Megkérdeztem Karent, hogy ő is szeretné-e megtanulni, hogyan kell hosszabb ideig imádkozni, építeni az imaéletét és böjtölni velem. Ő kegyesen beleegyezett, és az imapartnerem lett. Karen is osztozott a Mumbai iránti terhemben. Ahogy elkezdtünk imádkozni és böjtölni, ő is lelkes lett, hogy hosszabb ideig imádkozzon és többet böjtöljön. Abban az időben nem járt semmilyen gyülekezetbe, de nagyon komolyan és őszintén foglalkozott azzal, amit lelkileg tett. Ebédidőben imádkoztunk, munka után pedig találkoztunk, hogy másfél órát imádkozzunk az autóban. Néhány hónappal később Karen elmondta nekem, hogy biztosítási pénzhez jutott, mert a nagybátyja meghalt. Karen nagyon jószívű és adakozó, és azt mondta, hogy ebből a pénzből tizedet akar fizetni, és a mumbai szolgálatnak akarja adni. A pénzt Chacko lelkésznek küldték el, hogy vásároljon egy létesítményt, ahol saját templomuk lehet. Megvásároltak egy kis helyiséget, amelyet korábban sátánista istentiszteletre használtak. Kitakarították és felújították a templomuk számára. A következő évben Karen és én elmentünk Mumbaiba a templom felszentelésére. Ez egy ima meghallgatása volt, mert Karen, aki most az Úrnak szolgál, erős a hitben. Dicsértessék az Isten!

Mivel a mumbai gyülekezet növekedett, Chacko lelkész segítséget kért egy adomány formájában, hogy megvásárolhasson egy kis telket a templom mellett. Chacko lelkész nagy hittel bízott a gyülekezet növekedésében és Isten munkájában. Ez a földterület a katolikus egyházé volt. Chacko lelkész és a pap között barátságos volt a kapcsolat, és a pap hajlandó volt ezt a telket eladni Chacko lelkésznek. Chacko lelkész nem kapta meg azt az adományt, amiről azt hitte, hogy Isten megadja. Isten mindent tud, és a dolgokat az Ő módján teszi, és jobban, mint ahogyan azt mi el tudjuk képzelni!

Néhány évvel később India-szerte zavargások törtek ki a hinduk és a keresztények között. A hinduk megpróbáltak megszabadulni a keresztényektől Indiában. A zavargók a reggeli órákban a templomba jöttek, ahol a rendőrség támogatta őket. Elkezdték rombolni a templomot, de Chacko lelkész és a gyülekezeti tagok könyörögtek nekik, hogy a saját érdekükben ne tegyék, mert ez veszélyes dolog volt számukra, hogy lerombolják a Mindenható Isten házát. A randalírozók tovább romboltak mindent, amit csak láttak, nem törődve az emberek figyelmeztetésével és könyörgésével, amíg a templomot teljesen le nem rombolták. A nap hátralévő részében a templom tagjai féltek ettől a nagyon hírhedt és gonosz csoporttól, mert tudták, hogy a saját életük is veszélyben van.

Szomorúan érezték, hogy nincs többé templomuk, miután olyan sokáig imádkoztak azért, hogy legyen egy saját helyük, ahol Istent imádhatják. Ez volt az a hely, ahol látták, hogy Isten csodákat tett, démonokat űzött ki, és üdvösséget hirdetett a bűnösöknek. Aznap éjjel, körülbelül éjfélkor kopogtattak Chacko lelkész ajtaján. Félelem fogta el, amikor meglátta, hogy ennek a hírhedt csoportnak a vezetője az, aki korábban lerombolta a templomot. Chacko lelkész azt hitte, hogy biztosan megölik, és ez volt a vége. Imádkozott, kérve Istent, hogy adjon neki bátorságot, hogy kinyissa az ajtót, és hogy adjon védelmet. Amikor kinyitotta az ajtót, meglepetésére látta a férfit, aki könnyes szemmel kérte Chacko lelkész urat, hogy bocsásson meg nekik azért, amit korábban aznap a templomával tettek.

A férfi tovább mesélte Chacko lelkésznek, hogy a templom lerombolása után a vezető felesége meghalt. Az egyik randalírozónak levágták a kezét egy géppel. A dolgok a templomot leromboló emberek ellen irányultak. Félelem volt a lázadók között azért, amit Chacko lelkész és az ő Istene ellen tettek! Isten azt mondta, hogy meg fogja vívni a csatáinkat, és így is tett. A vallásos hinduk és keresztények Indiában istenfélő emberek, akik bármit megtesznek azért, hogy a dolgok rendbe jöjjenek. Azért, ami a hindukkal történt, amiért részt vettek a templom lerombolásában, ugyanazok a lázadók félelemből visszatértek, hogy újra felépítsék a templomot. A katolikus egyház tulajdonát képező ingatlanokat is birtokba vették. Senki sem lépett fel ellenük, és senki sem panaszkodott. A zendülők maguk építették újjá a templomot, az egyház segítsége nélkül biztosították az anyagokat és a teljes munkaerőt. Amikor a templom elkészült, nagyobb volt, egy helyett két emelettel.

Isten meghallgatta Chacko lelkész imáját, és azt mondja: "Jézus soha nem hagy cserben". Továbbra is imádkoztunk Mumbaiért. Ma 52 gyülekezet, egy árvaház és két napközi otthon működik, hála sokak hitének és imáinak, akiknek terhe van Indiáért. Elkezdtem gondolkodni azon, hogy milyen mélyen megérintette a szívemet, amikor 1980-ban azon a vonaton ültem. Nem tudtam, hogy Isten szemet vetett országomnak erre a részére, és szeretetet és reményt hozott Mumbai nyomornegyedeiben élő embereknek a kimeríthetetlen imák és a szívre hallgató Isten által. Kezdetben azt mondtam, hogy az én terhem akkora, mint egy egész nemzet. Hálás vagyok Istennek, hogy ezt a terhet adta nekem. Isten a nagy stratéga. Nem azonnal történt, de tizenhat év alatt számomra ismeretlen dolgok történtek, ahogyan Ő lerakta az alapot az eredményekhez, hogy az imák meghallgatására eredményt adjon, mindezt úgy, hogy közben Amerikában éltem.

A Biblia azt mondja, hogy imádkozzatok szüntelen. Következetesen imádkoztam és böjtöltem az ébredésért egész Indiában. Az országom az Úr Jézus lelki átalakulásán ment keresztül.

Chacko lelkész honlapja: http://www.cjcindia.org/index.html

19. fejezet

Minisztérium Gudzsarátban!

I Az 1990-es évek végén ellátogattam Ahmedabad városába, Gudzsarát államban. Az indiai Mumbaiban tett legutóbbi látogatásom alkalmával az ottani munkával kapcsolatban éreztem a beteljesülés érzését. Később, azon az utazáson meglátogattam Ahmedabad városát, és tanúja voltam. Tudtam, hogy az emberek többsége trinitárius. Minden kapcsolatom trinitárius volt. Sok éven át imádkoztam azért, hogy ezt az igazságot elvigyem India országába. Az első imám az volt, hogy szeretnék megnyerni valakit, mint Pál vagy Péter, hogy a munkám könnyebbé váljon és folytatódjon. Mindig tervvel és látomással imádkozom. Mielőtt bárhová elmegyek, imádkozom és böjtölök, különösen, ha Indiába megyek. Mindig imádkozom és böjtölök három napot és éjszakát étel és víz nélkül, vagy amíg el nem telik a Lélek. Ez a bibliai böjtölés módja.

Eszter 4:16 Menjetek, gyűjtsétek össze az összes zsidókat, a kik Susánban vannak, és böjtöljetek értem, és három napig se éjjel, se nappal ne egyetek, se nappal ne igyatok: Én is böjtölni fogok én is és az én szolgálóim is, és így megyek be a királyhoz, a mi nem a törvény szerint való; és ha elvesztem, elvesztem.

Jónás 3:5 És hitt Ninive népe Istennek, és böjtöt hirdettek, és zsákruhát öltöttek, a legnagyobbaktól a legkisebbekig. 6 Mert eljutott a hír Ninive királyához, és felkelt a trónjáról, és levetette magáról a

köntösét, és zsákruhával borította be magát, és hamuba ült.7 És
kihirdettette és közzétette Ninivében a király és előkelői rendeletét,
mondván: Sem ember, sem állat, sem csorda, sem nyáj ne kóstoljon
semmit, ne táplálkozzék, és ne igyék vizet:

Indiát felemésztette a szellemi sötétség. Nem mernél oda menni, hacsak nem lennél tele Isten Lelkével. Néhány évvel ezelőtt, az 1990-es években bemutattak nekem Bro. Christiant egy trinitárius istentiszteleti főiskola kampuszán. Azon a látogatáson a legtöbb szentháromságos lelkész megtámadott. Ez volt az első találkozásom Christian testvérrel. Ahelyett, hogy azt mondták volna, dicsérjétek az Urat! Megkérdeztem tőle" :Mit prédikálsz"? "Keresztelsz-e Jézus nevében"? Azt mondta: "Igen". Tudni akartam, honnan ismeri ezt az igazságot. Erre azt mondta: Isten kinyilatkoztatta az igazságot, amikor egy kora reggeli napon Istent imádtam a Malek Saben Stadion nevű helyen. Isten világosan beszélt nekem Jézus névkeresztségéről".

E látogatás során több mint néhány ezer füzetet nyomtattam ki és osztottam szét, amelyekben a Jézusban való vízkeresztséget magyaráztam. Ez feldühítette a vallási egyházi hatóságokat. A vallási vezetők prédikálni kezdtek ellenem. Azt mondták :"Feltétlenül, rúgjátok ki a házatokból. Akárhová mentem, mindannyian ellenem beszéltek. Az igazság feldühíti az ördögöt, de Isten igéje azt mondja: "és megismeritek az igazságot, és az igazság megszabadít titeket". Találkozás Bro. Christian segített nekem az igazság terjesztésében. Dicsérjük Istent, hogy küldött egy egységpásztort, aki az igaz evangéliumot tanítja és hirdeti Indiába.

Az 1999-es indiai látogatásom után rokkant lettem, és nem tudtam visszamenni Indiába. De a munka **megkezdődött**. Hamarosan mindazok az emberek, akik ellenem beszéltek, elfelejtettek engem, és mostanra már elmentek. Ez alatt a fizikai fogyatékosság alatt felvettem az összes Search for Truth, oneness és doktrinális CD-t, és ingyenesen szétosztottam őket. Tolószékben ültem, és elvesztettem a memóriámat, ezért könyvek rögzítésével bővítettem a szolgálatomat. Nehéz volt ülni, de az Úr segítségével megtettem azt, amire fizikailag nem voltam képes. Az Úrtól való függés, új utakra és országutakra visz. Minden kihívással szembenézünk. Isten ereje félelmetes, hogy semmi sem állíthatja meg a felkenést. Az üzenet, amiért olyan keményen küzdöttünk, most már az otthonokban szólt a felvett CD-ken. Dicsértessék Isten! Örömömre és csodálkozásomra sokan megismerték a bibliai tanítást és Isten egységét.

Sok éven át imádkoztam és böjtöltem azért, hogy India szeresse az igazságot. Továbbá, hogy szabadon hirdesse Jézus evangéliumát India minden államában. Erős vágyam volt, hogy a bibliai tanulmányok angol nyelvről gudzsarati nyelvre való fordításán keresztül eljuttassam hozzájuk az igazság ismeretét. Ebben az államban a gujarati a beszélt nyelv. Találtam fordítókat Indiában, akik szívesen segítettek nekem ezeknek a bibliatanulmányoknak a lefordításában. Az egyik ilyen fordító, aki maga is lelkész volt, meg akarta változtatni a szentírást az apostoli ősegyház bibliai keresztségéről, kihagyva JÉZUS nevét az Atya, Fiú és Szentlélek nevére. Ez az Egy igaz Isten címe. Nehéz lett megbízni a fordítómban, hogy Isten Igéjét pontosan megtartja. A Biblia világosan figyelmeztet minket, hogy ne adjunk hozzá vagy vegyünk el a Szentírásból. Az Ószövetségtől az Újszövetségig nem szabad megváltoztatnunk Isten Igéjét emberi értelmezés alapján. Kizárólag Jézus példáját és az apostolok és próféták tanítását kell követnünk.

Efézus 2:20 És az apostolok és próféták alapjára épülünk, maga Jézus Krisztus pedig a sarokkő;

A tanítványok voltak azok, akik Jézus evangéliumát hirdették és tanították. Követnünk kell az apostolok tanítását, és hinnünk kell, hogy a Biblia Isten tévedhetetlen és hiteles Igéje.

5Móz. 4:1 Most azért hallgass, Izráel, a rendelésekre és ítéletekre, a melyeket én tanítok néktek, hogy azokat cselekedjétek, hogy éljetek, és bemenjetek és birtokba vegyétek azt a földet, a melyet az Úr, a ti atyáitok Istene ad néktek. 2. Ne adjatok hozzá semmit ahhoz az igéhez, amelyet én parancsolok nektek, és ne is fogyatkozzatok belőle, hogy megtartsátok az Úrnak, a ti Isteneteknek parancsolatait, amelyeket én parancsolok nektek.

Úgy döntöttem, hogy itt kijelentem, hogy nagy különbség van aközött, amit ma igazságnak hiszünk, és aközött, amit az ősegyház tanított. Már a korai egyháztörténelem idején is voltak olyanok, akik Pálnak a gyülekezetekhez írt levelei szerint elfordultak az egészséges tanítástól. A Biblia sok változata megváltozott, hogy megfeleljen az ördög tanításának. Én a KJV-t részesítettem előnyben, mivel ez egy 99,98%-ban pontos fordítás, amely közel áll az eredeti tekercsekhez.

Olvassátok el és vizsgáljátok meg figyelmesen a következő szentírási szakaszokat:

2 Péter 2:1 De voltak hamis próféták is a nép között, amint lesznek köztetek is hamis tanítók, akik titokban kárhozatos eretnekségeket hoznak, megtagadva az Urat, aki megvásárolta őket, és gyors pusztulást hoznak magukra.2 És sokan követik az ő romlott útjaikat, akik miatt az igazság útját rossz néven veszik.3 És kapzsiságból, álságos szavakkal áruba bocsátanak titeket, akiknek ítélete most már hosszú idő óta nem késik, és kárhozatuk nem késik.

Jézus személyazonosságának kinyilatkoztatása után Péter apostolnak adta az Ország kulcsait, és pünkösd napján megtartotta első prédikációját. Figyelmeztetett bennünket a megtévesztőkre, akiknek az istenfélelem formája van, de nem követik az apostolok és próféták tanítását. Egy Isten-hívő nem lehet Antikrisztus, mivel tudták, hogy Jehova egy napon testben el fog jönni.

2 János 1:7 Mert sok tévtanító ment be a világba, a kik nem vallják, hogy Jézus Krisztus testben jött el. Ez egy csaló és egy antikrisztus. 8 Vigyázzatok magatokra, hogy ne veszítsük el, amit cselekedtünk, hanem teljes jutalmat kapjunk. 9 Aki vétkezik, és nem marad meg a Krisztus tanításában, annak nincs Istene. Aki megmarad Krisztus tanításában, annak megvan az Atya és a Fiú is. 10 Ha valaki hozzátok jön, és nem ezt a tanítást hozza, ne fogadjátok be a házatokba, és ne mondjátok neki, hogy Isten éltesse; 11 Mert aki Isten élteti, az az ő gonosz cselekedeteinek részese.

Sok konferencia volt Indiában, ahová a stocktoni bibliaiskolából és más államokból mentek prédikátorok, hogy átadják az újjászületés üzenetét. McCoy tiszteletes, akinek hivatása volt, hogy Indiában prédikáljon, csodálatos munkát végzett, amikor Indiában sok helyen prédikált. Sok-sok imádsággal és böjtöléssel töltött órával az indiai szolgálat sikere 2000 óta folytatódik. Emlékszem, hogy felhívtam egy lelkészt, Miller lelkészt, akit a Külföldi Misszió Ázsia igazgatója ajánlott nekem. Amikor felhívtam otthonában, azt mondta, hogy éppen engem akart felhívni, hogy tudassa velem, hogy hat hónappal korábban Kalkuttában és Nyugat-Bengáliában járt. Ahmedabadba is el akart menni, de betegség miatt visszatért Amerikába. Miller lelkipásztor kegyesen elmondta, hogy vissza akar menni Indiába, de imádkoznia kell róla, és megkérdezte Istent, hogy az ő hivatása erre az országra szól-e? Másodszor is visszatért Indiába, és két általános konferencián prédikált. Mivel Isten hatalmasan mozgott az állam gujarati népével.

Christian lelkész azt mondta, hogy nagyon nehéz Isten munkáját ebben az államban megalapozni. Kérlek, imádkozzatok a prédikátorokért, akik hatalmas harc előtt állnak. Az Úr nagyszerű munkát végez Gudzsarát államban. Az ördög nem harcol a hitetlenek ellen, mert már megszerezte őket! Azokat támadja, akiknek megvan az igazság; az Úr hűséges kiválasztottjait. Jézus megfizette az árat a vérével, hogy bűneink bocsánatát vagy bocsánatát kaphassuk. Az ördög még erősebben fog harcolni a szolgálat (lelkészek) ellen, támadva mind a férfiakat, mind a nőket. Az ördög minden perverz eszközt felhasznál, hogy a bűn és a kárhozat bukott állapotába juttassa őket.

János 15:16 Nem ti választottatok engem, hanem én választottalak és rendeltelek titeket, hogy elmenjetek és gyümölcsöt teremjetek, és megmaradjon a ti gyümölcsötök; hogy amit csak kérni fogtok az Atyától az én nevemben, azt megadja nektek.

Az egyszer üdvözült, mindig üdvözült szintén az ördög egy másik hazugsága. 1980 és 2015 között többször is jártam Indiában. Sok változás történt ebben a nemzetben. Amikor Isten munkájába kezdesz, ne feledd, hogy Jézus tanítványait készíted, ami a Jézus és tanítványai által megkezdett munka folytatása. Mostanra már megnyertük volna a világot, ha továbbra is Jézus Krisztus evangéliumát követjük.

2013-ban Isten terve szerint egy dallasi gyülekezetbe költöztetett, az adóhatósághoz. Isten igaz prófétája alatt ültem. Kilenc ajándéka volt Isten Lelkétől. A Szentlélek által pontosan megkapja a név, cím, telefonszám, stb. ismeretét. Ez új volt számomra. A 2015-ös évben, egy vasárnap reggel a texasi Dallasban élő lelkipásztorom rám nézett és azt mondta: látom, hogy egy Angyal kinyit egy nagy ajtót, amit senki sem tud bezárni. Kihívott és megkérdezte, hogy a Fülöp-szigetekre mész? Azt mondta, hogy ott nem láttam sem fekete, sem fehér embereket. Mivel további információkat kapott a Szentlélektől, ezután megkérdezte, hogy Indiába mész-e? A Szentlélek azt mondta neki, hogy a hinduknak fogok szolgálni. Abban az időben a keresztények Indiában veszélyben voltak. A hinduk megtámadták a keresztényeket, felgyújtották a szentélyeiket, és megverték Jézus pásztorait és szentjeit.

Hittem a próféciában, ezért engedelmeskedtem Isten szavának, és Indiába mentem. Amikor megérkeztem a Badlapur főiskolára, a diákok 98%-a hindu volt, akik áttértek a kereszténységre. Elképesztő volt hallani a bizonyságtételeiket arról, hogy Isten hogyan hozza ki az embereket a sötétségből a világosságra. A bizonyságtételeiken keresztül sokat tanultam a hinduizmusról. Meglepett, amikor hallottam, hogy 33 millió és még több istenben és istennőben hisznek. Nem tudtam megérteni, hogyan lehet hinni abban, hogy ennyi isten és istennő van.

2015-ben 23 év után visszatértem Badlapurba, Bombaybe, hogy a bibliaiskolában tanítsak. Ott szolgálok a bibliaiskola fordítójának, Sunil testvérnek. Sunil testvér átmeneti állapotban volt. Sunil testvér el volt csüggedve, nem tudta, hogy Isten megváltoztatja az irányát, és csüggedt volt. Miközben vele dolgoztam, tudtam, hogy benne van az igazság és az igazság iránti szeretet. Soha ne térjünk el a Biblia igazságától. Hagyd, hogy a Szentlélek vezessen, irányítson, tanítson és erőt adjon neked, hogy csodákról és gyógyulásokról tegyél tanúságot. Indiának még mindig sok munkásra, igaz prófétára és tanítóra van szüksége. Kérlek, imádkozzatok, hogy Isten sok munkást küldjön Indiába.

Ezen a missziós úton meglátogattam egy Vyara nevű várost Dél-Gudzsarátban. Hallottam, hogy Dél-Gudzsarátban nagy ébredés folyik. Isten megnyitotta előttem az ajtót, hogy meglátogassam ezt a helyet. Nagyon izgatott voltam, hogy ott lehetek, és sok bálványimádóval találkoztam, akik most az egy igaz Isten felé fordulnak. Ez azért van, mert gyógyulást, szabadulást és üdvösséget kaptak Jézus neve által. Milyen nagyszerű a mi Istenünk!

Sokan imádkoznak és böjtölnek Indiáért. Kérlek, imádkozzatok az ébredésért. A Vyarában tett látogatásom során a lelkipásztor meghívott az otthonába. Imádkoztam felette, és sok akadályozó szellem elszakadt tőle. Ezután megszabadult az aggodalomtól, a kétségektől, a nehézkedéstől és a félelemtől. Isten megjövendölte rajtam keresztül, hogy építsünk egy imaházat. A lelkész azt mondta, hogy nincs pénzünk. Isten azt mondta nekem, hogy Ő majd gondoskodik róla. Egy éven belül volt egy nagy, gyönyörű imaházuk, és kifizettük. Isten igéje nem tér vissza üresen.

Legutóbbi, 2015-ös indiai látogatásom során számos hindunak szolgáltam, akik különböző államokban áttértek a kereszténységre. Sok nem kereszténynek is szolgáltam, akik megtapasztalták a Jézus nevében tett jeleket és csodákat, és elámultak. Láttam, hogy sok éven át böjtöléses ima válaszokat adott Indiáért. Dicsértessék Isten! Amióta megkaptam ennek az igazságnak a kinyilatkoztatását, megállás nélkül azon dolgozom, hogy ezt az információt CD-ken, hanganyagokon, videón, YouTube csatornán és könyveken keresztül India országa számára biztosítsam. Kemény munkánk nem hiábavaló!

Később hallottam, hogy Sunil testvér elfogadta a hivatását, mint Bombay és a környező városok lelkipásztora. Most együtt dolgozom Sunil lelkipásztorral és más helyeken, ahol 2015-ben jártam. Sok szentélyt hoztunk létre Maharashtra és Gujarat államban. Még ma is folytatom az újonnan megtértek tanítását ezekben az államokban. Imákkal és tanítással támogatom őket. Anyagilag is támogatom Isten munkáját Indiában.

Sokan közülük boszorkánydoktorokhoz járnak, amikor betegek, de nem gyógyulnak meg. Ezért minden reggel felhívnak engem, és én szolgálok, imádkozom és kiűzöm a démonokat Jézus nevében. Meggyógyulnak és megszabadulnak Jézus nevében. Sok új megtérőnk van különböző államokban. Ahogy meggyógyulnak és megszabadulnak, elmennek, hogy bizonyságot tegyenek a családjuknak, a barátaiknak és a falujukban, hogy másokat is Krisztushoz vezessenek. Sokan közülük azt kérik, hogy küldjek egy képet Jézusról. Azt mondták, hogy szeretnénk látni Istent, aki gyógyít, szabadít, szabaddá tesz, és ingyen adja az üdvösséget. Isten munkája akkor folytatódhat, ha vannak munkásaink. Sokan közülük a farmon dolgoznak. Sokan írástudatlanok, ezért hallgatják az Újszövetség felvételeit és a bibliatanulmányokat. Ez segít nekik megismerni és megtanulni Jézust.

2015 novemberének utolsó szombatján, amikor Indiában voltam, későn értem haza a szolgálatból. Elhatároztam, hogy vasárnap és hétfőn otthon maradok, hogy összepakoljak és felkészüljek az Egyesült Arab Emírségekbe való további utazásomra. Ahogy a dallasi lelkipásztor megjövendölte nekem: "Láttam egy angyalt, aki egy hatalmas ajtót nyitott ki, amelyet senki sem tud bezárni.Bebizonyosodott, hogy még én sem tudtam becsukni ezt az ajtót. Azon a szombaton késő este kaptam egy telefonhívást, amelyben meghívtak a vasárnapi istentiszteletekre, de ez nem fért bele a napirendembe, ezért megpróbáltam ezt elmagyarázni nekik, de nem fogadták el a NEM-et válaszként. Nem volt más választásom, mint elmenni. Másnap reggel 9 órakor kitettek a szentélynél, de az csak 10 órakor kezdődik. Egyedül voltam, és egy zenész épp a dalait gyakorolta.

Miközben imádkoztam, a szentélyben a hindu istenek és istennők sok szellemét láttam. Csodálkoztam, hogy miért van ilyen sok közülük ezen a helyen. Tíz óra körül kezdett megérkezni a lelkész és a tagok. Kézfogással üdvözöltek. Amikor a lelkész kezet fogott velem, azonnal furcsán éreztem magam a szívemben. Úgy éreztem, hogy össze fogok omlani. Később a Szentlélek azt mondta nekem, hogy a lelkipásztort megtámadták azok a démonok, akiket korábban láttál. Imádkozni kezdtem és kértem Istent, hogy engedje meg, hogy szolgálhassak ennek a lelkipásztornak. Az istentisztelet közepén megkértek, hogy jöjjek fel és beszéljek. Miközben a szószék felé mentem, imádkoztam és kértem az Urat, hogy szóljon általam. Ahogy megkaptam a mikrofont, elmagyaráztam, hogy mit mutatott nekem Isten, és mi történt a lelkipásztorral. Amikor a lelkipásztor letérdelt, megkértem a gyülekezetet, hogy nyújtsák felé a kezüket, hogy imádkozzanak. Közben én rátettem a kezemet és imádkoztam, és az összes démon távozott. Bizonyságot tett arról, hogy előző este a sürgősségi osztályon volt. Böjtölt és imádkozott a fiatalokért. Ezért érte ez a támadás. Dicsőség Istennek! Milyen fontos, hogy összhangban legyünk Isten Lelkével! Az Ő Lelke szól hozzánk.

Onnan 2015. december 1-jén az Egyesült Arab Emírségekbe mentem. Dubaiban és Abu Dhabiban szolgáltam a hindu embereknek, és ők is megtapasztalták Isten erejét. Miután befejeztem a megbízatásomat, visszatértem a texasi Dallasba.

Dicsértessék az Isten!

YouTube csatornáim:Napi spirituális étrend:

1. youtube.com/@dailyspiritualdietelizabet7777/videók
2. youtube.com/@newtestamentkjv9666/videos mp3
3. Weboldal: https://waytoheavenministry.org

20. fejezet

Lelkünk pásztora: A trombita hangja

Én vagyok a jó pásztor, és ismerem a juhaimat, és az enyéim is ismernek engem. (János 10:14)

Jézus a lelkünk pásztora. Hús és vér vagyunk, élő lélekkel. Csak egy pillanatig vagyunk ezen a földön Isten idejében. Egy pillanat alatt, egy szempillantás alatt vége lesz mindennek " atrombita" hangjával, amikor megváltozunk.

"Én pedig nem akarom, testvéreim, hogy tudatlanok legyetek azokról, akik elaludtak, hogy ne szomorkodjatok, mint mások, akiknek nincs reménységük. Mert ha hisszük, hogy Jézus meghalt és feltámadt, akkor azokat is, akik Jézusban alszanak, Isten vele együtt elhozza. Mert ezt mondjuk nektek az Úr igéje által, hogy mi, akik élünk és megmaradunk az Úr eljöveteléig, nem akadályozzuk meg azokat, akik elaludtak. Mert maga az Úr fog leszállni a mennyből kiáltással, az arkangyal hangjával és az Isten harsonájával; és a Krisztusban meghaltak támadnak fel először: Azután mi, akik élünk és megmaradunk, elragadtatunk velük együtt a felhőkön, hogy találkozzunk az Úrral a levegőben; és így leszünk örökké az Úrral.

*Azért vigasztaljátok egymást ezekkel az igékkel." (1Thesszalonika
4:13-18)*

Csak azok, akikben Isten Lelke (Szentlélek) van, lesznek
megelevenítve és feltámasztva, hogy az Úrral legyenek. A Krisztusban
meghaltakat hívják fel először, majd az élők a levegőbe emelkednek,
hogy találkozzanak a mi Urunkkal, Jézussal a felhőkben. Halandó
testünk át fog változni, hogy az Úrral legyen. Amikor a pogányok ideje
beteljesedik, a Szentlélek nélküliek hátra maradnak, hogy
szembenézzenek a nagy szomorúság és nyomorúság idejével.

*"De azokban a napokban, a nyomorúság után, a nap elsötétedik, és a
hold nem adja világosságát, és az ég csillagai lehullnak, és az égben
levő hatalmak megrendülnek. És akkor meglátják az Emberfiát
eljövendőnek a felhőkön nagy hatalommal és dicsőséggel. És akkor
elküldi angyalait, és összegyűjti választottait a négy szél felől, a föld
legvégső részétől az ég legvégső részéig".* " (Márk 13:24-27)

Sokan elvesznek, mert nem volt meg bennük az Isten félelme
(tisztelet), hogy higgyenek az Ő Igéjében, hogy megmenekülhessenek.
Az Úr félelme a bölcsesség kezdete. Dávid király írta: "Az Úr az én
világosságom és üdvösségem; kitől féljek? Az Úr az én életem ereje;
kitől féljek? Dávid valóban Isten szíve szerinti ember volt. Amikor
Isten megformálta az embert a föld porából, orrába lehelte az élet
leheletét, és az ember élő lélekké lett. A harc a lélekért folyik; az ember
lelke mehet Isten vagy a pokol felé.

*"És ne féljetek azoktól, akik a testet megölik, de a **lelket** nem tudják
megölni, hanem inkább attól féljetek, aki a **pokolban** a lelket és a
testet is képes elpusztítani." (Máté 10:28)*

Sokan tudni fogják azon a napon, amit ma már túl nehéz elfogadniuk.
Túl késő lesz visszaforgatni az élet lapjait, mert sokan fognak az Élő
Isten előtt állni, hogy számot adjanak.

*"Ezt pedig azt mondom, testvéreim, hogy test és vér nem örökölheti az
Isten országát, sem a romlottság nem örökölheti a*

romolhatatlanságot. Íme, titokzatosságot mutatok nektek: Nem alszunk mindnyájan, hanem mindnyájan elváltozunk, egy pillanat alatt, egy szempillantás alatt, az utolsó trombitaszóra; mert megszólal a trombita, és a halottak feltámadnak romolhatatlanul, mi pedig elváltozunk. Mert ennek a romlandónak romolhatatlanságot kell öltenie, és ennek a halandónak halhatatlanságot kell öltenie. Amikor tehát ez a romlandó romolhatatlanságot ölt, és ez a halandó halhatatlanságot ölt, akkor válik valóra az a mondás, amely meg van írva: A halál elnyelődik a győzelemben. Ó halál, hol van a te fullánkod? Ó sír, hol a te győzelmed? A halál fullánkja a bűn, és a bűn ereje a törvény. De hála legyen Istennek, aki győzelmet ad nekünk a mi Urunk Jézus Krisztus által." (I. Korinthus 15:50-57)

Mitől leszünk "megmentve"? Az örök pokolból, a tűzzel égő tóban. Lelkeket veszünk ki az ördög karmai közül. Ez egy Szellemi Háború, amit ezen a földön vívunk. Isten Igéje (a Biblia 66 könyve) alapján fogunk ítélkezni, és megnyílik az Élet Könyve.

"És láttam egy nagy fehér trónt, és azt, aki azon ült, akinek arca elől elmenekült a föld és az ég, és nem találtak helyet számukra. És láttam a halottakat, kicsinyeket és nagyokat, az Isten előtt állani; és megnyílának a könyvek; és megnyílék egy másik könyv, az élet könyve; és megítéltetének a halottak azokból, a mik a könyvekben meg vannak írva, az ő cselekedeteik szerint. És a tenger kiadá a halottakat, a kik benne valának; és a halál és a pokol kiadá a halottakat, a kik bennök valának; és megítéltetének kiki az ő cselekedeteik szerint. És a halál és a pokol a tűz tavába vetettetett. Ez a második halál. És mindaz, aki nem találtatott beírva az élet könyvébe, a tűz tavába vettetett."
(Jelenések 20:11-15)

Olyan emberekre kezdtem el gondolni, mint Mózes, Dávid király, József, Jób és a lista folytatható. Nem élveztem a sok fájdalmat, amit átéltem, és nem értem, miért van ilyen szenvedés a kereszténységben. Messze vagyok attól, hogy olyan legyek, mint ezek az emberek, akik a példaképeink, és akik inspirálnak minket a hit útján való járásra. Isten

Igéje még a szenvedés és a fájdalom közepette is érvényesül. A megpróbáltatások, betegségek és nyomorúságok idején hívjuk leginkább Istent. Különös, de csodálatos hit ez, hogy csak Isten tudja, miért választotta ezt az utat. Annyira szeret minket, és mégis megadta nekünk a lehetőséget, hogy magunk döntsük el, hogy szolgáljuk és szeretjük-e Őt. Ő szenvedélyes menyasszonyt keres. Hozzámennél-e olyasvalakihez, aki nem szenvedélyes irántad? Ez a fejezet bátorításként íródott, hogy legyőzd azokat a dolgokat, amelyek megakadályoznak az örök élet elérésében. A szeretet, az irgalom és a kegyelem Istene az ítélet Istenévé válik. Most van itt az ideje, hogy biztosítsd az üdvösségedet, és megmenekülj a pokol lángjaitól. Úgy kell választanunk, ahogy Józsué választotta Józsué könyvében.

És ha gonosznak tetszik nektek az Úrnak szolgálni, válasszátok meg még ma, kinek akartok szolgálni: azoknak az isteneknek, a kiknek atyáitok szolgáltak, a kik az özönvíz túlsó partján voltak, vagy az amoriták isteneinek, a kiknek földjén laktok; de én és az én házam az Úrnak szolgálunk. (Józsué 24:15)

"És íme, én hamar eljövök, és az én jutalmam velem van, hogy megadjam mindenkinek aszerint, ahogyan az ő munkája van. Én vagyok az Alfa és az Omega, a kezdet és a vég, az első és az utolsó. Boldogok, akik teljesítik az ő parancsolatait, hogy joguk legyen az élet fájához, és bemehessenek a kapukon át a városba". (Jelenések 22:12-14)

Mindenki át akar menni a kapun abba a városba, amelyet Isten készített nekünk, de ahhoz, hogy beléphessünk, szeplőtelen és hibátlan ruhával kell rendelkeznünk. Ez a lelki harc, amelyet térden állva, imádságban "harcolunk és nyerünk". Csak egy életünk van ezen a földön, és csak egy jó harcunk van! Az egyetlen dolog, amit magunkkal vihetünk abba a Városba, azok lelkei, akiknek tanúságot tettünk, akik elfogadták Urunk és Megváltónk, Jézus Krisztus evangéliumát, és akik engedelmeskedtek Krisztus tanításának. Ahhoz, hogy megismerjük az Igét, olvasnunk kell, az Ige olvasása azt jelenti, hogy beleszeretünk üdvösségünk szerzőjébe. Köszönöm Uramnak és Megváltómnak, hogy

Indiából Amerikába irányította lépteimet, és megmutatta nekem az Ő Útjait, mert azok tökéletesek.

A te igéd lámpás az én lábamnak, és világosság az én utamnak.
(Zsoltárok 119:105)

21. fejezet

Munkahelyi szolgálat

Amióta megkaptam a Szentlelket, nagy változások jöttek az életembe.

De ti erőt kaptok majd, miután a Szentlélek eljött rátok, és tanúim lesztek nekem Jeruzsálemben, egész Júdeában, Samáriában és a föld végső határáig. (ApCsel1:8)

Próbáltam a munkahelyemen a munkatársaimnak ministrálni; tanúságot tettem, és ha problémájuk volt, imádkoztam értük. Sokszor odajöttek hozzám, és elmondták a helyzetüket, én pedig imádkoztam értük. Ha betegek voltak, rájuk tettem a kezem és imádkoztam értük. Sok éven át tanúságot tettem nekik. A saját életem nagyszerű bizonyságtétel volt, és Isten dolgozott velem, megerősítette őket gyógyítással, szabadítással, tanácsadással és vigasztalással.

És monda nékik: Menjetek el az egész világra, és hirdessétek az evangéliumot minden teremtménynek. Aki hisz és megkeresztelkedik, üdvözül; aki pedig nem hisz, elkárhozik. És ezek a jelek követik azokat, akik hisznek: Az én nevemben ördögöket űznek ki, új nyelveken szólnak, kígyókat vesznek fel, és ha valami halálos dolgot isznak, az nem árt nekik, betegekre teszik a kezüket, és azok meggyógyulnak. Miután tehát az Úr beszélt hozzájuk, felvétetett a

mennybe, és leült az Isten jobbjára. És elmentek, és prédikáltak
mindenütt, az Úr pedig munkálkodott velük, és megerősítette az igét
az utána következő jelekkel. Ámen.
(Márk 16:15-20)

Bárhol imádkoztam, ha meggyógyultak vagy megszabadultak, beszéltem nekik az evangéliumról. Az evangélium Jézus halála, temetése és feltámadása. Ez azt jelenti, hogy meg kell bánnunk minden bűnt, vagy a bűnbánat által meghalunk a testünknek. A második lépés az, hogy Jézus nevében eltemetnek minket a keresztség vizében, hogy megkapjuk bűneink bocsánatát vagy bűneink bocsánatát. Új nyelveken szólva jövünk ki a vízből azáltal, hogy befogadjuk az Ő Lelkét, amit a Lélek keresztségének vagy Szentléleknek is neveznek.

Sokan hallották és engedelmeskedtek is neki.

Szeretnélek bátorítani titeket azzal, hogy bizonyságot teszek arról, hogy Jézus hogyan munkálkodott hatalmasan a munkahelyemen. A munkahelyünk, ahol élünk vagy bárhol, egy olyan mező, ahol elvethetjük Isten igéjének magját.

A rákból meggyógyult barátnő és az édesanyja rossz halálakor az Úrhoz fordulnak.

Volt egy Linda nevű drága barátom a munkahelyemen. 2000-ben nagyon beteg voltam. Egy nap a barátnőm felhívott, és azt mondta, hogy ő is nagyon beteg, és műtéten esett át. Barátságunk első évében elutasította az evangéliumot, és azt mondta nekem, hogy nem kell a Bibliád vagy az imáid, nekem megvan a saját Istenem. Nem bántott, de valahányszor betegségre panaszkodott, felajánlottam neki, hogy imádkozom, ő mindig azt mondta, " hogynem". De egy nap elviselhetetlen fájdalmai voltak a hátában, és hirtelen a térdében is fájt. Ez még nagyobb fájdalom volt, mint a hátában. Panaszkodott, és megkérdeztem, hogy imádkozhatnék-e érte. Azt mondta" :Tegyél meg bármit, ami szükséges". Megragadtam az alkalmat, hogy megtanítsam neki, hogyan kell ezt a fájdalmat az Úr Jézus nevében megdorgálni. A fájdalma elviselhetetlen volt; azonnal elkezdte megdorgálni a fájdalmat az Úr Jézus nevében, a fájdalom azonnal elmúlt.

Ez a gyógyulás azonban nem változtatta meg a szívét. Isten arra használja a nyomorúságot és a problémákat, hogy meglágyítsa a szívünket. Ez a javítás vesszeje, amelyet gyermekei számára használ. Egy nap Linda sírva hívott fel, hogy egy nagy vágás van a nyakán, és nagyon fájdalmas. Könyörgött, hogy imádkozzak. Több mint boldogan imádkoztam jó barátomért. Óránként hívogatott, hogy vigasztaljam, és azt kérdezte" :El tudnál jönni hozzám, hogy imádkozzunk"? Aznap délután kapott egy telefonhívást, amelyben közölték vele, hogy pajzsmirigyrákot diagnosztizáltak nála. Nagyon sírt, és amikor az édesanyja meghallotta, hogy a lánya rákos, egyszerűen összeesett. Linda elvált volt, és volt egy kisfia.

Ragaszkodott hozzá, hogy jöjjek és imádkozzak érte. Nekem is nagyon fájt ezt a beszámolót hallani. Komolyan elkezdtem keresni valakit, aki el tudna vinni a házához, hogy imádkozhassak érte. Hála Istennek, ha van akarat, akkor van út is.

Az imatársam eljött a munkából, és elvitt magához. Linda, az édesanyja és a fia ott ültek és sírtak. Imádkozni kezdtünk, és én nem sokat éreztem, azonban hittem, hogy Isten tenni fog valamit. Felajánlottam, hogy újra imádkozom. Azt mondta :*"Igen, imádkozzatok egész éjjel*, nem bánom". Miközben másodszor is imádkoztam, láttam, hogy az ajtóból egy erős fény jön, annak ellenére, hogy az ajtó zárva volt, és a szemem is csukva volt. Láttam, hogy Jézus jött be azon az ajtón, és ki akartam nyitni a szemem, de Ő azt mondta" :*imádkozz tovább*".

Amikor befejeztük az imádkozást, Linda mosolygott. Nem tudtam, mi történt, hogy megváltozott az arca. Megkérdeztem tőle :*"Mi történt?"* Azt mondta" :*Liz, Jézus az igaz Isten*". Azt mondtam: "*Igen, ezt mondtam neked az elmúlt 10 évben, de tudni akarom, mi történt*". Azt mondta: "*A fájdalmaim teljesen elmúltak*". "*Kérlek, add meg a templom címét, meg akarok keresztelkedni*". Linda beleegyezett, hogy részt vegyen velem egy bibliatanulmányozáson, majd megkeresztelkedett. Jézus arra használta ezt a nyomorúságot, hogy felhívja a figyelmét.

Nézd meg nyomorúságomat és fájdalmamat, és bocsásd meg minden bűnömet. (Zsoltárok 25:18).

Dicsőség Istennek!! Kérem, ne adja fel a szeretteit. Imádkozzatok továbbra is éjjel-nappal, egy nap Jézus válaszol, ha mi nem gyengülünk.

És ne fáradjunk el a jócselekedetekben, mert a kellő időben aratunk, ha nem fáradunk el. (Galata 6:9)

Édesanyja halálos ágyán Linda felhívott, hogy látogassam meg. Betolt a kerekes székemben a kórházi szobájába. Miközben az édesanyjának szolgáltunk, ő megbánta bűneit, és az Úr Jézushoz kiáltott bocsánatért. Másnap teljesen elment a hangja, és harmadnap meghalt.

Linda barátnőm most már jó keresztény. Dicsértessék az Úr!!

A vietnami munkatársam:

Kedves hölgy volt, és mindig nagyon szép lélekkel rendelkezett. Egy nap beteg volt, és megkérdeztem, hogy imádkozhatnék-e érte. Azonnal elfogadta az ajánlatomat. Imádkoztam, és meggyógyult. Másnap azt mondta: "Ha nem túl nagy gond, akkor imádkozz az apámért". Az apja az elmúlt hónapokban folyamatosan beteg volt. Mondtam neki, hogy szívesen imádkozom az apjáért. Jézus az Ő irgalmasságában megérintette és teljesen meggyógyította őt.

Később láttam, hogy beteg, és felajánlottam, hogy újra imádkozom. Azt mondta" :*Ne vegye a fáradságot, hogy imádkozzon értem*"; azonban a barátjának, aki szerelőként dolgozik egy másik műszakban, szüksége van az imára. Nem tudott aludni se éjjel, se nappal; ezt a betegséget végzetes álmatlanságnak hívják. Folytatta az információk átadását, és nagyon aggódott ezért az úriemberért. Az orvos nagy dózisú gyógyszert adott neki, és semmi sem segített. Azt mondtam : *"Szívesen imádkozom"*. Minden este munka után majdnem másfél órát imádkoztam az összes imakérésért és magamért. Ahogy elkezdtem imádkozni ezért az emberért, észrevettem, hogy nem alszom mélyen. Hirtelen valaki tapsot hallottam a fülembe, vagy egy hangos zajt, ami szinte minden éjjel felébresztett, amióta elkezdtem imádkozni érte.

Néhány nappal később, amikor böjtöltem, hazajöttem a templomból, és lefeküdtem az ágyamba. Ekkor hirtelen meglepetésemre valami átjött a fejem feletti falon, és besétált a szobámba. Hála Istennek a Szentlélekért. Azonnal a Szentlélek szólt a számon keresztül : "Megkötözlek Jézus nevében". Tudtam a Lélekben, hogy valami meg van kötve, és az erő megtört Jézus nevében.

Bizony mondom nektek: Amit megkötöztök a földön, meg lesz kötve a mennyben; és amit feloldotok a földön, feloldódik a mennyben. (Máté 18:18)

Nem tudtam, hogy mi az, és később munka közben a Szentlélek elkezdte kinyilatkoztatni, hogy mi történt. Akkor tudtam meg, hogy démonok irányítják ezt a szerelőt, és nem hagyják aludni. Megkértem a munkahelyi barátomat, hogy kérem, derítse ki a barátja alvási állapotát. Később visszajött a munkahelyemre a szerelővel. Azt mondta, hogy jól alszik, és meg akarta köszönni nekem. Azt mondtam: *"Kérlek, köszönd meg Jézusnak"*. *"Ő az, aki megszabadított téged."* Később adtam neki egy Bibliát, és kértem, hogy minden nap olvassa és imádkozzon.

Sokan voltak a családjukon belül, akik a munkám során fordultak Jézushoz. Nagyszerű alkalom volt számomra, hogy sok különböző nemzetiségű embernek tehettem bizonyságot.

Hálát adok neked a nagy gyülekezetben: Dicsérni foglak téged a sok nép között. (Zsoltárok 35:18)

Dicsőítelek téged, Istenem, királyom, és áldom a te nevedet mindörökkön örökké. (Zsoltárok 145:1)

22. fejezet

Az Ő útjainak megtanulása az Ő hangjának engedelmeskedve

I 1982-ben találtam rá erre a gyönyörű igazságra. Néhány évvel később úgy döntöttem, hogy ellátogatok Indiába. Míg ott voltam, a barátnőmmel, Dinah-val úgy döntöttünk, hogy városnézésre megyünk Udaipur városába. A nap végén visszamentünk a közös szállodai szobánkba. A szobánkban volt egy kép a falon egy hamis istenről, akit ott, Indiában imádnak. Mint tudjátok, Indiában sok isten van. A Biblia az egyetlen igaz Istenről beszél, és az Ő neve Jézus.

Monda néki Jézus: Én vagyok az út, az igazság és az élet; senki sem mehet az Atyához, hanem csak én általam. (János 14:6)

Hirtelen hallottam, hogy ez a hang azt mondja nekem: "*Vedd le a képet a falról*". Mivel bennem van a Szentlélek, az volt a gondolatom: "*Nem félek semmitől, és semmi sem árthat nekem*". Így hát nem engedelmeskedtem ennek a hangnak, és nem vettem le a képet.

Ahogy aludtunk, váratlanul az ágyban találtam magam; tudtam, hogy egy Angyal ültetett fel. Isten megnyitotta lelki szemeimet, és láttam, hogy egy hatalmas fekete pók jön be az ajtón. Átkúszott rajtam, a barátomon és a fián. És a ruhám felé ment, ami a falnak volt akasztva, és eltűnt a szemem előtt. Abban a pillanatban az Úr emlékeztetett arra a szentírási részre, amely azt mondja, hogy soha ne adjunk helyet az ördögnek.

Ne adjatok helyet az ördögnek sem. (Efézus 4:27)

Azonnal felálltam, levettem a képet és megfordítottam. Attól a naptól kezdve rájöttem, hogy Isten egy szent Isten. Az Ő parancsolatai, amelyeket nekünk adott, megvéd és megáld minket, amíg mindig engedelmeskedünk nekik és megtartjuk őket.

Abban az időben, amikor dolgoztam, mindig úgy jöttem haza, hogy lelkileg kimerültnek éreztem magam. Egy nap Jézus szólt hozzám, és azt mondta: "*beszélj nyelveken fél órán át, dicsérj és imádkozz fél órán át, és tedd a kezem a fejemre, és beszélj nyelveken fél órán át*". Ez volt a mindennapi imaéletem.

Egy nap éjfél után értem haza a munkából. Elkezdtem járkálni a házamban és imádkozni. A házam egy bizonyos sarkához értem, és lelki szemeimmel megláttam egy démont. Felkapcsoltam a villanyt és felvettem a szemüvegemet, hogy megnézzem, miért van itt ez a démon? Hirtelen eszembe jutott, hogy aznap korábban letakartam az istenek ujjlenyomatait és neveit, amelyek egy kukoricaolajos dobozon voltak. Valahogy nem vettem észre ennek a hamis istennek az ujjlenyomatát. Azonnal elővettem a filctollat, és letakartam.

A Biblia szerint Jézus hatalmat adott nekünk, hogy megkötözzük és kiűzzük a gonosz szellemeket. Azon az éjszakán használtam a hatalmat, kinyitottam az ajtót, és azt mondtam annak a démonnak: "*Jézus nevében megparancsolom neked, hogy takarodj a házamból, és soha többé ne térj vissza*!". A démon azonnal távozott.

Dicsértessék az Isten! Ha nem ismerjük Isten Igéjét, akkor megengedhetjük, hogy démonok jöjjenek be a házunkba magazinokon, újságokon, televízión, sőt még játékokon keresztül is. Nagyon fontos, hogy tudjuk, mit viszünk be az otthonunkba.

Egy másik példa erre: nagyon beteg voltam, és nem tudtam járni, a családomra és a barátaimra voltam utalva, hogy elhozzam a bevásárlásaimat és elpakoljam őket. Egy reggel arra ébredtem, hogy valaki eltakarja a számat, megkötözve voltam.

Megkérdeztem Istent, miért érzem így. Megmutatta nekem a horogkereszt szimbólumát. Azon tűnődtem, hol fogom megtalálni ezt a szimbólumot. Odamentem a hűtőszekrényhez, és amint kinyitottam az ajtót, megláttam a horogkereszt szimbólumot egy élelmiszercikken, amit a nővérem hozott előző nap. Megköszöntem Istennek az Ő útmutatását, és azonnal eltávolítottam.

Bízzál az Úrban teljes szívedből, és ne támaszkodj a magad eszére. Minden utadon ismerd el őt, és ő irányítja ösvényeidet. (Példabeszédek 3:5-6)

Szeretnék megosztani egy másik élményt, amelyet akkor szereztem, amikor szülővárosomban, Indiában jártam. Egy barátommal töltöttem egy éjszakát, aki bálványimádó volt.

Sok éven át tanúságot tettem neki Jézusról és az Erőről. Ő is ismerte az ima Erejét, és sok csoda történt az otthonában. Csodákról tett bizonyságot, amikor Jézus nevében imádkoztam.

Miközben aludtam, egy zaj ébresztett fel. A szoba túloldalán egy alakot láttam, aki úgy nézett ki, mint a barátom. Az alak gonosz arccal rám mutatott. A keze elkezdett felém nőni, és egy lábnyira megközelített, majd eltűnt. Ez az alak újra megjelent, de ezúttal a kisfia arca volt. Ismét elkezdett nőni a karja és rám mutatott. Egy méterre jött tőlem, majd eltűnt. Eszembe jutott, hogy a Biblia azt mondja, hogy az Angyalok körülöttünk vannak.

Aki a Magasságos rejtekhelyén lakik, a Mindenható árnyékában marad. Azt mondom az Úrról: Ő az én menedékem és váram, az én Istenem, benne bízom. Bizony megszabadít téged a madarász csapdájából és a zajos dögvészből. Tollával takar be téged, és szárnyai alatt bízol; az ő igazsága lesz a te pajzsod és csatod. Nem félsz az éjjeli rémtől, sem a nyílvesszőtől, mely nappal repül, sem a dögvésztől, mely sötétségben jár, sem a pusztulástól, mely délben pusztít. Ezren esnek el oldaladon, és tízezren jobbodon, de hozzád nem közeledik. Csak a te szemeiddel látod és látod a gonoszok jutalmát. Mert az Urat, a ki az én menedékem, a Magasságos, lakóhelyeddé tetted; nem ér téged gonoszság, és nem közeledik a te lakhelyedhez semmi csapás. Mert ő az ő angyalait bízza rád, hogy őrizzenek téged minden utadon. (Zsoltárok 91:1-11)

Amikor reggel felébredtem, láttam, hogy a barátom és a fia meghajolnak a bálványok előtt. És eszembe jutott, amit Isten mutatott nekem az éjszaka folyamán. Ezért elmondtam a barátomnak, hogy volt egy látomásom aznap este. Ő azt mondta, hogy ő is látta és érezte ezt a házában. Megkérdezte, hogy nézett ki az a démon, akit láttam. Mondtam neki, hogy az egyik alakja úgy nézett ki, mint ő, a másik pedig, mint a fia. Elmondta, hogy ő és a fia nem tudtak kijönni egymással. Megkérdezte tőlem, hogy mit kell tennem, hogy megszabaduljak ezektől a démonoktól, amelyek őt és a családját gyötrik. Elmagyaráztam neki ezt a szentírási részt.

A tolvaj nem azért jön, hanem hogy lopjon, öljön és pusztítson; én azért jöttem, hogy életük legyen, és hogy még bőségesebben legyen.
(János 10:10)

Odaadtam neki a Bibliát, és megkértem, hogy minden nap olvassa fel hangosan a házában, különösen a János 3:20 és 21-et.

Mert minden gonosztevő gyűlöli a világosságot, és nem jön a világosságra, hogy meg ne feddjék cselekedeteit. Aki pedig az igazságot cselekszi, az a világosságra jön, hogy cselekedetei nyilvánvalóvá váljanak, hogy azok Istenben történtek.
(János 3:20-21)

Megtanítottam neki a lelki harci imát is, amelyben Jézus nevében minden gonosz szellemet megkötözünk, és a Szentlelket vagy az angyalokat elengedjük. Arra is megkértem, hogy folyamatosan Jézus Nevét beszélje és Jézus Véréért könyörögjön a házában.

Néhány hónappal az utazás után kaptam egy levelet, amelyben tanúsította, hogy a démonok elhagyták a házát, ő és a fia jól kijönnek egymással, és teljes béke van az otthonukban.

Azután összehívta tizenkét tanítványát, és hatalmat és hatalmat adott nekik minden ördög felett, és hogy gyógyítsák a betegségeket. És elküldte őket, hogy hirdessék az Isten országát, és gyógyítsák a betegeket (Lukács 9:1, 2).

Amikor más rokonainak is bizonyságot tett, azok nagyon érdeklődtek a Biblia iránt, és többet akartak megtudni az Úr Jézusról.

Következő indiai látogatásom alkalmával találkoztam az egész családdal, és válaszoltam a kérdéseikre. Megtanítottam őket imádkozni, és Bibliát adtam nekik. Minden dicsőséget Istennek adok ezekért az eredményekért.

Az a vágyam, hogy az emberek megtanulják, hogyan használhatják Jézus nevét és Isten Igéjét kardként az ellenséggel szemben. Azzal, hogy "újjászületett keresztény" leszünk, meglesz az erőnk.

Az Úrnak, az Istennek lelke van rajtam, mert az Úr felkent engem, hogy jó hírt hirdessek a szelídeknek; elküldött engem, hogy összekötözzem a megtört szívűeket, hogy szabadságot hirdessek a foglyoknak, és a megkötözötteknek a börtön megnyitását."
(Ézsaiás 61, 1).

23. fejezet

Moving On Media

I 1999-ben munkahelyi sérülést szenvedtem, ami később súlyosbodott. Ez a sérülés olyan súlyos volt, hogy a fájdalom miatt elvesztettem a memóriámat. Nem tudtam olvasni és nem emlékeztem arra, amit olvastam. 48 órán keresztül nem tudtam aludni. Ha mégis aludtam, néhány óra múlva felébredtem a kezem zsibbadása, a hátam, a nyakam és a lábam fájdalma miatt. Ez volt a hitem tüzes próbája. Fogalmam sem volt arról, hogy mit gondolok. Sokszor elájultam és elaludtam. Legtöbbször csak így aludtam. Nem akartam az időmet vesztegetni, ezért arra gondoltam, mit tegyek? Arra gondoltam, hogy készítek egy CD-t az összes már lefordított könyvemből. Úgy gondoltam, hogy ha ezeket az összes könyvet hangoskönyvre veszem, az nagyszerű lenne ebben a korban és ebben a korban.

Hogy a ti hitetek próbája, mely sokkal drágább, mint az arany, mely elenyészik, ha tűzzel próbálják is, dicséretre, tisztességre és dicsőségre találjon a Jézus Krisztus megjelenésekor (1Péter 1:7).

Az igazság terjesztéséért bármire hajlandó voltam. Nincs nagyobb ár annál, mint amit Jézus fizetett. Isten az Ő kegyelmében segített, hogy elérjem célomat.

Kétségtelenül több mint egy évbe telt, mire ez megtörtént. Nem volt elég pénzem, hogy megvegyem az összes felszerelést, és nem volt elég tudásom sem ahhoz, hogy tudjam, hogyan kell felvenni. Elkezdtem használni a hitelkártyámat, hogy megvegyem, amire szükségem volt ehhez az új projekthez. Úgy gondoltam, mivel nem tudok olvasni és emlékezni, egyszerűen felolvasom a könyvet hangosan, és készítek egy audio CD-t, így nem kell memória az olvasáshoz.

Mivel angol gyülekezetbe jártam, majdnem elfelejtettem, hogyan kell helyesen olvasni a guajaratit, és nem akartam feladni a nyelvemet. Sokszor, mint tudjátok, egészségi állapotom miatt napokig, sőt hetekig nem tudtam ülni. Elfelejtettem, hogyan kell felvenni és használni a felvevőkészülékemet. Megnéztem a jegyzeteimet, és újra kezdtem, de nem akartam elengedni.

Egy dolgot nem szabad elfelejtenünk: az ördög soha nem adja fel! Ebből kell tanulnunk, és soha nem szabad feladnunk!

Eljött a nap, amikor befejeztem a hatoldalas füzetemet. Meglepetésemre egy évbe telt, mire elkészült. Annyira boldog voltam, hogy feltettem a CD-t lejátszani, és lassan megfordítottam a kerekes székemet, hogy meghallgassam a CD-met.

Hirtelen, ahogy néztem, a szemeim nem láttak semmit. Nagyon megijedtem, és azt mondtam magamban" :Olyan keményen dolgoztam a rossz egészségi állapotomban. Bárcsak jobban vigyáztam volna az egészségemre, most nem látok". Nem láttam a konyhámat, a hifimet, a falat vagy a bútorokat. Semmi sem volt ott, csak egy sűrű fehér felhő. Azt mondtam: "Keményen bántam magammal, most vak vagyok". Hirtelen abban a sűrű fehér felhőben a szobámban megláttam az Úr Jézust, amint fehér ruhában állt és rám mosolygott. Rövid idő múlva eltűnt, és rájöttem, hogy ez egy látomás volt. Tudtam, hogy az Ő sekina dicsősége leszállt. Nagyon boldog voltam, és rájöttem, hogy az Úr Jézus elégedett az erőfeszítéseimmel.

Mindig keresni akarom Istent, hogy az Ő útmutatását kérjem, hogy a legjobb módon használjam fel az időmet, hogy dicsőséget adjak neki. Semmilyen helyzet nem akadályozhat meg minket abban, hogy az Ő szolgálatát végezzük. Ezt a CD-t szabadon odaadtam az embereknek, és feltöltöttem az én http://www.gujubible.org/web_site.htm és https://waytoheavenministry.org

Ki választ el minket Krisztus szeretetétől? nyomorúság, vagy nyomorúság, vagy üldözés, vagy éhség, vagy mezítelenség, vagy veszedelem, vagy kard? Ahogy meg van írva :"A te kedvedért öldösnek minket egész nap; olyanok vagyunk, mint a levágásra szánt juhok. Sőt, mindezekben győzteseknél is többen vagyunk az által, aki szeretett minket. Mert meg vagyok győződve, hogy sem halál, sem élet, sem angyalok, sem fejedelemségek, sem hatalmasságok, sem jelenvalók, sem jövendők, sem magasság, sem mélység, sem más teremtmény nem választhat el minket az Isten szeretetétől, amely a mi Urunk Krisztus Jézusban van". (Róma 8:35-39)

24. fejezet

Tanulmány, amely feltárja

M Bármikor volt lehetőségem arra, hogy az angoltól eltérő nyelveken tartsak bibliatanulmányokat. Miközben Isten Igéjét tanítottam nekik, képtelenek voltak megtalálni a megfelelő szentírást. Mindig a King James verziót használtam. De néhányuknak más-más nyelvű és nyelvű Bibliaváltozatuk volt.

Egyik este az Egy Istenről, az egyistenhitről tanítottam (a mono a görög monosz szóból származik, a teosz pedig Istent jelent), és az 1 János 5:7-et olvastam. Amikor megkeresték ezt a szentírási részt a Bibliájukban, nem találták. Már elmúlt éjfél, ezért azt hittem, hogy nem értették, amit olvastak, és amikor angolról az ő nyelvükre fordítottunk, azt mondták, hogy ez nincs benne a mi Bibliánkban.

*Mert hárman vannak, akik a mennyben feljegyzik: az Atya, az Ige és a Szentlélek; és ez a **három egy**. (1 János 5:7)*

Megdöbbentem. Ezért kerestünk egy másik írást.

*(KJV) 1 Timóteus 3:16, "**Isten** testben jelent meg".*

A Bibliájukban ez állt: "(Az összes Bibliában, amelyet az alexandriai romlott kéziratból fordítottak, ez a hazugság szerepel. A római katolikus Vulgata, a Guajarati Biblia, az NIV Biblia, a spanyol és más modern bibliai változatok).

{ΘC=Isten} a görög nyelvben, de a kis vonalat eltávolítva a ΘC-ből, " azIsten" {OC = "ki" vagy "ő"} átváltozik "ki"-re, aminek a görög nyelvben más jelentése van. Két különböző szóról van szó, mert az "ő" jelenthet bárkit, de Isten a testet öltött Jézus Krisztusról beszél.

Milyen könnyű elvenni Jézus Krisztus istenségét!!!!

Jelenések 1:8

> *KJV: Én vagyok az Alfa és az Omega, a <u>kezdet és a vég</u>, azt mondja az Úr, aki van és aki volt és aki eljövendő, a Mindenható.*

> *NIV fordítás: Én vagyok az Alfa és az Omega - mondja az Úr Isten -, aki van, aki volt és aki eljövendő, a Mindenható.*

(A Gujarati Biblia, az NIV és más fordítások eltávolították " a<u>Kezdet és a vég</u>" kifejezést).

Jelenések 1:11

> *KJV: És amit látsz, írd meg egy könyvbe, és küldd el a hét gyülekezetnek, amelyek Ázsiában vannak, Efézusnak, Szmirnának, Pergámnak, Thiatirának, Szárdisznak, Filadelfiának és Laodíciának (Jelenések 1:11).*

> *NIV: 1:11 "Írd fel egy tekercsre, amit látsz, és küldd el a hét gyülekezetnek: Efézusnak, Szmirnának, Pergamonnak, Thiatirának, Szárdisznak, Filadelfiának és Laodíciának."*

(A Biblia modern változatai, a Guajarati és az NIV Biblia mind eltávolították <u>az Én vagyok az Alfa és az Omega, az első és az utolsó</u>).

A Bibliájukból nem tudtam bebizonyítani, hogy "egy Isten" van.

A tanításom sokáig tartott, és meglepetésükre nem tudtam szentírási bizonyítékot szolgáltatni számukra, hogy a Bibliájukból kiderül, hogy egy Isten van. Ez mélyebb tanulmányozásra indított.

Emlékszem, Pál azt mondta:

> *Mert tudom, hogy az én távozásom után keserves farkasok fognak közétek menni, nem kímélve a nyájat.* *(ApCsel 20:29)*

János apostol, aki Krisztus utolsó életben maradt tanítványa volt, egyik levelében figyelmeztetést adott nekünk:

> *Szeretteim, ne higgyetek minden léleknek, hanem próbáljátok meg a lelkeket, hogy Istentől vannak-e; mert sok hamis próféta ment ki a világba. Erről ismeritek meg az Isten Lelkét: Minden lélek, amely vallja, hogy Jézus Krisztus testben jött el, Istentől van: És minden lélek, a mely nem vallja, hogy a Jézus Krisztus testben jött el, nem Istentől való; és ez az antikrisztusnak az a lelke, a melyről hallottátok, hogy el kell jönnie; és már most is van a világban. (1 János 4:1-3)*

Szeretném megosztani ezt a tényt, amelyet az "Isten Igéje" megrontásának igazságát kutatva találtam.

Az alexandriai kézirat a Biblia eredeti, valódi kéziratának elrontott változata volt. Sok szót eltávolítottak az eredeti kéziratból, mint például: Sodomita, pokol, vér, Jézus Krisztus teremtette, Úr Jézus, Krisztus, Alleluja, Jehova, és sok más szóval és verssel együtt.

Alexandriai Egyiptomban az írástudók, akik antikrisztusnak számítottak, nem rendelkeztek az Egyetlen Igaz Isten kinyilatkoztatásával, mert a Bibliát megváltoztatták az eredeti kézirathoz képest. Ez a korrupció az első században kezdődött.

A görög és héber Bibliákat először papirusztekercsekre írták, amelyek romlandóak voltak. Ezért 200 évente 50 példányt írtak kézzel különböző országokban, hogy további 200 évig megőrizzék őket. Ezt gyakorolták elődeink, akiknek az eredeti kéziratról hiteles másolatuk volt. Ugyanezt a rendszert alkalmazták az alexandriaiak is, hogy megőrizzék a megrontott kéziratot.

A Kr. u. elejé na püspökök átvették a helyüket, és a Kr. u. 130-tól 444-ig fokozatosan korrupciót hoztak. Hozzáadtak és kivontak a görög és héber kézirat eredeti példányából. A következő püspökök mindegyike azt állította, hogy közvetlenül Jézustól kapták az üzeneteket, és nem kell figyelniük az apostolokra, tanítványokra, prófétákra és tanítókra. És valamennyi püspök azt is állította, hogy ők az egyedüli megvilágosultak.

Alexandriai Origenész püspök (Kr. u. 185-254): Tertullianus egy megrontott püspök volt, aki még több sötétséget adott hozzá. Kr. u. 216 körül halt meg, Kelemen vette át a helyét és volt Alexandria püspöke. Cirill, Jeruzsálem püspöke 315-ben született és Kr. u. 386-ban halt meg. Augustinus, hippói püspök, a katolicizmus megalapítója, 347-ben született és 430-ban halt meg. Eltávolította az embereket, akik valóban hittek Isten Igéjében. Krizosztomosz szintén konstantinápolyi püspök volt, ahol a megrontott változat keletkezett. Ő 354-ben született és Kr. u. 417-ben halt meg. Alexandriai Szent Cirill 412-ben lett püspök és Kr. u. 444-ben halt meg.

Ezek a püspökök megrontották az igazi kéziratot, és őseink elutasították őket, akik ismerték a tényeket, hogy hol és hogyan rontották el az eredeti kéziratot.

Ez a korrupció akkor kezdődött, amikor Pál és János még éltek. Az alexandriaiak figyelmen kívül hagyták Isten szavát, és Nicaeában, Kr. u. 325-ben megalapították a Szentháromság tant. Nicaea a mai Törökország, a Bibliában pedig Pergamon néven ismert.

*A pergámumi gyülekezet angyalának pedig írd meg: Ezt mondja az, akinek éles, kétélű kardja van: Ismerem cselekedeteidet, és tudom, hol laksz, **ott is, ahol** a **sátán székhelye** van, és megtartod az én nevemet, és nem tagadtad meg hitemet, még azokban a napokban is, amikor Antipász hűséges vértanúm volt, aki megölték köztetek, ott is, ahol a sátán lakik. (Jelenések 2:12-13.)*

Nicaea

Kr. u. 325-ben a Sátán megszüntette Isten Egységét, és hozzáadta a Szentháromságot, és Istent megosztotta. Kivették " aJézus" nevet a keresztelési formulából, és hozzáadták az Atya, a Fiú és a Szentlélek nevet.

A tolvaj nem azért jön, hanem hogy lopjon, öljön és pusztítson; én azért jöttem, hogy életük legyen, és hogy még több életük legyen. bőségesen (János 10:10.)

Pergamon (későbbi nevén Nicaea, ma Törökország) egy 1000 láb magasan a tengerszint fölé épült város. Négy különböző istent imádtak e hely körül. A főisten Aszklépiosz volt, akinek szimbóluma egy kígyó.

A Jelenések könyve azt mondja:

*És kiűzetett a nagy **sárkány**, a vén **kígyó**, a melyet ördögnek és Sátánnak hívnak, a ki az egész világot megtéveszti; kiűzetett a földre, és vele együtt az ő angyalai is kiűzetének (Jelenések 12:9).*

*És megragadta a sárkányt, a vén **kígyót**, aki az ördög és a Sátán, és megkötözte ezer esztendőre (Jelenések 20:2).*

Ebben a templomban sok nagyméretű kígyó volt; a terület körül is több ezer kígyó volt. Az emberek gyógyulást keresve jöttek a pergamumi templomba. Aszklépiosznak hívták a gyógyítás istenét, és ő volt a négy isten közül a főisten. Mivel őt a gyógyítás istenének nevezték, ezen a helyen gyógynövényeket és gyógyszereket vezettek be a gyógyításhoz.

Hogy el tudja távolítani a csíkokat és Jézus nevét a gyógyuláshoz. Az a terve, hogy átvegye Jézus helyét, és eltávolítsa Krisztust mint Megváltót, mert ő is azt állította magáról, hogy ő a Megváltó. A mai orvostudomány a kígyó szimbólumot Aszklépiosztól (Kígyó) vette át.

A Biblia azt mondja:

*Ti vagytok az én tanúim, mondja az Úr, és az én szolgám, akit kiválasztottam, hogy megismerjetek és higgyetek nekem, és megértsétek, **hogy én vagyok**: előttem nem volt Isten, és nem is lesz utánam. Én, én vagyok az Úr, és rajtam kívül nincs **szabadító**.*
(Ézsaiás 43:10-11)

Ez az a hely, ahol a Sátán megalapította a szentháromságot.

Ma megtalálták az alexandriai kézirat eredeti példányát, aláhúzva a szót és az írást, hogy eltávolítsák az eredeti, valódi héber és görög kéziratból. Ez bizonyítja, hogy ők voltak azok, akik megrontották Isten igaz szavát.

A sötét korszak egyszerűen az igazság eltávolításával és a Biblia valódi dokumentumának megváltoztatásával jött el.

Isten igéje kard, világosság és igazság. Isten szava örökkön örökké megmarad.

Az NIV Bibliát, a modern Bibliát és a Biblia sok más nyelvét egy régi, megrongált alexandriai másolatból fordították le. Most a Biblia legtöbb más példánya az NIV változatból származik, és más nyelvekre fordították le. A Sátán Bibliája és az NIV Bibliák másolási joga egy Rupert Murdoch nevű ember tulajdonában van.

Amikor Jakab király 1603-ban átvette a hatalmat a szűz Erzsébet királynő után, elvállalta, hogy lefordítja a Bibliát az eredeti, valódi héber és görög kéziratból. Ezt a projektet sok héber, görög és latin teológus, tudós és mások szemében nagy tiszteletnek örvendő ember végezte. A régészek megtalálták a régi, valódi, eredeti héber és görög kéziratokat, amelyek 99%-ban megegyeznek a KJV Bibliával. Az egy százalék apróbb hibák, mint például az írásjelek.

Dicsértessék az Isten! A KJV közkincs, és bárki használhatja a KJV Bibliát, hogy lefordítsa azt az anyanyelvére. Az én javaslatom az, hogy a KJV Bibliából kell fordítanunk, mivel az közkincs és a legpontosabb Biblia.

Azzal, hogy az eredeti Bibliából eltávolították az igazságot, eltűnt a "Jézus Krisztus" név, amely az embereket szabaddá tevő erő.

Ez számos felekezet születését okozta. Most már értitek, miért mondja a Biblia, hogy ne adjatok hozzá és ne vonjatok el belőle.

A támadás a megtestesült Egyetlen Isten ellen irányul.

A Biblia azt mondja.

És az Úr lesz király az egész földön; azon a napon egy lesz az Úr, és egy az ő neve. (Zakariás 14:9)

Az Ő neve JÉZUS!!!

25. fejezet

Életet megváltoztató személyes beszámolók

Üdvözlet Jézus nevében:

Ezek a személyes "életet megváltoztató" bizonyságtételek a Mindenható Isten erejének bátorításaként szerepelnek. Őszintén remélem, hogy a hitetek erősödni fog, ha elolvassátok ezeket az alázatos hívőktől és lelkészektől származó inspiráló bizonyságtételeket, akiknek hivatásuk és szenvedélyük van Isten iránt. "Ismerjétek meg Őt az Ő szeretetének bensőségességében, a hit, az ima és Isten Igéje által". A tudomány és az orvostudomány nem tudja megmagyarázni ezeket a csodákat, és azok sem tudják megérteni Isten dolgait, akik bölcsnek vallják magukat.

*És adom neked a sötétség **kincseit** és a titkos helyek rejtett gazdagságát, hogy megtudd, hogy én, az Úr, aki neveden szólítalak, én vagyok Izráel Istene. (Ézsaiás 45:3)*

"Ez a Hit olyan járása, amelyet nem lehet boncolgatni, és nem lehet elképzelni."

"A bölcsek megszégyenültek, megdöbbentek és elragadtattak; íme, elvetették az Úr szavát, és mi bölcsesség van bennük?".
(Jeremiás 8:9)

"Jaj azoknak, akik bölcsek a saját szemükben, és okosak a saját szemükben." (Ézsaiás 5:21)

"Mert látjátok, testvéreim, hogy elhívásotok szerint nem sok bölcs ember van test szerint, nem sok hatalmas, nem sok nemes: Hanem Isten a világ bolondjait választotta ki, hogy megzavarja a bölcseket; és a világ gyöngéit választotta ki, hogy megzavarja a hatalmasokat."
(1Korinthus 1:26-27)

Hívj engem, és én válaszolok neked, és megmutatok neked nagy és hatalmas dolgokat, amikről nem tudsz. (Jeremiás 33:3)

Őszinte köszönetemet fejezem ki azoknak, akik személyes bizonyságtételeikkel és idejükkel hozzájárultak ehhez a könyvhöz Isten dicsőségére.

Isten áldjon meg téged
Elizabeth Das, Texas

Az emberek
tanúságtételei

Minden tanúságtétel önkéntesen történik, hogy Istennek
dicsőséget adjunk, a dicsőség egyedül Istent illeti meg

Terry Baughman, lelkész Gilbert, Arizona, USA

Elizabeth Das befolyásos nő. Pál apostol és misszionárius társa, Silás egy női imacsoporthoz vonzódott a folyóparton, Thyatira közelében. Ezen az imaösszejövetelen hallotta Lídia Pál és Szilász tanítását, majd ragaszkodott hozzá, hogy a térségben végzett szolgálatuk idején a házában szálljanak meg. (Lásd ApCsel 16:13-15.) Ennek az asszonynak a vendégszeretetét és... szolgálatát azért jegyezte fel a Szentírás, hogy minden időkre emlékezzenek rá.

Elizabeth Das Isten ilyen asszonya, hasonlóan az Apostolok cselekedeteiben szereplő Lídiához, a befolyásos asszonyhoz. Szorgalma és szenvedélye révén másokat vezetett az igazság megismerésére, imacsoportokat koordinált, és eszközként szolgált az evangélium szolgáinak elküldésében szülőföldjére, az indiai Gudzsarátba.Amikor először hallottam Elizabeth Dasról, a kaliforniai Stocktonban lévő Christian Life College oktatója és tudományos dékánja voltam. Daryl Rash, a missziói igazgatónk mesélt nekem arról a jó munkájáról, hogy lelkészeket kért fel, hogy menjenek az indiai Ahmadabadba, hogy tanítsanak és prédikáljanak a Jaiprakash Keresztény és Hit Gyülekezet, egy több mint 60 gyülekezetet tömörítő csoport által szponzorált konferenciákon az indiai Gudzsarát államban. Felhívta a Christian Life College-ot, hogy előadókat kérjen egy közelgő konferenciára az indiai gyülekezetek számára. Két oktatónkat küldtük, hogy tanítsanak és prédikáljanak a konferencián. A következő alkalommal, amikor Elizabeth Das hívott; Daryl Rash megkérdezte tőlem, hogy lenne-e kedvem elmenni tanítani az egyik konferenciára. Örömmel mentem, és azonnal megkezdtem az előkészületeket az útra. Egy másik oktató, Brian Henry elkísért, és prédikált az éjszakai istentiszteleteken a konferencián. Abban az időben én voltam a Christian Life College ügyvezető alelnöke és főállású oktatója, így gondoskodtunk helyettesítésekről az óráink és egyéb kötelezettségeink ellátására, és átrepültünk a világ másik felére, hogy megosszuk szolgálatainkat a nyugat-indiai Gudzsarát csodálatos népével. A második gudzsaráti utamon, 2008-ban a fiam is elkísért, és az Anandban tartott Lélek és Igazság konferencián egy életet megváltoztató eseményt élt át. Költséges vállalkozás körberepülni a világot és részt venni ezeken a konferenciákon és szolgálati utakon, de a jutalom nem mérhető pénzben. A fiam ezen az indiai utazáson új elkötelezettséget vállalt az Úr iránt, ami megváltoztatta az élete irányát. Most istentiszteleteket vezet és zenei vezetője annak a gyülekezetnek, ahol most lelkészként szolgálok Gilbertben, Arizonában. Nemcsak az embereket áldja meg az indiai szolgálat, hanem azokat is, akik oda mennek, és néha meglepő módon.

Elizabeth Das hatása szó szerint az egész világon érezhető. Nemcsak abban játszik fontos szerepet, hogy az Egyesült Államokból lelkészeket küldjenek Indiába, hanem szenvedélyesen törekszik arra is, hogy anyagokat fordítson gujarati nyelvre, hazája nyelvére. Akárhányszor beszéltem vele telefonon, mindig új utakat keresett az evangélium igazságának megosztására. Aktívan részt vesz egy imaszolgálatban, és aktívan keresi a módját annak, hogyan szolgálhat a nyomtatott bibliaórákon keresztül, illetve az interneten a YouTube-felvételein keresztül. Elizabeth Das élő példája annak, hogy egy ember mit tehet azért, hogy szenvedélyesen, kitartóan és imádsággal megváltoztassa a világot.

Veneda Ing Milan, Tennesee, Egyesült Államok.

Egy nyugat-tennessee-i kisvárosban élek, és egy helyi pünkösdi gyülekezethez tartozom. Néhány évvel ezelőtt részt vettem egy imakonferencián St. Louisban, MO-ban, ahol találkoztam egy Tammy nevű hölggyel, és azonnal barátok lettünk. Ahogy megismertük egymást, mesélt nekem egy imacsoportról, amelyhez ő is tartozott, és amelyet Elizabeth Das nővér vezetett texasi otthonából. A kis csoportban az Egyesült Államok különböző részeiből érkeztek emberek, akik telefonkonferencián keresztül csatlakoztak.

Amikor hazatértem, elkezdtem hívni az imacsoportot, és Isten azonnal megáldott. Körülbelül 13 éve jártam gyülekezetbe, amikor csatlakoztam ehhez a csoporthoz, így az ima nem volt újdonság, azonban " azEgyetértő ima" ereje megdöbbentő volt! Azonnal elkezdtem eredményeket kapni az imakéréseimre, és minden nap dicsőítő beszámolókat hallgattam. Nemcsak az imaéletem nőtt, hanem a Jail Szolgálatom is nőtt, a Lélek más ajándékaival együtt, amelyekkel Isten megáldott. Ekkor még soha nem találkoztam Das nővérrel. Az ő nagy vágya, hogy imádkozzon és segítsen másoknak a bennük rejlő ajándékokat megcsapolni, mindig visszahatott arra, hogy még többet jöjjek. Nagyon bátorító és nagyon bátor, nem fél megkérdőjelezni dolgokat, és határozottan nem fél elmondani, ha úgy érzi Istentől, hogy valami nincs rendben. Jézus mindig az ő válasza. Amikor lehetőségem nyílt Texasba jönni, hogy részt vegyek egy különleges imatalálkozón Das nővér otthonában, nagyon szerettem volna elmenni.

Felszálltam a repülőre, és néhány óra múlva már a Dallas-Ft. Worth repülőtéren voltam, ahol több mint egy év közös imádkozás után először találkoztunk.

Ismerős hang, de úgy tűnt, mintha már évek óta ismernénk egymást. Mások is jöttek más államokból, hogy csatlakozzanak ehhez a találkozóhoz.

Az otthoni imaösszejövetel olyasmi volt, amit még soha nem tapasztaltam. Annyira izgatott voltam, hogy Isten megengedte, hogy mások javára használjon. Ezen a találkozón sokakat láttunk meggyógyulni a hát- és nyakproblémákból. Láttuk és megtapasztaltuk, hogy lábak és karok nőttek, és tanúi voltunk annak, hogy valaki meggyógyult a cukorbetegségből, sok más csodával és életet megváltoztató eseménnyel együtt, mint például démonok kiűzése. Ez még inkább vágyat ébresztett bennem Isten dolgai iránt, és hogy magasabb szinten megismerjem Őt. Hadd álljak meg itt egy pillanatra, hogy közbevessem, hogy Isten ezeket a csodákat Jézus nevében és csakis Ő nevében tette. Isten azért használja Das nővért, mert hajlandó segíteni és tanítani másokat, hogy megtanulják, hogyan engedjék meg Istennek, hogy őket is használja. Ő egy kedves barát és egy mentor, aki megtanított arra, hogy jobban számonkérhető legyek Isten előtt. Hálát adok Istennek, hogy életünk útjai keresztezték egymást, és imatársak lettünk. Soha nem ismertem az ima valódi erejét az Istenért való életem

13 éve alatt. Bátorítalak titeket, hogy alakítsatok egy egységes imacsoportot, és csak nézzétek meg, mit tesz Isten. Ő egy csodálatos Isten.

Diana Guevara Kalifornia El Monte

Amikor megszülettem, a családom katolikus vallásban nevelkedtem. Ahogy idősebb lettem, nem gyakoroltam a vallásomat. A nevem Diana Guevara, és kislányként mindig tudtam, hogy éreznem kellene valamit, amikor templomba járok, de soha nem tettem. A rutinom az volt, hogy imádkoztam a Miatyánkot és az Üdvözlégy Máriát, ahogy kisgyermekként tanították. Az igazság az, hogy valójában nem ismertem Istent. 2007 februárjában megtudtam, hogy 15 éve tartó barátomnak viszonya van, és hogy különböző internetes társkereső oldalakon van. Annyira megbántott és lesújtott, hogy depressziós állapotba kerültem, és a kanapén fekve folyton sírtam. Annyira lesújtott a szívem, hogy 21 nap alatt 25 kilót fogytam, mert úgy éreztem, hogy a világomnak vége. Egy nap kaptam egy hívást Elizabeth Das nővértől, egy hölgytől, akivel soha nem találkoztam. Bátorított, imádkozott értem és idézett nekem a Bibliából. Két hónapig beszélgettünk, és ő továbbra is imádkozott értem, és minden alkalommal éreztem Isten Békéjét és Szeretetét. 2007 áprilisában valami azt súgta nekem, hogy Texasba kell mennem Elizabeth nővé rotthonába. Lefoglaltam a helyemet, és úton voltam Texasba 5 napra. Ez idő alatt Sis. Elizabeth nővérrel imádkoztunk és bibliatanulmányokat végeztünk. Megmutatta nekem a szentírásokat arról, hogy megkeresztelkedem Jézus Nevében. Sok kérdést tettem fel Istenről, és tudtam, hogy minél hamarabb meg kell keresztelkednem Jézus Nevében. Miután megkeresztelkedtem, akkor tudtam, hogy ez volt az oka annak, hogy sürgősen Texasba kellett mennem. Végre megtaláltam azt, ami gyerekként hiányzott, a Mindenható Isten jelenlétét! Amikor visszatértem Kaliforniába, elkezdtem az Élet Gyülekezetbe járni.

Itt kaptam meg a Szentlélek ajándékát a nyelveken szólás bizonyságával együtt. Őszintén mondhatom, hogy különbség van az igazság és a vallás között. Isten szeretete által használta fel Erzsébet nővért arra, hogy bibliatanulmányokat tanítson nekem, és megmutassa nekem az üdvösség tervét Isten Igéje szerint. Beleszülettem egy vallásba, és ez volt minden, amit tudtam, anélkül, hogy magam fedeztem volna fel a Bibliát. Miután megtanítottak imákat ismételni, imáim most már soha nem rutinszerűek vagy unalmasak. Szeretek beszélni az Úrral. Mindig is tudtam, hogy van Isten, de akkor még nem tudtam, hogy érzem a jelenlétét és a szeretetét is, ahogyan most érzem. Nemcsak hogy jelen van az életemben, hanem békét adott nekem, és megjavította a szívemet, amikor azt hittem, hogy a világomnak vége. Az Úr Jézus megadta nekem a Szeretetet, ami mindig is hiányzott az életemből. Soha nem tudom elképzelni az életemet Jézus nélkül, mert nélküle semmi vagyok. Mivel Ő betöltötte a szívemben lévő üres helyeket az Ő szeretetével, Neki és csak Neki élek. Jézus minden, és Ő meg tudja gyógyítani a te szívedet is. Minden tiszteletet és dicsőséget csak a mi Urunknak, Jézus Krisztusnak adok.

Jairo Pina Az én vallomásom

A nevem Jairo Pina és jelenleg 24 éves vagyok és Dallas, TX-ben élek. Felnőve, a családom és én csak évente egyszer jártunk templomba, mert a katolikus hitben hittünk. Tudtam Istenről, de nem ismertem Istent. Amikor 16 éves voltam, rosszindulatú daganatot diagnosztizáltak nálam a jobb szárkapocscsontomon, amit oszteoszarkómának (csontráknak) hívnak. Egy évig kemoterápián és műtéteken mentem keresztül, hogy ezt leküzdjem. Ez idő alatt volt a legkorábbi emlékem arról, hogy Isten kinyilatkoztatta magát nekem. Egy barátommal és az édesanyjával magával rántott ebbe a kis épületbe a texasi Garlandban. A barátom édesanyja egy keresztény házaspárral barátkozott, akik elvittek minket egy afrikai származású lelkészhez. Később felfedeztem, hogy ennek a lelkésznek prófétai ajándéka volt.

A lelkipásztor prófétált azokról az emberekről, akik velünk együtt mentek ebbe a kis épületbe, de amit rólam prófétált, az örökre megragadt bennem. Azt mondta: "Hűha! Nagy bizonyságtételed lesz, és sok embert fogsz ezzel Istenhez vezetni!". Szkeptikus voltam, és csak vállat vontam, nem igazán tudtam, mi fog történni később az életemben. Gyorsan előre körülbelül 2 évvel azután, hogy befejeztem az első csatámat a rákkal, visszaestem ugyanazon a helyen, mint korábban említettem. Ez rendkívül lesújtott engem erről, mert több tervezett kemoterápia és a jobb lábam amputálásának szükségessége miatt. Sok időt töltöttem egyedül ez idő tájt, abban a reményben, hogy mentálisan felkészüljek. Egy nap leparkoltam egy tónál, és elkezdtem szívből imádkozni Istenhez. Nem tudtam, hogy mit jelent valójában imádkozni, ezért csak elkezdtem beszélni hozzá abból, ami az elmémben és a szívemben volt. Azt mondtam" :Istenem, ha valóban őszinte vagy, mutasd meg nekem & ha törődsz velem, mutasd meg".

Körülbelül 15 perccel később elmentem, hogy lemondjam az LA Fitness edzőtermi tagságomat, ahol láttam az egyik barátomat dolgozni. Elmagyaráztam neki, hogy miért mondom le a tagságomat, mire ő megkérdőjelezte, hogy miért akarom lemondani. Erre azt mondta :"Ember, el kéne menned a templomomba. Sok csodát láttam ott, és emberek meggyógyultak". Nem volt vesztenivalóm, így elkezdtem járni. Elkezdte mutogatni nekem az Apostolok Cselekedeteinek könyvében a keresztségről és a Szentlélekkel való betöltekezésről szóló verseket. Mesélt nekem az egész nyelveken szólásról, amit furcsának találtam, de bibliai bizonyítékokra irányított. A következő dolog, amire emlékszem, hogy a gyülekezetében voltam, amikor megkérdezték, hogy ki akarja átadni az életét Krisztusnak és megkeresztelkedni. A szószékhez közeledtem, amikor a lelkész a fejem fölé tette a kezét. Imádkozni kezdett értem, és még aznap, amikor megkereszteltek, elkezdtem nyelveken szólni. Ez leszállt az újjászületésem élményének a jele, nem tudtam, hogy most már a szellemi háborúban vagyok.

Még ezután az élmény után is elkezdtek támadni és eltávolodni Istentől. Azt is szeretném megemlíteni, hogy még a megkeresztelkedésem előtt démonok támadtak meg lelkileg, sőt néhányat hallhatóan hallottam is. Hallottam egyet gyermeki hangon nevetni az ablakom előtt hajnali 3-kor, egyet nevetni, ahogy szexuálisan megérintett, és egyet, aki azt mondta, hogy a pokolba fog vinni. Van még néhány támadás, amit átéltem, de ezek azok, amelyek a leginkább kiemelkednek. Most pedig vissza oda, ahol abbahagytam, hogy eltávolodtam Istentől. Volt egy kapcsolatom egy lánnyal, aki végül megcsalt, és darabokra törte a szívemet. Körülbelül egy évig voltunk együtt, és tragikusan ért véget. Ahogy próbáltam megbirkózni az ürességgel, elkezdtem inni és dohányozni. Aztán elkezdtem kérni Istent, hogy segítsen nekem, és vigyen újra közel hozzá, miközben sírtam. Ezt valóban komolyan gondoltam, és elkezdtem megtapasztalni Isten kegyelmét, anélkül, hogy igazán tudtam volna, mi is az valójában.

Újra elkezdtem templomba járni a barátommal és az édesanyjával, ahol megkereszteltek a pünkösdi gyülekezetben. Ekkor kezdett a Bibliával kapcsolatos tudásom hatalmasat nőni. Alapozó tanfolyamokra jártam, és nagyon sokat tanultam Isten Igéjének olvasása által. A barátom édesanyja végül odaadta nekem Elizabeth Das "Az Ő útján tettem" című könyvét, mondván, hogy ez egy befolyásos könyv az Istennel való járásáról. Amikor befejeztem a könyvet, észrevettem, hogy az ő e-mail címe is rajta van. Felkerestem Elizabeth-et, és a barátom anyukája is mesélt neki rólam. Elkezdtem beszélni vele telefonon, és végül személyesen is találkoztam vele. Mióta találkoztam vele, észrevettem, hogy nagyon szereti és alkalmazza Isten igéjét az életében. Rátette a kezét a betegekre, és sok emberért imádkozik a maga idejében. A lelki mentoromnak tekintem őt, mivel nagyon sokat tanított nekem Istenről és az Ő Igéjéről, amiért rendkívül hálás vagyok. Azt mondhatnám, hogy még barátok is lettünk, és a mai napig folyamatosan látogatjuk egymást.

2017 januárjában albérletben voltam, amely az egyetemhez tartozott, ahová jártam. Tulajdonképpen pénzügyi problémák miatt próbáltam valakit rávenni, hogy vegye át a bérleti szerződésemet. Nem dolgoztam, és nem volt pénzem arra, hogy továbbra is fizessem a lakás bérleti díját. Sajnos nem találtam senkit, aki átvette volna a bérleti szerződésemet, így továbbra is én lettem volna felelős a bérleti díj fizetéséért. Felhívtam Elizabeth Das-t, mint ahogy gyakran szoktam, hogy imádkozzak a szerződés tisztára törésének e kérdésével kapcsolatban. Ugyanebben a januárban elvégeztek egy CT-vizsgálatot a mellkasomon, amely kimutatta, hogy a tüdőm jobb alsó lebenyében van egy folt. Műtéten kellett átesnem, hogy eltávolítsák a felvételen látható foltot, amelyről kiderült, hogy rosszindulatú. Bár ez szívás volt, még abban a hónapban fel tudtam mondani a lakás bérleti szerződését emiatt. Azt mondják, hogy Isten útjai kifürkészhetetlenek, ezért bíztam benne, hogy mi történik. Ezalatt az idő alatt elvégeztem az előkészítő tanfolyamokat, remélve, hogy befejezem és felvesznek az ápolónőképzőbe. Elizabeth imádkozott értem, hogy kapjak egy jó állást, és bejussak az ápolónőképzőbe Isten akarata szerint.

Körülbelül három hónappal később újabb CT-vizsgálatot kellett végezni a mellkasomról, hogy lássák, jól vagyok-e. A vizsgálat azonban egy másik foltot mutatott ki a tüdőmön, közel ugyanahhoz, ami 2017 januárjában is ott volt. Az onkológus azt mondta, hogy szerinte ez a rák ismét visszatért, és műtéttel kell eltávolítani. Nem tudtam elhinni, hogy ez történik. Azt hittem, hogy ez volt a vég számomra. Elmondtam Erzsébetnek, és nagyon sokan mások is imádkozni kezdtek értem ebben az időben. Bár ez történt, még mindig volt bennem egy kis hit, hogy minden rendben lesz, és hogy Isten vigyázni fog rám. Emlékszem, hogy egy nap éjszaka vezettem, és azt kértem Istentől" :Ha kihúzol ebből a zűrzavarból, megígérem, hogy megosztom másokkal is, amit értem tettél".

Néhány héttel később elmentem műtétre, és eltávolították a tüdőm jobb alsó lebenyének nagyobb átmérőjű részét. Elizabeth és a barátja még a kórházba is eljöttek, hogy rám tegyék a kezüket, és imádkozzanak, hogy Isten gyógyulást hozzon nekem. Körülbelül két héttel a műtét után visszamentem a kórházba, hogy megkapjam az eredményeimet. Arról nem is beszélve, hogy ez idő alatt még mindig munkát kerestem egy kórházban, hogy javítsam az esélyeimet arra, hogy bejussak az ápolónőképzőbe. Amikor aznap a bejelentkezési pulthoz mentem, hogy megkapjam a műtéti eredményeimet, megkérdeztem, hogy felvesznek-e valakit. Az egyik vezető ott volt a bejáratnál, amikor bejelentkeztem, és megadta az adatait, hogy tudassa velem, amikor online benyújtom a jelentkezésemet. A következő dolog, amire emlékszem; egy szobában vártam az onkológusra, hogy megjelenjen az eredményeimmel. Rendkívül ideges voltam és féltem attól, hogy mit fog mondani nekem.

Az onkológus belépett a szobába, és az első dolog, amit mondott, az volt, hogy "közölte már valaki az eredményeit?". Azt mondtam neki, hogy nem, és azt akartam, hogy tegye le az asztalra a lehetőségeimet, hogy mit kell tennem a továbbiakban. Ezután azt mondta nekem: "Tehát az eredményei azt mutatták, hogy ez csak kalcium felhalmozódás, ez nem rák". Teljesen sokkolt a tudat, hogy Isten volt az, aki ezt tette velem. Kimentem a kocsimhoz, és elkezdtem sírni az örömkönnyektől! Felhívtam Elizabeth-et, és elmondtam neki a jó hírt. Mindketten együtt ünnepeltünk. Néhány nappal később interjúra mentem a kórházba, és alig egy héttel később felajánlották nekem az állást. Néhány héttel azután, hogy megkaptam az állást, felvettek az ápolónőképzőbe. Dicsőség Istennek, hogy mindezt összehozta, mert még mindig örömöt okoz nekem, ha erről beszélek.

Jelenleg az ápolói iskola utolsó félévében vagyok, és 2019 májusában diplomázom. Annyi mindent megtapasztaltam, és hálás vagyok minden ajtóért, amit Isten nyitott és zárt számomra. Még egy másik emberrel is kapcsolatba kerültem, és ő csodálatos volt számomra, hogy ott volt, mióta a rák áttétet adott a tüdőmben 2017 januárjában, egészen a mai napig. Erzsébet nagyon sokat tanított nekem, és rengetegszer imádkozott értem, ami megmutatja nekem az ima és a betegekre való kézrátétel erejét. Olvasó, semmivel sem vagyok különlegesebb nálad. Isten egyformán szeret benneteket, és Jézus Krisztus meghalt a ti és az én bűneimért. Ha teljes szívedből keresed őt, meg fogod találni.

"Mert ismerem a gondolatokat, amelyeket rólatok gondolok - mondja az Úr -, békességes gondolatokat, és nem gonosz gondolatokat, hogy várva várt véget adjak nektek. Akkor hívjatok engem, és menjetek és imádkozzatok hozzám, és én meghallgatlak titeket. És keresni fogtok engem, és megtaláltok engem, amikor teljes szívetekből keresni fogtok engem." Jeremiás 29:11-13 KJV.

Madalyn Ascencio El Monte, Kalifornia, Egyesült Államok.

Régebben azt hittem, hogy egy férfi tesz majd teljessé. Amikor beleszerettem Jézusba, rájöttem, hogy Ő és csakis Ő az, aki teljessé tesz engem. Arra lettem teremtve, hogy Őt imádjam és imádjam! A nevem Madalyn Ascencio, és ez az én bizonyságtételem.

2005 márciusában kezdtem el szenvedni a szorongástól és a pánikrohamoktól 3 éven keresztül. Többször voltam kórházban, és csak antidepresszánsokat és váliumot ajánlottak, de nem voltam hajlandó gyógyszerfüggővé válni, hogy normálisnak érezzem magam. Imádkoztam Istenhez, hogy segítsen rajtam. Egy szombat reggel, 2008 októberének közepén nagyon súlyos pánikrohamom volt, ezért felhívtam Elizabeth nővért. Megkérdezte, mi történik velem, és imádkozott értem. Miután jobban éreztem magam, adott néhány szentírási részt, hogy olvassam el. Imádkoztam és kértem Istent, hogy adjon nekem bölcsességet és megértést. Ahogy olvastam a szentírást,

János 3:5-7: Jézus így válaszolt: Bizony, bizony mondom néked, __ha valaki nem születik vízből és Lélekből, nem mehet be az Isten országába__. Ami testből születik, az test, ami pedig Lélekből születik, az lélek. Ne csodálkozzatok, hogy azt mondtam nektek: Újjá kell születnetek.

János 8:32: És megismeritek az igazságot, és az igazság szabaddá tesz titeket.

János 10:10: A tolvaj nem azért jön, hanem hogy lopjon, öljön és pusztítson: Én azért jöttem, hogy életük legyen, és hogy bőségesen legyen életük.

Tudtam, hogy Isten beszél hozzám. Minél többet imádkoztam és beszéltem Elizabeth nővérrel, annál inkább tudtam, hogy újra meg kell keresztelkednem. Annyit imádkoztam, hogy Isten közelebb vonzzon. 2001-től 2008-ig egy keresztény, nem felekezeti gyülekezetbe jártam, és 2007 áprilisában megkeresztelkedtem. Elizabeth nővér megkérdezte tőlem, mit éreztem, amikor megkeresztelkedtem, és én azt mondtam neki" hogy „jól éreztem magam". A válasza az volt, hogy "ennyi"? Megkérdezte, hogy Jézus nevére kereszteltek-e meg, és én azt mondtam neki, hogy az Atya, a Fiú és a Szentlélek nevében kereszteltek meg. Azt mondta, hogy olvassak és tanuljak.

*ApCsel 2:38: Péter pedig monda nékik: Térjetek meg, és keresztelkedjetek meg mindnyájan **a Jézus Krisztus nevében a bűnök bocsánatára**, és megkapjátok a Szentlélek ajándékát.*

*ApCsel 8:12-17: Amikor pedig hittek Fülöpnek, aki hirdette az Isten országáról és a Jézus Krisztus nevéről szóló dolgokat, megkeresztelkedtek mind a férfiak, mind az asszonyok. Maga Simon is hitt, és miután megkeresztelkedett, Fülöppel együtt maradt, és csodálkozva nézte a csodákat és jeleket, amelyek történtek. Amikor pedig az apostolok, akik Jeruzsálemben voltak, meghallották, hogy Szamária befogadta az Isten igéjét, elküldték hozzájuk Pétert és Jánost, akik, amikor lejöttek, imádkoztak értük, hogy megkapják a Szentlelket (mert még nem szállt le egyikükre sem; csak ők **keresztelkedtek meg az Úr Jézus nevében.).** Akkor rájuk tették kezüket, és azok megkapták a Szentlelket.*

*ApCsel 10:43-48: 43:43: Róla tesz bizonyságot minden próféta, hogy aki hisz őbenne, az ő neve által bűnbocsánatot nyer. Mialatt Péter még ezeket az igéket mondta, a Szentlélek leszállt mindazokra, akik hallották az igét. A körülmetélkedésből pedig, akik hittek, elcsodálkoztak, mindazok, akik Péterrel együtt jöttek, mert a pogányokra is kiáradt a Szentlélek ajándéka. Mert hallották, hogy nyelveken szólnak, és magasztalják az Istent. Ekkor Péter így felelt: Megtilthatja-e valaki a vizet, hogy ezek ne keresztelkedjenek meg, akik ugyanúgy megkapták a Szentlelket, mint mi? **És megparancsolta nekik, hogy keresztelkedjenek meg az Úr nevében.***

ApCsel 19:1-6: És lőn, hogy míg Apollós Korinthusban volt, Pál, miután átment a felső vidékeken, Efézusba ment; és találván néhány tanítványt, monda nékik: Kaptatok-e Szentlelket, mióta hittetek? Ők pedig mondának néki: Még csak nem is hallottuk, hogy van-e

*Szentlélek. Ő pedig monda nékik: Mire keresztelkedtetek meg tehát? Ők pedig mondának: János keresztségére. Akkor monda Pál: János valóban a megtérés keresztségével keresztelt, mondván a népnek, hogy higgyenek abban, a ki utána jön, vagyis a Krisztus Jézusban. Amikor ezt meghallották, **megkeresztelkedtek az Úr Jézus nevében**. És miután Pál rájuk tette a kezét, rájuk szállt a Szentlélek, és nyelveken szóltak és prófétáltak.*

*ApCsel 22:16 És most miért késlekedsz? kelj fel, és **keresztelkedj meg, és mosd le bűneidet, az Úr nevét segítségül hívva.***

Az Úr kinyilatkoztatta nekem, hogy a Szentlélek számomra is elérhető, és ha **megkeresztelkedem Jézus nevében**, meggyógyulok és megszabadulok ettől a szörnyű szenvedéstől. Azokon a napokon, amikor nagyon rossz volt, felhívtam Erzsébet nővért, és ő imádkozott értem. Rájöttem, hogy az ellenség támad engem, elvégre az ő küldetése az, hogy lopjon, öljön és pusztítson, ahogy a János 10:10-ben áll. Sok évvel ezelőtt elolvastam az Efézus 6:10-18-at, és rájöttem, hogy Isten teljes fegyverzetét kell viselnem minden nap. Valahányszor elkezdtem érezni, hogy a szorongás eluralkodik rajtam, elkezdtem harcolni és nem félni. 2008. november 2-án megkeresztelkedtem Jézus nevében a Life Churchben, Pasadena, CA-ban. A legcsodálatosabb békét éreztem, amit még soha nem ismertem, és ez még azelőtt volt, hogy a vízbe szálltam volna, hogy megkeresztelkedjek. Amikor kijöttem a vízből, olyan könnyűnek éreztem magam, mint egy tollpihe, mintha felhőkön járnék, és nem tudtam megállni, hogy ne mosolyogjak. Úgy éreztem Isten jelenlétét, békéjét és szeretetét, mint még soha. 2008. november 16-án megkaptam a Szentlélek ajándékát a más nyelveken szólás bizonysága által. Az űr, amelyet gyermekkorom óta mindig is éreztem, most betelt. Tudtam, hogy Isten szeret engem, és nagy célja van az életemmel, és minél többet keresem Őt és imádkozom, annál inkább kinyilatkoztatja magát nekem. Isten megmutatta nekem, hogy meg kell osztanom a hitemet, reményt és szeretetet kell adnom. Mióta új apostoli születésem és a szorongástól való megszabadulásom óta Jézus sok olyan embert hozott az életembe, akik szintén szorongásban szenvednek. Most már van egy szolgálatom a bizonyságtételemben, amit megoszthatok velük.

Nagyon hálás vagyok Jézusnak Elizabeth Das nővérért. Az ő imái és tanításai révén most én is Jézusért dolgozom. Édesanyámat, lányomat, nagynénémet és néhány barátomat is az Úrhoz vezette az ő imái és szolgálata által. Arra lettem teremtve, hogy minden dicsőséget Jézusnak adjak! Áldott legyen az Ő Szent Neve.

Martin Razo Santa Ana, Kalifornia, Egyesült Államok.

Gyerekként szomorúságban éltem. Bár emberek vettek körül, mégis mély magányt éreztem. A nevem Martin Razo, és ez volt a gyermekkorom, amikor felnőttem. A középiskolában mindenki tudta, hogy ki vagyok, még ha nem is tartoztak az általam "menő embereknek" tartott körbe. Volt néhány barátnőm, drogoztam, és úgy éltem az életemet, mintha ez valami normális dolog lenne, mert szinte mindenki más is ezt tette. Péntek és szombat este betéptem a barátaimmal, és klubokba jártam, hogy csajokat szedjek fel. Apám mindig a hátamon volt, hogy mit és hol csinálok.

A család barátnője, Elizabeth nővér megosztotta velem a bizonyságtételét. Nem volt unalmas, ami azt illeti; valójában nagyon érdekes volt, amit mondott. Régebben azt hittem, hogy tényleg hisz abban, amit mond. Aztán hirtelen minden rosszra fordult otthon. Úgy tűnt, mintha az Úr figyelmeztetett volna, és félelemmel hívott volna. Három nagyon ijesztő élményem volt, ami miatt ezt elhittem. Először is, elkaptak kábítószerrel, és elszöktem otthonról, de nem sokáig. A nagynéném rávett, hogy hívjam fel édesanyámat, és miután megtudtam, hogy édesanyám cukorbeteg, hazatértem. Másodszor, hajnali kettőkor egy éjszakai klubból jöttem, és autóbalesetet szenvedtem, ahol az autó felrobbant és a levegőbe repült. Ez idő alatt bibliaórán vettem részt Das nővérrel. Háromszor, megkértem egy barátomat, hogy vigyen el, és ahogy beszélgetni kezdtünk, elmondta, hogy eladta a lelkét az ördögnek, és hogy hatalma van arra, hogy fel- és lekapcsolja a lámpákat. Az utcai lámpákat használva mutatta be nekem, hogy a szemével pislogva fel- és lekapcsolja őket. Láttam az arcát, mintha démonná változott volna. Kiugrottam a kocsiból, és hazarohantam, amilyen gyorsan csak tudtam. Órákkal később elgondolkodtam azon, amit Elizabeth nővér mondott, és úgy gondoltam, hogy ez is valóságos lehet. Das nővér telefonon keresztül bibliatanulmányt adott nekem a Jézus nevében való megkeresztelkedésről, ahogyan az Apostolok Cselekedeteiben és a korai gyülekezetben elhangzott. Akkor még nem tudott az öngyilkossági hajlamomról, de valami azt súgta neki, hogy ezt azonnal hallanom kell, mert lehet, hogy nem lát többé. Akkor keresztelkedtem meg, amikor egy olyan gyülekezetbe jártam, amely hitt abban, hogy Isten három személyből álló szentháromság. Éppen át akartam térni arról az egyházról az apostolok tanítására. Isten egy! Isten a Lélek, Jézus volt a testet öltött Isten, hogy az emberek között lakjon, és a Szentlélek Isten bennünk. Ez volt és ez az apostolok tanítása. Én csak azt fogadtam el igazságként, amit tanítottak nekem. Nem tudtam, hogy mikor és honnan származik ez a hit.

Egy héttel később Elizabeth nővér megkért, hogy menjek el a nagybátyám házába egy bibliaórára. James Min testvér, akinek gyógyító és szabadító ajándéka van, vele jött. Azon az estén csodák történtek, és a bibliatanulmányozás után megkérdezték tőlünk, hogy akarjuk-e fogadni a Szentlelket. A legtöbben igent mondtunk. Én még mindig azt gondoltam, hogy ez őrültség és lehetetlen, de azért mégis előre léptem.

Ahogy James testvér és Elizabeth nővér imádkozott értem, erő szállt rám. Nem tudtam, hogyan válaszoljak erre az erőteljes örömérzésre. Először elfojtottam ennek az erőnek az érzését. Aztán másodszorra erőteljesebben jött, mint az első alkalommal, egyre erősebb lett, ahogy újra megpróbáltam elnyomni.

A harmadik alkalommal nem tudtam elnyomni a Lelket, és elkezdtem egy másik nyelven beszélni, amit nem ismertem. Azt hittem, hogy a nyelveken szólás hazugság, ezért amikor a Szentlélek öröme először jött rám; próbáltam beszélni, de megpróbáltam abbahagyni, mert féltem. Jézus aznap meggyógyított minden depresszióból és öngyilkossági gondolatból.

Most 28 éves vagyok, és az Úr valóban jobbá tette az életemet. Elvégeztem a bibliaiskolát, és az Úr megáldott egy gyönyörű feleséggel. Van egy ifjúsági szolgálatunk a gyülekezetünkben, és én is Isten szolgájaként szolgálok. Das nővér soha nem mondott le a Razo családról vagy rólam. A sok imája és az Isten erejéről szóló bizonyságtételeinek megosztása miatt az egész Razo családnak jó dolga lett. Sok rokonunk és szomszédunk is az Úr Jézus Krisztushoz fordult. Most már nekem is van bizonyságtételem. Hadd mondjam el, hogy soha, de soha nem szabad feladni az imádkozást szeretteinkért és általában az emberekért. Soha nem tudhatod, hogy Isten mit tesz és hogyan tervezi meg a stratégiáját, hogy az Ő útját járja be!!!

Tammy Alford Mount. Herman, Louisiana, Egyesült Államok.

Alapvetően egész életemben templomban voltam. A terhemet a szenvedő emberek jelentik, és szeretném elérni őket az Igazság Igéjével, hogy megtudják, hogy Jézus az ő reménységük. Amikor az Úr nekem adta ezt a terhet, egy imaruhára írtam "Az emberek" címet, és megosztottam a gyülekezetemmel. Elkezdtünk imádkozni és közbenjárni, és ennek eredményeként mindenki kapott egy imakendőt, hogy hazavigye, és imádkozzon érte.

 A korábbi lelkipásztorunkon és családján keresztül (akiket most misszionáriusnak hívtak Indiába) találkoztam először Sis. Elizabeth Das nővérrel. A louisianai Franklintonban lévő Country Churchünk fogadta őt, amikor megosztotta erőteljes bizonyságtételét. Mindenki áldott volt. Néhány hónappal később Elizabeth nővér és én imatársak lettünk. Egy sugárzó hölgy, aki nemcsak imádkozni szeret, hanem él is! Bámulatosan igaz, hogy ő él, "Az évszakban és az évszakon kívül". Az imaidőnk kora reggel volt telefonon, Texas összeköttetésben Louisianával. Az Úr áldásaiban részesültünk. Ő adta a növekedést, és hamarosan egy imacsoportunk volt különböző államokból.

Egy konferencia közös vonalán keresztül elkezdtünk imádkozni és böjtölni, majd dicsőítő jelentések kezdtek érkezni. A mi Istenünk annyira csodálatos! Elizabeth nővér az a Sugárzó Nő, akinek olyan égő vágya van, hogy lelkeket üdvözüljenek. Az Ő égő Lángja sokakat meggyújtott és lángra lobbantott, hogy imádkozzanak, és van látomása. Nincs olyan betegség, fájdalom vagy ördög a pokolban, ami megállítaná őt. Sok éve már, hogy elérte és imádkozik az elveszettekért és haldoklókért; csak az örökkévalóság fogja megmondani. Hálát adok Istennek a buldog elszántságáért és az "Emberek" iránti szeretetéért. Láttam, hogy Isten csodálatos tetteket, csodákat és imák megválaszolását végzi rajta keresztül. Az itteni barátaim és az ismerőseim mind tanúsíthatják, hogy amikor Sis. Erzsébetet, a hit imáját imádkozzuk. A dolgok megtörténnek! Például egy hölgynek, aki időről időre a gyülekezetünkbe jár, egy nagyobb műtétre kellett volna mennie. Bár a városon kívül lakott, azt mondtam neki, hogy felhívom Erzsébet nővért, és telefonon imádkozunk a betegségéért. Imádkoztunk, és a fájdalmai elmúltak. Elizabeth nővér azt mondta neki: "Nincs szükség műtétre, meggyógyultál". A műtétet addig tartották beütemezve, amíg a kórházból felhívták, hogy lemondják a műtétet, ő pedig elment, és átütemezte azt. A kórház nem végzett több műtét előtti vizsgálatot, és elvégezték a műtétet. A műtét után közölték vele, hogy nem találtak nála semmi bajt, még csak nyomát sem találták a súlyos betegségnek.

A másik csoda egy barátommal történt, akinek van egy kisfia. Lázas beteg volt, és elaludt. Felhívtuk Sis. Erzsébetet és imádkoztunk a kihangosított telefonon. A kisfiú hirtelen felébredt, felkelt, normálisan futkározott és meggyógyult. Sokszor imádkoztunk démoni szellemekkel teli otthonok felett, és valóban éreztük, hogy valami történt. Örültünk a beszámolónak, amikor azt mondták, hogy hirtelen békét éreztek, vagy hogy jól tudtak aludni anélkül, hogy gyötörték volna őket.

Tudom, hogy a hitem erősödött, mióta tagja lettem ennek az imacsoportnak. Elizabeth nővér sok mindenben tanítómester volt számomra. Isten Igéjén keresztül lelki útmutatást adott nekem. Az ő élete az a gyönyörű példa, amely megmutatja a Bibliában található metaforákat, ahol a "fényről beszél a hegyen, amelyet nem lehet elrejteni", és a "vízfolyások mellé ültetett fáról". Gyökerei mélyen Jézusban gyökereznek, és képes másokat ellátni a szükséges erővel és bölcsességgel. A sötét megpróbáltatásokon keresztül, amiket végigjártam, tudom, hogy Sis. Elizabeth imádkozott értem, és hálás vagyok a szolgálatáért. Ő valóban az a káprázatos, Krisztusban kiválasztott ékszer, akit hatalmasan használnak az Ő Királyságáért. Minden reggel korán Jézus elé viszi azokat az üres edényeket, és Ő újra és újra megtölti őket. Köszönöm Elizabeth nővérnek, hogy valóban, de mégis tisztán odaadja magát Jézusnak és az Ő Királyságának. Istené legyen a dicsőség!

Rhonda Callahan Fort Worth, Texas
május 20, 2011

Valamikor 2007-ben Dallas városán keresztül hajtottam egy felüljáró mentén, amikor észrevettem, hogy néhány hajléktalan férfi alszik egy híd alatt. Meghatódtam az együttérzéstől, és azt mondtam az Úrnak : "Uram, ha ma itt lennél a földön, megérintenéd ezeket az embereket, meggyógyítanád az elméjüket és meggyógyítanád őket! A közösség produktív embereivé válnának, akik normális életet élnek." .... Jézus azonnal a szívemhez szólt, és azt mondta :"Ti vagytok az én kezeim és ti vagytok az én lábaim". Abban a pillanatban tudtam, hogy Isten mit mond nekem. Sírni és dicsérni kezdtem Őt. Megvolt a hatalmam, hogy megérintsem azokat az embereket, és meggyógyítsam őket. Nem a saját erőmből, hanem az Ő erejéből.

Az Apostolok Cselekedetei 1:8 szerint "De ti erőt kaptok, miután a Szentlélek eljött rátok, és tanúim lesztek nekem Jeruzsálemben és egész Júdeában és Szamáriában és a föld végső határáig".

Továbbá az Efézus 1:13-14 azt mondja nekünk;

"Akiben ti is bíztatok, miután hallottátok az igazság igéjét, a ti üdvösségetek evangéliumát; akiben ti is, miután hittetek,

elpecsételtettek az ígéretnek ama szent Lelkével, amely a mi örökségünk záloga a megvásárolt javak megváltásáig, az ő dicsőségének dicséretére.""

1986-ban kaptam meg a hatalmat és pecsételtem meg, amikor Isten dicsőségesen megkeresztelt a Szentlélekkel. Oly sokszor van az a gondolkodásmódunk, hogy ha Isten ma itt lenne, akkor csodák történnének közöttünk. Meg kell értenünk, hogy amikor Ő betölti az embert az Ő Szentlelkével. Erőt adott neked, hogy csodákat tegyél. Az Ő kezévé és lábává válunk, arra vagyunk hivatottak, hogy hirdessük ezt a csodálatos üzenetet mindazoknak, akiknek szükségük van rá.

Lukács 4:18

"Az Úr Lelke van rajtam, mert felkent engem, hogy hirdessem az evangéliumot a szegényeknek; elküldött engem, hogy gyógyítsam a megtört szívűeket, hogy hirdessem a foglyoknak a szabadulást, és a vakoknak a látás helyreállítását, hogy szabaddá tegyem a megtörteket, hogy hirdessem az Úrnak kedves esztendejét".

Annak ellenére, hogy 1986 óta tele voltam Szentlélekkel, az elmúlt néhány évben kemény csapásokat kaptam. Hűségesen jártam a gyülekezetbe; vasárnapi iskolai tanár voltam, és épp most fejeztem be a 4 éves bibliai főiskolát. Önként vállaltam mindent, amit a gyülekezetben kértek tőlem.

Mégis, rendkívül elnyomottá váltam. Még mindig hittem, hogy Isten képes megtenni mindazt, amit megígért, de én egy megtört edény voltam. Volt idő, amikor imádságban és közbenjárásban fáradoztam az Úr előtt, minden nap olvastam a Bibliámat, minden adandó alkalommal tanúságot tettem, de most azon kaptam magam, hogy egyáltalán nem sokat imádkozom. Elbátortalanodva és lehangoltan, állandó lelki gyötrelemmel voltam tele. A lányom nemrég hagyta el a férjét, és beadta a válókeresetet. Az unokám akkor 4 éves volt, és láttam, hogy milyen fájdalmat okoz neki egy széthullott otthon. Egyre jobban gyötörtek a gondolatok, hogy milyen életet fog élni, ha egy széthullott otthonban nevelkedik. Aggódtam a lehetőség miatt, hogy egy mostohaszülő bántalmazza, aki nem szereti őt, vagy hogy a válás miatt úgy nő fel, hogy nem érzi, hogy az apja vagy az anyja szereti. Szörnyű gondolatok jártak a fejemben, és naponta sírtam. Ezeket a gondolatokat néhány közeli barátomnak fejeztem ki. Ők mindig ugyanazt válaszolták... Bízzatok Istenben! Tudtam, hogy Isten képes rá, de elvesztettem a hitemet önmagamban. Amikor imádkoztam, azon kaptam magam, hogy könyörgök, sírva könyörgök, és azt kívánom Istennek, hogy őrizze meg őt. Tudtam, hogy képes rá, de vajon értem is megtenné?

Harcoltam az evéssel, és folyamatosan tömni kellett magam. A húsom lett az életem ura. Már nem a szellemben jártam, hanem inkább a testben jártam, és folyamatosan a test kívánságát teljesítettem, vagy legalábbis így éreztem.

2011. március 27-én a templom után Női Közösségi ebédet tartottunk. Engem kértek fel, hogy beszéljek. Ne feledjétek, hogy még mindig a szokásos módon dolgoztam a gyülekezetben, de megtörtem, és kevesen, ha egyáltalán valaki, megértették a megtört voltam mélységét. Az ebéd után Elizabeth Das nővér kedves mosollyal odajött hozzám, és megadta a telefonszámát. Azt mondta" :Hívj fel, ha valaha is szükséged van egy helyre, ahová mehetsz a templom után, nálam lakhatsz". Azért mondta, hogy nála maradhatok, mert nekem egyirányú út a templomba 65 mérföldet jelent, és nagyon nehéz hazamenni, majd az esti istentiszteletre újra visszatérni, ezért csak az esti istentiszteletig próbáltam maradni, ahelyett, hogy két istentisztelet között hazavezetnék.

Körülbelül két hét telt el, és úgy éreztem, mintha még depressziósabb lennék. Egy reggel munkába menet kotorásztam a táskámban, és megtaláltam Elizabeth nővé rszámát. Felhívtam és megkértem, hogy imádkozzon értem.

Azt várva, hogy azt mondja, rendben, és befejezi a telefonbeszélgetést. De meglepetésemre azt mondta, hogy most imádkozni fogok érted. Lehúzódtam az autóval az út szélére, és ő imádkozott értem.

A következő héten a templom után hazamentem vele. Miután beszélgettünk egy kicsit, megkért, hogy imádkozzon értem. A kezét a fejemre tette, és imádkozni kezdett. Erővel és tekintéllyel a hangjában imádkozott Istenért, hogy szabadítson meg engem. Megdorgálta a sötétséget, ami körülvett; a túlzásba vitt evést, a lelki gyötrelmeket, a depressziót és az elnyomást.

Tudom, hogy azon a napon Isten arra használta azokat a kezeket, hogy megszabadítson a szörnyű elnyomástól, amit elszenvedtem. Abban a pillanatban, amikor Erzsébet nővér átadta magát Istennek, Ő szabaddá tett engem!

A Márk 16:17-18 azt mondja nekünk" :És ezek a jelek követik azokat, akik hisznek: Az én nevemben ördögöket űznek ki, új nyelveken szólnak, kígyókat vesznek fel, és ha valami halálos dolgot isznak, nem árt nekik, betegekre teszik a kezüket, és azok meggyógyulnak".

Ézsaiás 61:1 "Az Úr Isten Lelke van rajtam, mert az Úr felkent engem, hogy jó hírt hirdessek a szelídeknek; elküldött engem, hogy megkötözzem a megtört szívűeket, hogy szabadságot hirdessek a foglyoknak, és a megkötözötteknek a börtön megnyitását.".

Jézusnak szüksége van ránk, hogy az Ő kezei és lábai legyünk. Húgom. Erzsébet Isten igazi szolgája. Tele van az Ő erejével, és engedelmeskedik az Ő szavának. Annyira hálás vagyok, hogy vannak olyan nők, mint Sis. Erzsébet közöttünk járnak, akik még mindig hisznek Jézus drága vérének szabadító erejében, akiket felkent az Ő Lelke, és akik betöltik azt a csodálatos hivatást, amelyre Ő hívta el. Azon a napon Isten a fájdalmamat gyönyörűséggé változtatta, és eltávolította a nehézkedés lelkét, felváltva azt az öröm olajával.

Ézsaiás 61:3 "Hogy rendeljen a Sionon gyászolóknak, hogy adjon nekik hamu helyett szépséget, öröm olaját a gyászra, dicséret ruháját

*a nyomorúság lelkére, hogy az igazság fáinak nevezzék őket, az Úr
ültetésének, hogy megdicsőüljön".*

Kihívlak benneteket ma: keressétek Istent teljes szívvel, hogy az Ő
erejének teljességében járhassatok. Szüksége van arra, hogy
megosszátok Jézust másokkal, és legyetek az Ő kezei és lábai. Ámen!

Vicky Franzen Josephine Texas

A nevem Vicki Franzen, felnőtt életem nagy részében a katolikus
egyházba jártam, azonban mindig úgy éreztem, hogy valami hiányzik.
Néhány évvel ezelőtt elkezdtem hallgatni egy rádióműsort, amely a
végidőről tanított. Sok olyan kérdésre kaptam választ, amelyek egész
életemben foglalkoztattak. Ez elvezetett egy apostoli egyházhoz, hogy
folytassam az igazság keresését. Ott megkeresztelkedtem Jézus
nevében, és megkaptam a Szentlélek keresztségét, a nyelveken szólás
bizonyságával, ahogyan azt az Apostolok Cselekedeteiben leírták.

A következő négy évben úgy tűnt, hogy a nyelveken szólás képessége
már nem állt rendelkezésemre; annak ellenére, hogy rendszeresen
jártam gyülekezetbe, imádkoztam, tanultam és különböző
szolgálatokban vettem részt. Nagyon "száraznak" éreztem magam, és
üresnek a Szentlélektől. Egy másik gyülekezeti tagom azt mondta
nekem, hogy amikor Liz nővér rátette a kezét és imádkozott, "valami"
jött ki belőle; ettől teljesen szabadnak érezte magát az elnyomástól, a
depressziótól stb.

A gyülekezetünkből több hölgy is ebédelni jött össze, és ez lehetőséget
adott arra, hogy találkozzam Elizabeth nővérrel. Beszélgetés kezdődött
a démonokról és a szellemi világról. Mindig is nagyon kíváncsi voltam
erre a témára, de még soha nem hallottam erről tanítást. Telefonszámot
cseréltünk, és elkezdtünk egy bibliatanulmányozást az otthonában.
Megkérdőjeleztem, hogyan lehet egy olyan embernek, aki
megkeresztelkedett Jézus nevében és megkeresztelkedett a
Szentlélekkel, démona. Azt mondta nekem, hogy igaz, szent életet kell
élni, imádkozva, böjtölve, Isten igéjét olvasva, és a Szentlélekkel telve

maradva, minden nap nyelveken szólva. Akkoriban megosztottam a tapasztalatomat, hogy száraznak érzem magam, és nem tudok nyelveken szólni. Rám tette a kezét és imádkozott. Jól éreztem magam, de nagyon fáradt voltam. Liz elmagyarázta, hogy amikor a gonosz szellem kijön a testből, fáradtnak és kimerültnek érzi magát az ember. Tovább imádkozott felettem, és én elkezdtem nyelveken beszélni. Annyira izgatott voltam és tele örömmel. Az, hogy képes voltam nyelveken szólni, tudatta velem, hogy még mindig megvan bennem a Szentlélek.

Liz és én jó barátok lettünk, együtt imádkoztunk. Elizabeth nővérnek olyan édes és szelíd lelke van, de amikor imádkozik, Isten isteni bátorsággal keni fel, hogy meggyógyítsa a betegeket és kiűzze a démonokat. Hatalommal imádkozik, és szinte mindig azonnal látja a választ. Isten olyan tehetséget adott neki a Szentírás tanításához, amely nagyon világossá teszi számomra a jelentést.

Liznek meséltem Valerie barátnőm lányáról, Maryről. ADD-t és COPD-t diagnosztizáltak nála. Emellett porckorong-szakadása is volt, amit műtét nélkül próbáltak kezelni. Állandóan kórházban volt különböző fizikai problémákkal. Rengeteg különböző gyógyszert szedett, de semmi jó eredmény nélkül. Mary annyira rokkant volt, hogy nem tudott dolgozni; és négy gyermekéről kellett gondoskodnia, a volt férje támogatása nélkül.

Liz nővér elkezdte mondani nekem, hogy ezek közül néhány démon, és Jézus nevében ki lehet űzni őket. Kétségeim voltak ezzel kapcsolatban, egyszerűen azért, mert még soha nem hallottam, hogy ezt a bizonyos betegséget démonok okozta volna. Amikor nemrég leültünk egy barátnőmmel, az anyósával egy kávéra, elkezdték mesélni, hogy milyen viszolyogva beszélt hozzájuk Mária. Sikoltozott, ordított és káromkodott velük. Tudták, hogy nagy fájdalmai voltak a hátproblémái és a súlyos fejfájásai miatt, amelyeket a gyógyszerek nem látszottak enyhíteni; ez azonban más volt. Arról beszéltek, hogy a szemei időnként milyen gyűlölködőek voltak, és hogy ez mennyire megrémítette őket.

Néhány nappal később a barátnőm felhívott, hogy nem bírja tovább! A lánya viselkedésének leírása kezdte megerősíteni azokat a dolgokat, amelyeket Sis. Liz nővér mesélt nekem a démonokról. Mindazt, amit elmondott nekem, Isten másokon keresztül megerősítette. Mary állapota egyre rosszabbodott, és elkezdett arról beszélni, hogy véget vet az életének. Egyetértésben kezdtünk imádkozni a démonok kiűzéséért Máriában és az otthonában. Isten két egymást követő éjszakán is felébresztette Liz nővért, hogy közbenjárjon Máriáért. Liz kifejezetten kérte Istent, hogy mutassa meg Máriának, mi folyik ott.

Amikor Mária éjszaka imádkozott, látomása volt, hogy férje (aki elhagyta őt, és egy másik nővel élt) a házában van. Azt hitte, hogy a látomás Isten válasza az imájára, hogy a férfi karácsonyra hazajön hozzájuk. Liz nővér elmondta nekem, hogy gyanította, hogy boszorkányságot használtak Mária ellen. Valószínűleg a volt férje vagy a nő, akivel együtt élt. Igazán nem értettem, honnan tudhatta ezt. Nem osztottam meg senkivel semmit abból, amit Liz nővér mondott nekem. Néhány napon belül Valerie elmondta nekem, hogy a lánya, Mary furcsa, csúnya szöveges üzeneteket kapott a nőtől, aki a volt férjével él. Mary tudta, hogy a nyelvezetet egyértelműen boszorkányságra használják. Ez megerősítette azt, amit Liz nővér mondott nekem.

Az elmúlt néhány hónapban, mióta tudtunk Mary állapotáról, megpróbáltunk elmenni és imádkozni érte. De sosem sikerült. Liz nővér azt mondta, "még ha nem is tudunk elmenni hozzá, Isten majd elmegy és gondoskodik a helyzetről".

És mikor Jézus bement Kapernaumba, odament hozzá egy százados, és kérlelte őt, mondván: Uram, az én szolgám otthon fekszik, bénultan, súlyosan meggyötörten. Jézus pedig monda néki: Elmegyek és meggyógyítom őt. Felele a százados, és monda: Uram, nem vagyok méltó, hogy az én házam alá jöjj; hanem csak egy szót szólj, és meggyógyul az én szolgám. Mert én hatalom alattvaló vagyok, és katonák vannak alattam; és mondom ennek az embernek: Menj el, és ő elmegy; és egy másiknak: Jöjj, és ő eljön; és az én szolgámnak: Tedd meg ezt, és ő megteszi. Mikor ezt Jézus hallotta, elcsodálkozott,

és monda az utána jövőknek: Bizony mondom néktek, nem találtam
még ilyen nagy hitet, Izráelben sem. (Máté 8: 5-10)

Két napon belül, miután imádkoztunk, hogy űzzük ki a démonokat
Máriából és az otthonából, jelentette az édesanyjának, hogy jobban
alszik és nem álmodik többé. Ez csak egy a sok dolog közül, amit Sis.
Liz mondta nekem, hogy amikor sok álmod és éjszakai kancád van, az
a gonosz szellemek jelzése lehet a házadban. Másnap Valerie egyik
munkatársa mesélt neki egy álomról, amit előző éjjel látott. Egy lapos
fekete kígyó kúszott el Mary házától. Aznap Mary felhívta az
édesanyját, hogy elmondja, olyan boldognak és vidámnak érzi magát.
Éppen vásárolni volt a 15 hónapos ikreivel; amit már jó ideje nem
csinált. Ez egy újabb megerősítése volt annak, hogy az ADD, az
ADHD, a bipoláris zavar és a skizofrénia az ellenség támadásai. Van
hatalmunk a skorpiók és kígyók felett (ezek mind gonosz szellemek,
amelyeket a Biblia említ), amelyeket csak mi tudunk kiűzni Jézus
nevében.

Íme, én hatalmat adok nektek, hogy kígyókat és skorpiókat
tapossatok, és az ellenség minden erejét, és semmi sem árthat nektek.
Lukács 10:19

Liz nővér azt is elmondta nekem, hogy naponta meg kell kennünk
családunkat, otthonunkat és magunkat áldott olívaolajjal az ellenség
támadásaitól. Azt is hagynunk kell, hogy Isten igéje áthassa
otthonunkat.

Ez a tapasztalat segített meglátnom néhány olyan helyzetet, amelyeket
egyértelműen démonok irányítanak, ahogyan arról a Biblia beszél.

Mert nem test és vér ellen küzdünk, hanem fejedelemségek ellen,
hatalmasságok ellen, e világ sötétségének urai ellen, a szellemi
gonoszság ellen a magasságban. (Efézus 6:12)

Csak a magam nevében beszélhetek. Abban a hitben nőttem fel, hogy
a csodák, a nyelveken szólás, a betegek gyógyítása és a démonok

kiűzése csak a bibliai időkre vonatkozott, amikor Jézus és apostolai a földön voltak. Soha nem sokat gondolkodtam a démonok megszállottságáról napjainkban. Most már tudom és értem; még mindig a bibliai időkben élünk! Az Ő Igéje mindig is a jelenre szólt. A "jelen" tegnap volt, a "jelen" most van, és a "jelen" holnapra szól!

Jézus Krisztus tegnap és ma és mindörökké ugyanaz. (Zsidók 13:8)

A Sátánnak sikerült megtévesztenie és elvezetnie minket attól a hatalomtól, amelyet Isten adott egyházának. Isten egyháza azok, akik megtérnek, megkeresztelkednek Jézus nevében, és megkapják a Szentlélek ajándékát, a nyelveken szólás bizonyságával együtt. Ekkor kapnak erőt a magasságból.

De ti erőt kaptok majd, miután a Szentlélek eljött rátok, és tanúim lesztek nekem Jeruzsálemben, egész Júdeában, Samáriában és a föld végső határáig. (ApCsel 1:8)

És beszédem és prédikálásom nem emberi *bölcsesség csábító szavaival volt, hanem a Lélek és az erő megnyilvánulásával. (1 Korinthus 2:4)*

Mert a mi evangéliumunk nem csak szóval jött hozzátok, hanem hatalommal és Szentlélekkel és sok bizonyossággal is; hiszen tudjátok, hogy milyen emberek voltunk közöttetek a ti érdeketekben. (1Thesszalonika 1:5)

Isten Igéje nekünk szól MOST!

II. szakasz

Elizabeth Das

I Soha nem gondoltam arra, hogy ezt a második részt a könyvembe tegyem. Azonban időt szakítottam rá, és hozzáadtam ezt a részt, mert nagyon sokan kérték ezt az információt. Amióta elkezdtem különböző nemzetiségeknek bibliatanulmányokat tartani, a modern Bibliákban változásokkal találkoztunk. Elkezdtem mélyen beleásni magam a történelembe, és találtam néhány nagyon megdöbbentő információt. Ezen információk birtokában úgy gondolom, hogy az én felelősségem, hogy megismertessem testvéreimmel és nővéreimmel ezt az igazságot, és hogy megállítsam az ellenséget, hogy ne tudja többé félrevezetni az embereket.

A.

Isten által használt nyelvek

Oz évszázadok során a Biblia sokféle módon és - ami még feltűnőbb - különböző nyelveken jelent meg. A történelem során négy fő nyelvet látunk, amelyre a Bibliát lefordították: először a héber, majd a görög, aztán a latin, végül az angol. A következő bekezdések röviden bemutatják ezeket a különböző szakaszokat.

Kr.e. 2000-től, Ábrahám idejétől Kr.u. 70-ig, a második jeruzsálemi templom lerombolásáig Isten úgy döntött, hogy a sémi nyelveken, főként a héber nyelven keresztül szól népéhez. Ezen a nyelven keresztül mutatta meg választott népének az utat, és azt is, hogy valóban szükségük van egy Megváltóra, aki megjavítja őket, amikor vétkeztek.

A világ fejlődésével egy szuperhatalom jött létre, amelynek fő kommunikációs eszköze a görög nyelv volt. A görög három évszázadon keresztül kiemelkedő nyelv volt, és Isten logikus választása volt. Isten a görög nyelvet választotta az Újszövetség közlésére; és amint azt a történelem bizonyítja, az futótűzként terjedt. A Sátán felismerve a fenyegető veszélyt, amelyet egy tömegek nyelvén írt szöveg jelentene, nekilátott, hogy lerombolja a Biblia hitelességét. Ez a "hamis" Biblia görög nyelven íródott, de Alexandria Egyiptomból származott; az Ószövetséget "Septuaginta" néven, az Újszövetséget pedig "Alexandriai szövegnek" nevezték. Az információkat az ember elképzelései által elferdítették, és Isten sok szavát törölték. Az is nyilvánvaló, hogy ma ez az apokrif (görögül "elrejtettet" jelent, soha nem tekintették Isten szavának) beszivárgott a mai Bibliánkba.

Kr. u. 120-ra a latin nyelv általánossá vált, és a Bibliát az 1500-as években újra lefordították. Mivel a latin akkoriban olyan széles körben beszélt nyelv volt, a Bibliát egész Európában könnyen el lehetett olvasni. A latin akkoriban "nemzetközi" nyelvnek számított. Ez lehetővé tette, hogy a Biblia bejárja az országokat, és tovább fordítsák a regionális dialektusokra. Ezt a korai változatot nevezték Vulgatának, ami "közös Bibliát" jelent. Az ördög erre a fenyegetésre úgy válaszolt, hogy Rómában egy testvérkönyvet hozott létre. A rómaiak azt állították, hogy az ő Bibliájuk, amely tele volt az apokrif "kidobott könyvekkel" és az igazi Bibliára hasonlítani hivatott szövegekkel, valójában az igazi Biblia. Ezen a ponton két olyan Bibliánk van, amelyek drámaian különböztek egymástól; hogy megvédje hamis Bibliáját, az ördögnek el kellett indulnia és el kellett pusztítania az igazi szövegeket. A római katolikusok zsoldosokat küldtek, hogy megsemmisítsék és mártírrá tegyék azokat, akik az igazi latin Vulgata birtokában voltak. A zsoldosok nagyrészt sikerrel jártak, de végül nem tudták teljesen kiirtani, és Isten szava megmaradt.

Kr. u. 600-700 között egy új világnyelv, az angol alakult ki. Isten elkezdte lerakni az alapokat, ami aztán hatalmas missziós mozgalmat indított el. Először William Tyndale az 1500-as években elkezdte lefordítani az eredeti héber és görög szövegeket az új nyelvre. Utána sokan próbálkoztak ugyanezzel, és mindent megtettek, hogy a korábbi héber és görög szövegeknek megfeleljenek. Ezek között volt VI. Jakab király is, aki 1604-ben megbízott egy tanácsot, hogy készítse el a szövegek legpontosabb angol nyelvű változatát. 1611-re már forgalomban volt egy hitelesített változat, amelyet általában King James Biblia néven ismernek. Misszionáriusok kezdtek fordítani ebből a Bibliából szerte a világon.

Sátá nfolyamatos támadása Isten Igéje ellen:

Most az ördög újabb támadásával állunk szemben. A 2011-ben kiadott Biblia, amely azt állítja, hogy az 1611-es KJV, beillesztette az apokrifeket, amelyeket soha nem tekintettek Isten Igéjének. Az apokrifeket az autorizált tudósok eltávolították a KJV-ből, tudván, hogy nem Isten szava.

A Sátán soha nem adja fel!

B.

Hogyan őrizte meg Isten az Igét?

Isten a legnagyobb jelentőséget tulajdonítja írott szavának, ami teljesen világos.

Az Úr beszédei tiszta beszédek, mint a földi kemencében próbált ezüst, hétszer megtisztítva. Megőrzöd őket, Uram, megőrzöd őket e nemzedéktől örökre (Zsoltárok 12:6-7).

Isten Igéje minden név felett áll:

*"Imádkozom szent templomod felé, és dicsőítem a te nevedet a te szeretetedért és igazságodért, mert **minden nevednél nagyobbra magasztaltad a te igédet**." (Zsoltárok 138:2)*

Az Úr figyelmeztetett bennünket az Ő szavára vonatkozó nézeteire is. Komoly figyelmeztetéseket adott azoknak, akik megrontanák a Szentírást. Isten óva intett attól, hogy hozzáadjunk az Ő szavához:

Isten minden igéje tiszta; *pajzsa ő azoknak, akik benne bíznak. Ne tedd hozzá az ő szavaihoz, hogy meg ne dorgáljon téged, és ne találjanak hazugnak. (Példabeszédek 30:5-6)*

Isten megőrizte az Ő Igéit minden nemzedék számára, minden körülmények között!

Sok jámbor ember hősiesen próbálta visszatartani a hitehagyás és hitetlenség növekvő áradatát, ami részben Isten Igéje tekintélyének felhígulása miatt következett be. A sötét középkorban a katolikus egyház úgy irányította az embereket, hogy a Bibliát csak latinul íratták. Az egyszerű emberek nem tudtak latinul olvasni vagy beszélni.

Kr. u. 400-ra a Bibliát 500 nyelvre fordították le az eredeti kéziratokból, amelyek igazak voltak. Az emberek ellenőrzése érdekében a katolikus egyház szigorú törvényt hozott, hogy a Bibliát csak latin nyelven lehet írni és olvasni. Ezt a latin nyelvű változatot nem az eredeti kéziratokból fordították le.

John Wycliffe:

John Wycliffe lelkészként, tudósként, oxfordi professzorként és teológusként is ismert volt. J.W. 1371-ben kezdte el kézzel írni a kéziratokat angolra, sok hűséges írástudó és követő segítségével. Wycliffe első kézzel írt angol nyelvű bibliakéziratát a latin Vulgatából fordította le. Ez segített volna véget vetni a római katolikus egyház hamis tanításainak. A Biblia egyetlen példányának megírása és terjesztése 10 hónapot vett igénybe és negyven fontba került. Isten keze Wycliffe-en volt. A római katolikus egyház dühösen tombolt Wycliffe úr ellen. Sok jelentős barátja segített neki, hogy ne érje bántódás. Bár a katolikus egyház mindent megtett, hogy minden példányt összegyűjtsön és elégessen, ez nem állította meg Wycliffe-et. Soha nem adta fel, mert tudta, hogy munkája nem hiábavaló. A katolikus egyháznak nem sikerült az összes példányt megszereznie. Százhetven példány maradt meg. Istené legyen a dicsőség!

A római katolikus egyház folytatta haragját. Negyvennégy évvel John Wycliffe halála után a pápa elrendelte, hogy csontjait ássák ki, zúzzák össze és dobják a folyóba. Mintegy száz évvel J. Wycliffe halála után Európa elkezdett görögül tanulni.

John Hus:

John Wycliffe egyik követője, John Hus folytatta a Wycliffe által megkezdett munkát; ő is ellenezte a hamis tanításokat. A katolikus egyház eltökélten meg akart akadályozni minden, a sajátjától eltérő változást, kivégzéssel fenyegetve mindenkit, aki nem latin nyelvű Bibliát olvas. Wycliffe elképzelése, miszerint a Bibliát le kell fordítani a saját nyelvünkre, eredményesnek bizonyult. John Hus-t 1415-ben máglyán égették el Wycliffe kéziratával együtt, amelyet a tűz meggyújtására használtak. Utolsó szavai így hangzottak" :100 év múlva Isten feltámaszt egy olyan embert, akinek a reformra való felhívását nem lehet elnyomni!". 1517-ben jóslata valóra vált, amikor Luther Márton Wittenbergben közzétette híres Vitatézisét a katolikus egyházról. Ugyanebben az évben Fox Mártírok könyve feljegyzi, hogy a római katolikus egyház 7 embert máglyán égetett el azért a bűnért, mert "megtanították gyermekeiket imádkozni, Az Úr imáját latin helyett angolul".

Johannes Guttenberg:

Az első könyv, amelyet nyomdai úton nyomtattak, a latin nyelvű Biblia volt, és Johannes Guttenberg találta fel 1440-ben.

Ez a találmány lehetővé tette, hogy nagyon rövid idő alatt nagyszámú könyvet lehessen nyomtatni. Ez létfontosságú eszköznek bizonyult a protestáns reformáció előmozdításában.

Dr. Thomas Linacre:

Dr. Thomas Linacre, egy oxfordi professzor az 1490-es években elhatározta, hogy megtanul görögül. A Bibliát eredeti görög nyelven olvasta és fejezte be. Tanulmányai befejezése után kijelentette" :Vagy ez nem az evangélium, vagy nem vagyunk keresztények".

A római katolikus latin Vulgata változatok annyira megromlottak, hogy az igazságot elrejtették. A katolikus egyház továbbra is megpróbálta érvényre juttatni szigorú, kemény törvényét, amely azt követelte, hogy az emberek csak latin nyelven olvassák a Bibliát.

John Colet:

1496-ban John Colet, egy másik oxfordi professzor elkezdte a Bibliát görögről angolra fordítani diákjai, majd később a londoni Szent Pál-székesegyházban a nagyközönség számára. Hat hónapon belül ébredés tört ki, és több mint 40 000 ember vett részt az istentiszteleten. Arra buzdította az embereket, hogy harcoljanak Krisztusért, és ne vegyenek részt vallási háborúkban. Mivel sok magas rangú barátja volt, megmenekült a kivégzéstől.

Desiderius Erasmus, 1466-1536:

Desiderius Erasmus úr, a nagy tudós megfigyelte Colet úr és Linacre úr eseményeit. Lenyűgözte, hogy a latin Vulgatátát visszafordítsa az igazsághoz. Ez J. Froben úr segítségével sikerült is, aki 1516-ban kinyomtatta és kiadta a kéziratot.

Erasmus úr azt akarta, hogy mindenki tudja, mennyire romlottá vált a latin Vulgata. Arra bátorította őket, hogy az igazság felé fordítsák figyelmüket. Hangsúlyozta, hogy az eredeti kéziratok használatával, amelyek görög és héber nyelvűek voltak, az ember a helyes úton marad, hogy a hűségben és a szabadságban haladjon tovább.

Az egyik leghíresebb és legszórakoztatóbb idézet a neves tudós és műfordító, Erasmus volt,

"Ha van egy kis pénzem, könyveket veszek, és ha marad, ételt és ruhát veszek".

A katolikus egyház továbbra is támadott mindenkit, aki a latin nyelvűtől eltérő bibliafordításban vett részt.

Elizabeth Das

William Tyndale (1494-1536):

William Tyndale 1494-ben született és 42 éves korában halt meg. Tyndale úr nemcsak a reformátorok seregének kapitánya volt, hanem szellemi vezetőjükként is ismerték. Nagyszerű ember volt, akit becsület és tisztelet övezett. Tyndale úr az Oxfordi Egyetemre járt, ahol tanult és felnőtt. Miután huszonegy évesen megszerezte mesterdiplomáját, Londonba távozott.

Sok nyelven beszélt: Héberül, görögül, spanyolul, németül, latinul, franciául, olaszul és angolul. Tyndale úr egyik munkatársa azt mondta, hogy amikor valaki hallotta őt beszélni ezek közül a nyelvek közül, azt hitte, hogy az anyanyelvén beszél. Ezeket a nyelveket arra használta, hogy megáldjon másokat. Lefordította a görög Újszövetséget angolra. Meglepő módon ő volt az első ember, aki a Bibliát angolul nyomtatta. Kétségtelen, hogy ez a tehetsége tette lehetővé, hogy sikeresen meneküljön a hatóságok elől, az Angliából való száműzetésének évei alatt. Végül Tyndale urat elfogták és letartóztatták eretnekség és árulás bűntette miatt. 1536 októberében, egy igazságtalan tárgyalás és ötszáz nap nyomorúságos körülmények között töltött börtön után Tyndale urat máglyán égették el. Feljegyezték, hogy a Tyndale House Publishers egy modern cég, amely erről a csodálatos hősről kapta a nevét.

Luther Márton:

A római katolikus egyház túl sokáig uralkodott, és Luther Márton nem tűrte az egyházon belüli korrupciót. Elege volt a hamis tanításokból, amelyeket az emberekre kényszerítettek. 1517 halloweenkor nem kételkedett, amikor a wittenbergi templomban kifüggesztette 95 vitatételét. Az egyház által megalakított wormsi diéta tanácsa azt tervezte, hogy mártírrá teszi Luther Mártont. A katolikus egyház félt a hatalom és a bevételek esetleges elvesztésétől. Többé nem tudnának bűnbocsánatot árulni a bűnökért vagy szeretteiknek a "tisztítótűzből" való megszabadítását, ami a katolikus egyház által kitalált tanítás.

Luther Márton megelőzte Tyndale-t, és 1522 szeptemberében kiadta Erasmus görög-latin nyelvű Újszövetségének első német nyelvű fordítását. Tyndale ugyanazt az eredeti szöveget akarta használni. Megkezdte a folyamatot, és a hatóságok terrorizálták. 1525-ben elhagyta Angliát és Németországba ment, ahol Luther Márton mellett dolgozott. Az év végére az Újszövetséget lefordították angol nyelvre. 1526-ban Tyndale Újszövetsége lett a Szentírás első angol nyelvű kiadása. Ez jó volt! Ha az emberek hozzáférhettek ahhoz, hogy a Bibliát a saját nyelvükön olvassák, a katolikus egyháznak nem volt többé hatalma vagy uralma felettük. A félelem sötétsége, amely az embereket uralta, többé nem jelentett fenyegetést. A nyilvánosság megkérdőjelezhetné az egyházi tekintélyt minden kinyilatkoztatott hazugság miatt.

Végre eljött a szabadság; az üdvösség mindenki számára szabad volt a hit és nem a cselekedetek által. Mindig Isten szava lesz az igaz, nem az emberé. Isten Igéje igaz, és az Igazság szabaddá tesz.

Jakab király VI:

1603-ban, amikor VI. Jakab király lett, már folyamatban volt egy új bibliafordítás tervezete. Az új fordítás oka az volt, hogy a használatban lévő Nagy Biblia, Máté Bibliája, a Püspöki Biblia, a Genfi Biblia és a Coverdale Biblia romlott volt. A Hampton Court-i konferencián Jakab király jóváhagyta a Biblia fordítását. Negyvenhét bibliatudóst, teológust és nyelvészt választottak ki gondosan erre a nagyszabású fordítási munkára. A fordítókat hat csoportra osztották, és a Westminsteri, a Cambridge-i és az Oxfordi Egyetemen dolgoztak. A Biblia különböző könyveit ezekre a héber, görög, latin és angol tudósokra bízták. Voltak bizonyos irányelvek, amelyeket be kellett tartani ahhoz, hogy ez a fordítás megtörténhessen. A Szentírás eredeti nyelvekről való fordítása 1611-ben készült el, és az egész világon elterjedt.

1. TERV: A sátán megtámadja Isten igéjét az egyiptomi Alexandriában.

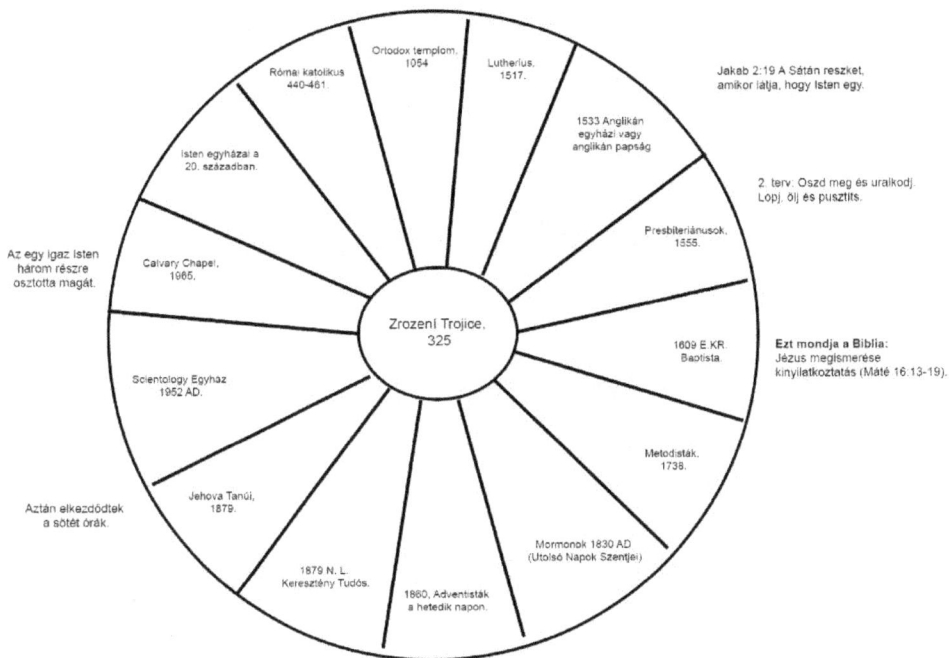

Ortodox templom. 1054

Római katolikus 440-461

Lutherius, 1517.

Jakab 2:19 A Sátán reszket, amikor látja, hogy Isten egy.

1533 Anglikán egyházi vagy anglikán papság

Isten egyházai a 20. században.

2. terv. Oszd meg és uralkodj. Lopj, ölj és pusztíts.

Presbiteriánusok. 1555.

Az egy igaz Isten három részre osztotta magát.

Calvary Chapel, 1965.

Zrozeni Trojice. 325

1609 E KR. Baptista.

Ezt mondja a Biblia: Jézus megismerése kinyilatkoztatás (Máté 16.13-19).

Scientology Egyház 1952 AD.

Metodisták. 1738.

Jehova Tanúi, 1879.

Aztán elkezdődtek a sötét órák.

Mormonok 1830 AD (Utolsó Napok Szentjei)

1879 N. L. Keresztény Tudós.

1860, Adventisták a hetedik napon.

Aztán elkezdődtek a sötét órák.

Hetedik nap

C.

Korunk bibliafordításai:

TAz igazság a Biblia különböző változatairól: Isten Igéje a végső tekintély az életünkben.

Jelenleg a King James Version (KJV) mellett számos különböző bibliafordítás létezik. Krisztus igaz követői szeretnék tudni, hogy az összes bibliai változat helyes-e vagy sem. Keressük az igazságot ezekben a különböző bibliai változatokban. Van NIV, NKJV, Katolikus Biblia, Latin Biblia, American Standard Version, Revised Standard Version, English Standard Version, New American Standard Version, International Standard Version, Görög és Héber Biblia, Új Világfordítás (Jehova Tanúi) Biblia stb. Emellett sok más Biblia is létezik, amelyeket különböző időkben és korszakokban fordítottak le különböző tudósok. Honnan tudjuk, hogy mindezek a különböző változatok helyesek, vagy elrontották őket? Ha elrontották, akkor hogyan és mikor történt ez?

Kezdjük el utazásunkat e sokféle változaton keresztül, hogy megtaláljuk az igazságot:

Amit tudnunk kell, az az, hogy meg tudjuk határozni, melyik az igazi változat:

A nemrégiben felfedezett alexandriai Eredeti Szentírás szavak és írások fölött vonalat, vonalakat, illetve szaggatott vonalakat tartalmaz. Ez azt jelentette, hogy kihagyták azokat a bizonyos szavakat és verseket a fordításukból. Ezeket a vonalakat olyan szavak felett találták, mint például: Szent, Krisztus és Lélek, sok más szóval és verssel együtt. Az írástudók, akiknek az volt a feladata, hogy ezeket a kéziratokat szerkesszék, nem hittek az Úr Jézus Krisztusban mint Messiásban (Megváltóban). Akárki is végezte a szerkesztést, sok szót és szentírási részt eltávolított és megváltoztatott. Ezt a kéziratot nemrégiben fedezték fel az egyiptomi Alexandriában.

Ez csodálatos bizonyíték arra, hogy a Bibliát Alexandriában megváltoztatták és megrontották a korrupt vallási és politikai vezetők.

A Biblia King James változata azt mondja:

Minden írás Isten ihletése által adatott, és hasznos a tanításra, a feddésre, a megdorgálásra, a megjobbításra, az igazságra való tanításra: (2 Tim 3:16 KJV)

Tudván először is azt, hogy az Írás egyetlen próféciája sem magánjellegű. Mert a prófécia nem emberi akaratból történt a régi időkben, hanem Isten szent emberei szóltak, amint a Szentlélek indította őket. (2 Péter 1: 20-21)

Ez Isten igaz szava, amelyet az egyetlen Isten írt.

Isten Igéje örökkévaló:

Mert bizony mondom nektek, hogy amíg az ég és a föld el nem múlik, egy jottányi vagy egy aprócska sem múlik el a törvényből, amíg az egész be nem teljesedik. (Máté 5:18)

És könnyebb az égnek és a földnek elmúlnia, mint a törvénynek egy csekélysége is elmaradnia. (Lukács 16:17)

Ne adjatok hozzá vagy vonjatok le Isten Igéjéből:

Isten Igéjé tnem lehet kivonni, hozzáadni vagy félremagyarázni:

Mert bizonyságot teszek minden embernek, aki hallja e könyv próféciájának igéit: Ha valaki ezeket kiegészíti, annak Isten hozzáadja azokat a csapásokat, amelyek meg vannak írva e könyvben: És ha valaki elveszi e prófécia könyvének szavaiból, az Isten elveszi az ő részét az élet könyvéből, és a szent városból, és azokból a dolgokból, amelyek meg vannak írva e könyvben.
(Jelenések 22:18-19)

Ne adjatok hozzá semmit ahhoz az igéhez, amelyet én parancsolok nektek, és ne is vonjatok le belőle, hogy megtartsátok az Úrnak, a ti Isteneteknek parancsolatait, amelyeket én parancsolok nektek.
(5Mózes 4:2)

Isten Igéje élő és élesebb, mint a kétélű kard:

Isten minden igéje tiszta: Ő pajzs azok számára, akik benne bíznak.
(Példabeszéd 30:5)

A 119. zsoltár azt mondja, hogy Isten Igéje segít nekünk tisztának maradni és növekedni a hitben. Isten Igéje az egyetlen útmutató a tiszta élethez.

*A te igéd **lámpás** az én lábamnak, és **világosság** az én utamnak.*
(Zsoltárok 119:105)

*Újjászületve, nem romlandó magból, hanem romolhatatlanból, **az Istennek igéje** által, amely él és megmarad örökké. (1 Péter 1:23)*

A ma elérhető számos angol nyelvű változat közül csak a King James Version (1611) követi kivétel nélkül a kiváló hagyományos maszoretikus héber szöveget. Ezt az aprólékos módszert használták a maszoriták az Ószövetség másolatainak készítésekor. Megbízható bizonyítéka annak, hogy Isten ígérete, hogy megőrzi az Ő Igéjét, soha nem vallott kudarcot.

Isten meg fogja őrizni az Ő Igéjét:

*Az Úr beszédei **tiszta beszédek**, mint a földi kemencében próbált ezüst, hétszer megtisztítva. Megőrzöd őket, Uram, megőrzöd **őket e nemzedéktől örökre**. (Zsoltárok 12:6, 7)*

A mai technológia bebizonyította, hogy a King James Version Bible mennyire pontos és igaz.

A Journal of Royal Statistical Society and Statistical Science új kutatási ügynökség:

Héber tudósok, két harvardi és két yale-i matematikus, fogták ezt a két statisztikai tudományos módszert, és megdöbbentek a KJV Biblia pontosságán. Számítógépes informatikai vizsgálatot végeztek az egyenlő távolságú betűsorrend alkalmazásával. Beírtak egy nevet a KJV Biblia első öt könyvéből (Tóra), és a név beírása után az egyenlő távolságú betűsorozatos vizsgálat automatikusan ki tudta tölteni az adott személy születési és halálozási dátumát, valamint a várost, ahol született és meghalt. Ezt találták a legpontosabb jelentésnek. Könnyedén és pontos eredményekkel jegyezte meg a század elején élt embereket. Ezek egyszerű tesztek voltak, de a megállapítások nagy pontossággal folytak.

Ugyanez a technika kudarcot vallott, amikor az NIV, a New American Standard Version, a The Living Bible és más nyelvek és fordítások által használt neveket ezekből a változatokból tették ki. Ez a módszer a Biblia megrongált másolatainak pontatlanságát bizonyítja.

Ugyanezt a matematikai elemzést megpróbálták a szamaritánus Pentateuchusra, valamint az alexandriai változatra is, és ez sem működött.

A Jelenések könyve ezt mondja nekünk:

És ha valaki eltéveszti e prófécia könyvének szavait, annak részét kiveszi Isten az élet könyvéből, és a szent városból, és mindazokból, a mik e könyvben meg vannak írva. (Jelenések 22:19)

Ezzel a tanulmányozással arra a következtetésre jutottak, hogy a KJV Biblia a legigazságosabb Biblia, amely ma rendelkezésünkre áll.

A KJV Biblia alapjául egy görög szöveg szolgál, amely a maszoretikus szövegen és a Textus Receptuson alapul: (egyszerűen azt jelenti, hogy mindenki által elfogadott szöveg), amely eredetileg a KJV Biblia alapjául szolgált. Több mint ötezer kézirat 99%-ban megegyezik a KJV Bibliával.

A KJV Biblia köztulajdonban van, és nem kell engedélyt kérni a fordításhoz.

A modern bibliaváltozatok nem a héber maszoretikus szöveget használják. Ők a Leningrádi kéziratot használták, amelyet a Septuaginta egy korrupt görög nyelvű ószövetségi változatából szerkesztettek. Mindkét hamis Biblia Hebraica héber szöveg a saját lábjegyzeteiben javasolt változtatásokat kínál. A hamis héber szövegeket, BHK vagy BHS, az Ószövetséghez használják az összes modern fordítási változatban.

A KJV alapjául szolgáló hagyományos maszoretikus héber szöveg pontosan megegyezik az eredeti kézirattal. Ma a régészek megtalálták a Biblia összes könyvét, ami bizonyítja, hogy a KJV Biblia az eredeti könyv pontos fordítása.

Elizabeth Das

Isten Igéje megváltozott:

A Biblia azt mondja, hogy Isten igéje a mi kardunk, és az egyetlen támadó fegyverünk az ellenséggel szemben; a modern fordításokban azonban Isten igéje nem használható támadásként vagy kardként az ellenséggel szemben. Annyi változás történt Isten Igéjében, hogy amikor látjuk azt a személyt, aki a modern fordításokat használja, akkor instabil, depressziós, szorongó és érzelmi problémái vannak.

Ez az oka annak, hogy a pszichológia és az orvostudomány bekerült az egyházba; az új fordítások felelősek ezért az okért.

Lássunk néhány változást és a mögötte álló finom okot:

A következő bibliai változatokban látunk majd változásokat. Csak néhány verziót említek, de sok más verzió és fordítás is készült ebből a Bibliából, amelyekkel kapcsolatban te is végezhetsz saját kutatást. New Living Translation, English Standard Version, New American Standard Bible, International Standard Version, American Standard Version, Jehova Tanúi Biblia és NIV Biblia és más fordítások.

*KJV: Felkent engem, hogy hirdessem az evangéliumot a szegényeknek; elküldött engem, hogy **meggyógyítsam a megtört szívűeket**, hogy hirdessem a foglyoknak a szabadulást, és a vakoknak a látás visszanyerését, hogy szabaddá tegyem a megtörteket,*

Ez a szentírás azt mondja, hogy meggyógyítja a megtört szívűeket.

Az NIV szerint Lukács 4:18 "Az Úr Lelke van rajtam, mert felkent engem, hogy jó hírt hirdessek a szegényeknek. Azért küldött engem, hogy a foglyoknak szabadságot hirdessek, a vakoknak a látásuk helyreállítását, az elnyomottak felszabadítását;

(Az NIV-ből és más változatokból is kimaradt a "gyógyítsd meg a megtört szívűeket". A modern fordítások nem tudják meggyógyítani az összetört szívet).

*KJV: Márk 3:15: És hogy **hatalmam legyen betegségeket gyógyítani** és ördögöket űzni:*

NIV: Márk 3:15: És hogy hatalma legyen kiűzni a démonokat.

"(És hogy hatalma legyen meggyógyítani a betegségeket" az NIV és más fordításokból kimaradt. Nincs hatalmad meggyógyítani a betegeket).

*KJV: 3:11 És amint a **sánta, aki meggyógyult**, Pétert és Jánost tartotta, az egész nép összefutott hozzájuk a* Salamon *tornácára, és nagyon csodálkozott.*

NIV: Jánosba kapaszkodott, és az egész nép megdöbbent, és odafutott hozzájuk a Salamon *oszlopcsarnokának nevezett helyre.*

Az NIV Biblia eltávolította: **"Sánta ember, aki meggyógyult"**, ami a kulcsvers.

Ezen kívül az NIV ötvenháromszor törölte " azIrgalmasszék".szót Isten irgalmassága kimaradt. A Vér szó negyvenegyszer maradt ki.

Az Efézus 6:4 az egyház gondozásáról beszél... A gondozás szó a Nővér szóból származik. Mint ahogyan egy csecsemőt tart és gondoz, Isten ápol minket és megaláz bennünket, de egyes modern változatok azt mondják" hogy ‚fegyelmezés" és "fenyítés".

*A KJV Dániel 3:25b azt mondja: és a negyediknek a formája olyan, mint **az Isten Fia**.*

*NIV Dániel 3:25b: megváltoztatta a szavakat; a negyedik pedig úgy néz ki, mint **az istenek fia**."*

Isten fia nem az istenek fia... ez a többistenhitet támogatja.

" AThe" megváltoztatásával "A"-ra fog támogatni más vallásokat. Példa: JÉZUS NEM AZ EGYEDÜLI MEGMENTŐ?!?!??

A Biblia azt mondja:

Monda néki Jézus: Én vagyok az út, az igazság és az élet; senki sem mehet az Atyához, hanem csak én általam. (KJV János 14:6)

KJV: Mikor eljő az emberfia az ő dicsőségében, és vele együtt az összes szent angyalok, akkor leül az ő dicsőségének trónjára.

NIV: Máté 25:31: Mikor eljő az Emberfia az ő dicsőségében, és vele együtt az összes angyalok, akkor ül majd az ő trónján a mennyei dicsőségben.

(Az NIV eltávolította " aSzent" szót. Tudjuk, hogy a Biblia beszél gonosz és szentségtelen angyalokról is).

Isten szent:

Az NIV néhány helyről a Holy Ghost vagy Holy Spirit kifejezéseket is eltávolította. Ez csak néhány példa az NIV, az NKJV, a katolikus Biblia, a latin Biblia, az American Standard Version, a Revised Standard Version, a görög és héber Biblia, valamint a Biblia más változatainak számos változtatásából, amelyeket a régi, romlott alexandriai írásból és az NIV-ből fordítottak.

Az alábbiakban bizonyítjuk, hogy az NIV Biblia az Antikrisztus:

Sok olyan szó, mint Jézus Krisztus vagy Krisztus, Messiás, Úr, stb. kikerült az NIV-ből és más bibliafordításokból. A Biblia megmondja, hogy ki az Antikrisztus.

Antikrisztus:

Ki a hazug, ha nem az, aki tagadja, hogy Jézus a Krisztus? Antikrisztus az, aki tagadja az Atyát és a Fiút. (1János 2:22)

Megcsináltam. *"Az Ő útja"*

*A mi Urunk **Jézus Krisztus** kegyelme legyen mindnyájatokkal. Ámen.*
(KJV: Jelenések 22:21)

Az Úr Jézus kegyelme legyen Isten népével. Ámen.

*(NIV: Jelenések 22:21 eltávolította **Krisztust**.)*

KJV János 4:29: Jöjjetek, lássatok egy embert, a ki mindent elmondott nékem, a mit valaha cselekedtem: nem a Krisztus-é ez?

Az NIV szerint János 4:29 "Jöjjetek, lássatok egy embert, aki mindent elmondott nekem, amit valaha is tettem. Lehet, hogy ez a Krisztus?"

(Krisztus istensége megkérdőjeleződik) A szavak eltávolításával a jelentés megváltozik.

Az Antikrisztus megtagadja az Atyát és a Fiút...

*KJV: János 9:35 "hiszel **az Isten Fiában"**.*

*NIV: Hiszitek-e **az Emberfiát**?*

KJV ApCsel 8:37 "Fülöp pedig monda: Ha teljes szívedből hiszel, megteheted. Ő pedig felelvén, monda: Hiszem, hogy Jézus Krisztus az Isten Fia."

ApCsel 8:37; az egész verset eltávolították az NIV-ből.

*KJV: 4:7 azért nem vagy többé szolga, hanem fiú, és ha fiú, akkor **Isten** örököse **a Krisztus által.***

NIV: Galata 4:7 tehát nem vagy többé rabszolga, hanem fiú; és mivel fiú vagy, Isten örökösévé is tett téged.

NIV kihagyott örököse Istennek Krisztus által.

*KJV: 3:9 És hogy minden [ember] meglássa, mi a titok közössége, amely a világ kezdete óta elrejtve van Istenben, aki mindent a **Jézus Krisztus által** teremtett:*

NIV: 3:9 és hogy mindenki számára világossá tegye ennek a titoknak a kezelését, amely korok óta el volt rejtve Istenben, aki mindent teremtett.

Az NIV eltávolította " a**Jézus Krisztus által**kifejezést ". Jézus a Teremtője minden dolognak.

Jézus Krisztus testet öltött:

*1 János 4:3 KJV...És minden lélek, amely nem vallja, hogy **Jézus Krisztus testben jött el**, nem Istentől való.*

NIV azt mondja: De minden lélek, amely nem ismeri el Jézust, nem Istentől való.

("Jézus Krisztus testet öltött" törlésre került)

Az Apostolok Cselekedetei 3:13, 26 azt mondja, hogy Ő Isten Fia. Az NKJV kivette Isten fiát, és azt mondta, hogy Isten szolgája.

Az új bibliai változatok nem akarják, hogy Jézus "Isten Fia" legyen. Isten Fia azt jelenti, hogy Isten testet öltött.

*János 5:17-18 KJV Jézus pedig felele nékik: **Az én Atyám** munkálkodik eddig, én pedig munkálkodom. Ezért a zsidók annál inkább igyekeztek őt megölni, mert nemcsak hogy megszegte a szombatot, hanem azt is mondta, hogy **Isten az ő Atyja**, **egyenlővé** téve magát **Istennel.***

A KJV Bibliában Jézus vagy Jézus Krisztus vagy az Úr Jézus szerepel. Az új, modern fordítások azonban azt mondják" hogy ,ő vagy őt".

*KJV: És éneklik Mózesnek, az Isten szolgájának énekét, és a Bárány énekét, mondván: Nagyok és csodálatosak a te cselekedeteid, mindenható Úr Isten, igazak és igazak a te utaid, **te szentek királya**. (Jelenések 15:3)*

*NIV: és énekelték Mózesnek, Isten szolgájának énekét és a Bárány énekét: "Nagyok és csodálatosak a te tetteid, Uram, mindenható Isten. Igazak és igazak a te utaid, **korok királya**. (Jelenések 15:3)*

(Ő a szentek királya, akik újjászülettek. Akik megkeresztelkedtek Jézus nevében és megkapták az Ő Lelkét.)

*KJV: És **Isten** letöröl minden könnyet szemeikről; (Jelenések 21:4)*

*NIV: **NIV**: Letöröl minden könnyet a szemükről. (Jelenések 21:4)*

" Az**Isten**"" szó Ő"-re változik. Ki az az "Ő"? (Ez más vallásokat fog támogatni.)

KJV: És látám, és ímé egy Bárány áll vala a Sion hegyén, és vele száznegyvennégyezer, és az ő Atyjának ***neve*** *be volt írva homlokukba. (Jelenések 14:1)*

*NIV: És láttam, és ott állt előttem a Bárány a Sion hegyén, és vele együtt 144 000, akiknek homlokára fel volt írva **az ő neve és az ő*** Atyjának ***neve***. *(Jelenések14: 1)*

Az NIV " azŐ nevét" " azŐ Atyja nevével" most már két névvel egészítette ki.

János 5:43b: Én Atyám nevében jöttem.

Az Atya neve tehát Jézus. Jézus héberül azt jelenti Jehova Megváltó

*Zakariás 14:9 És az Úr lesz az egész föld királya; azon a napon egy lesz az Úr, és **egy** az ő **neve**.*

*KJV Ézsaiás 44:5 Egyik azt mondja: Én az Úré vagyok, másik pedig Jákóbnak nevezi magát, és megint más az Úrnak írja alá a kezét, és Izráel néven **nevezi** magát.*

NIV: Egyikük azt mondja: "Az Úré vagyok", másikuk Jákóbnak nevezi magát, megint másuk azt írja a kezére: "Az Úré", és felveszi az Izrael nevet.

(NIV Eltávolította a **vezetéknév** szót)

Most azt halljuk, hogy " aHermász pásztorának" könyve bekerül a Biblia modern változatába. Hermász könyve azt mondja" :Vegyétek fel a nevet, adjátok meg magatokat a fenevadnak, alakítsatok egy világkormányt, és öljétek meg azokat, akik nem fogadják el a nevet. (Jézus nem az a név, amire itt utalnak)

KJV Jelenések 13:17: És hogy senki sem vehet és eladhat, hanem csak az, a kinél a bélyeg vagy a fenevad neve vagy nevének száma van.

És ne lepődjünk meg, ha a Jelenések könyve eltűnik a Bibliából. Nos, a Jelenések könyve az, ahol a múlt, a jelen és az eljövendő dolgok vannak feljegyezve. Hermász pásztora a Sinaiticus kéziratban van, amely az NIV Biblia alapjául szolgál.

Szimbólumok:

Mi a szimbólum jelentése és ki használja ezt a szimbólumot:
A **szimbólum** olyan dolog, mint például egy bizonyos jel, amely valamilyen információt képvisel; például egy piros nyolcszög a "STOP" szimbóluma lehet. Egy térképen egy sátor képe egy kempinget jelképezhet.

666 =

A prófécia könyve azt mondja:

Itt a bölcsesség. Akinek esze van, számolja meg a vadállat számát; mert ez egy ember száma, és az ő száma: hatszázhatvanhat.
(Jelenések 13:18)

Ezt az egymásba fonódó 666-os szimbólumot vagy logót (ősi szentháromság szimbólum) a szentháromságtanban hívők használják.

Isten nem a Szentháromság vagy három különböző személy. Egy Isten, Jehova testben jött el, és most az Ő szelleme munkálkodik az Egyházban. Isten egy, és mindig is egy lesz.

De az Apostolok Cselekedetei 17:29 azt mondja: Azért, mivelhogy mi az Istentől való ivadékok vagyunk, nem szabad azt gondolnunk, hogy az Istenség olyan, mint az arany, vagy ezüst, vagy kő, melyet művészet és emberi mesterkedés faragott.

(Az istenséget jelképpel ábrázolni Isten Igéje ellen való) A New Agers elismeri, hogy a három egymásba fonódó hatos vagy "666" a fenevad jele.

A Biblia figyelmeztet minket, hogy a Sátán hamisítvány:

"És nem csoda, hiszen maga a Sátán is átváltozott a világosság angyalává. Ezért nem nagy dolog, ha az ő szolgái is átváltoznak az igazság szolgáivá." (2Korinthus 11:14-15)

A Sátán végső soron egy hamisítvány:

Felmegyek a felhők magassága fölé, olyan leszek, mint a Magasságos.
(Ézsaiás 14:14)

Olyan leszek, mint a Magasságos Isten. Nyilvánvaló, hogy a Sátán megpróbálta elvenni Jézus Krisztus identitását azáltal, hogy megváltoztatta Isten Igéjét. Ne feledjük, hogy a Sátán ravasz, és támadása "Isten Igéje" ellen irányul.

New King James Version:

Lássuk a Biblia NKJV nevű változatát. A New King James Version **nem** egy King James Version. A King James Version Bibliát 54 héber görög és latin teológus tudós fordította le 1611-ben.

A New King James Version 1979-ben jelent meg először. Az Új KJV tanulmányozásával rájövünk, hogy ez a változat nemcsak a leghalálosabb, hanem nagyon is megtévesztő Krisztus teste számára.

Miért??????

Az NKJV kiadó azt mondja:

.... Hogy ez egy King James Biblia, ami nem igaz. A KJV-nek nincs másolási joga, bármilyen nyelvre lefordíthatod anélkül, hogy engedélyt kérnél rá. Az NKJV-nek másolási joga van, amely a Thomas Nelson Kiadó tulajdonában van.

.... Hogy aTextus Receptuson alapul, ami csak részigazság. Ez egy újabb finom támadás. Legyetek óvatosak ezzel az Új KJV-vel. Egy perc múlva megtudjátok, hogy miért.

Az Új King James Biblia azt állítja, hogy a King James Biblia, csak jobb. Az "NKJV" sok verset kihagyott és megváltoztatott.

Huszonkét alkalommal " apokol"" szó Hádész"-ra és "Sheol"-ra változik. A New age sátáni mozgalom szerint " aHádész" a megtisztulás köztes állapota!

A görögök szerint " aHádész" és a "Szheol" a holtak földalatti lakhelye.

A következő szavakat sokszor törölték: bűnbánat, Isten, Úr, menny és vér. Az NKJV-ből törölték a Jehova, az ördögök és a kárhozat, valamint az Újszövetség szavakat.

Félreértések az üdvösségről:

KJV	NKJV
1Korinthus 1:18	
"Megmenekültek"	Megmenekülni.
Héber 10:14	
"Megszenteltek"	Megszentelődnek.
II Korinthus 10:5	
"A képzelet elvetése"	Az érvek elvetése.
Máté 7:14	
"Keskeny út" II	Nehéz út
Korinthusbeliekhez 2:15	
"Megmentettek"	Megmenekülni

" Aszodomiták"" kifejezés perverz személyek"-re változik. Az NKJV egy antikrisztusi hamisított változat.

A Sátán legnagyobb támadása Jézus, mint Isten ellen irányul.

NIV: Ézsaiás 14:12 egy finom támadás az Úr Jézus ellen, akit **Hajnalcsillagként** ismernek.

Hogy hullottál le az égből, ó hajnalcsillag, hajnal fia! Leszálltál a földre, te, aki egykor a népeket megaláztad!

(Az NIV-nek van lábjegyzete ehhez a szentíráshoz *2 Péter 1:19 "A próféták szavát pedig még biztosabbá tettük, és jól teszitek, ha odafigyeltek rá, mint a sötét helyen világító fényre, amíg fel nem virrad a nap, és fel nem kel a hajnalcsillag a szívetekben.""*

A Jelenések 2:28-ban *a Hajnalcsillag* hozzáadásával és egy másik hivatkozással félrevezeti az olvasót, hogy Jézus a Hajnalcsillag, aki elesett.).

De a KJV Ézsaiás 14 :12-ben ez áll: "Hogy estél le az égből, ó Lucifer, a hajnal fia! [Hogy lettél a földre vetve, aki meggyengítetted a nemzeteket!"

(Az NIV biblia eltávolította Lucifer nevét, és " ahajnal fia" helyett a "**Hajnalcsillag**" szót használja. A Jelenések könyvében Jézusra úgy hivatkoznak, mint "Hajnalcsillagra".

Én, Jézus, elküldtem az én angyalomat, hogy tanúságot tegyen nektek ezekről a dolgokról a gyülekezetekben. Én vagyok Dávid gyökere és ivadéka, és a fényes és hajnali csillag (KJV 22:16).

Így az Ézsaiás 14:12 NIV változata félreértelmezi a bibliai jelentést, amikor azt állítja, hogy Jézus leesett a mennyből, és megalázta a nemzeteket.). A KJV Biblia azt mondja, hogy Jézus a Fényes és Hajnalcsillag.

*"Én, Jézus, elküldtem az én angyalomat, hogy tanúságot tegyen nektek ezekről a dolgokról a gyülekezetekben. Én vagyok Dávid gyökere és ivadéka, és a **fényes és hajnali csillag**."*
(Jelenések 22:16 KJV)

KJV:

A prófétai beszédnek még biztosabb igéje is van, amelyre jól teszitek, hogy vigyázzatok, mint a sötétben világító fényre, amíg a nap fel nem virrad, és a nappali csillag fel nem kel a ti szívetekben. (2Pt 1:19).

*És uralkodik rajtuk vasrúddal; mint a fazekas edényei, úgy törik össze őket, ahogyan én is kaptam Atyámtól. És én adom neki a **hajnalcsillagot**. (Jel.2:27-28)*

A modern kori fordítások minden vallásnak alkalmazkodnak azáltal, hogy Jézus, Krisztus vagy Messiás helyett az "ő" vagy "őt" szó t használják, és számos, Jézusról szóló szót és verset eltávolítanak. Ezek a fordítások bizonyítják, hogy az Úr Jézus nem a Teremtő, a Megváltó vagy a testet öltött Isten; Őt csak egy újabb mítosszá teszik.

Ezek a hitehagyott emberek egy olyan Biblia kéziratát készítették el, amely inkább a saját ízlésüknek felelt meg. Megtámadták Jézus Krisztus istenségét és a Biblia más tanításait. Kikövezték az utat a New Age Biblia számára, hogy megszülessen az egy világvallás. Az összes egyház és minden vallás egyesülése el fogja hozni " azEgy Világvallást".

Most már értitek, milyen fondorlatos és ravasz tervet tervezett a Sátán. Még Isten szavát is meg merte változtatni. Sátán egy megtévesztő tervet dolgozott ki, hogy összezavarja az embereket!

Emlékezz, mit mondott a Sátán:

Felmegyek a felhők magassága fölé, olyan leszek, mint a Magasságos.
(Ézsaiás 14:14)

D.

KJV Vs Modern Biblia: KJV: Változások, amelyeket hozzáadtak vagy elvettek.

NIV FORDÍTÁS:

T Westcott & Hort görög szövege a Sinaiticus és Vaticanus kéziratokból származik. A korai egyház úgy találta, hogy ez egy finom támadás Isten Igéje ellen, mivel kihagyja és megváltoztatja a Biblia igazságát. A Sinaiticus(Aleph) és a Vaticanus(Codex-B) kéziratot a korai egyház egyaránt elutasította, a hamis tanítók pedig csodálták. Az NIV Biblia forrása a Westcott & Hort által megrontott változatokon alapul, amelyeket az NIV lábjegyzetében találsz. Nincs módunk arra, hogy alapos kutatás nélkül megtudjuk, hogyan és honnan származik ez a Westcott & Hort-féle görög szöveg. Amikor Westcott és Horttól származó hivatkozásokat látunk, általában kérdés nélkül elhisszük őket, egyszerűen azért, mert egy Bibliában vannak nyomtatva.

Az NIV Bibliát azért csodálják, mert az emberek úgy gondolják, hogy könnyebben érthető, mivel a régi angol nyelvet modern szavakra cserélték. Ami azt illeti, a KJV Bibliának van a legegyszerűbb nyelvezete, amelyet minden korosztály megérthet. A KJV szókincse egyszerűbb, mint az NIV szókincse. Csak az olyan szavak megváltoztatásával, mint a te, a te, a te és a te, az emberek úgy gondolják, hogy könnyebb olvasni. Mint tudjátok, Isten Igéjét csak a Szentlélek magyarázza, amit Isten írt. Isten Lelke van a KJV-ben, ami segít nekünk felfogni az Ő megértését. Isten Igéjében nincs szükség változtatásokra, azonban az igaz Igének meg kell változtatnia a gondolkodásunkat.

Nagyon sok gyülekezet fogadja el az NIV változatot a KJV helyett. A kis változtatások idővel kondicionálják a gondolkodásunkat, és ez az agymosás finom módjává válik. A változtatások, amelyeket az NIV Biblia a saját változatán eszközölt, finoman felhígítják az evangéliumot. Ezek a változtatások többnyire az Úr Jézus Krisztus uralma ellen irányulnak. Amint ez megtörtént, sok vallás könnyebben elfogadja az NIV Bibliát, mert akkor az támogatja a tanításaikat. Ez viszont "valláskötzi vallássá" válik, a Jelenések könyvében említett egy világvallás céljává.

A KJV a bizánci kéziratok családján alapult, amelyeket általában Textus Receptus kéziratoknak neveznek. Az NKJV (New King James Version) a legrosszabb fordítás. Ez 1200-szor tér el a KJV-től. A New King James Version határozottan nem azonos a King James Versionnel. Az MKJV szintén nem a KJV. A legtöbb bibliafordítás nem egy másik változat, hanem egy perverzió, és eltér az igazságtól.

A következő versek nem szerepelnek **az NIV-ben** és **más modern fordításokban**. Az alábbiakban az NIV-ben található "kihagyások" listája következik.

Ézsaiás 14:12

*KJV: Ézs.14:12: Hogy estél le az égből, **Lucifer, a hajnal fia**! Hogy lettél földre vetve, aki meggyengítetted a nemzeteket!*

*NIV Ézs.14:12 Hogy hullottál le az égből, te **hajnalcsillag**, hajnal fia! A földre taszítottak, te, aki egykor a népeket megaláztad!*

Elizabeth Das

(Az NIV Biblia kivette Lucifert, és " ahajnalcsillag fia" helyett a "hajnalcsillag" szót használja. Ez félrevezet benneteket, hogy azt higgyétek, hogy "JÉZUS", aki a "Hajnalcsillag"; leesett az égből.

*Én, Jézus, elküldtem az én angyalomat, hogy tanúságot tegyen nektek ezekről a dolgokról a gyülekezetekben. Én vagyok Dávid gyökere és ivadéka, és a fényes és **reggeli csillag**. (KJV Jelenések könyve 22: 16)*

(Jézus a hajnalcsillag)

Az Ézsaiás 14:12 (NIV) egy nagyon zavaros szentírás. Az emberek azt hiszik, hogy Jézus leesett a mennyből és levágták.

Az NIV Lucifert (Sátánt) Jézus Krisztussal teszi egyenlővé; ez a legmagasabb rendű istenkáromlás. Ez az oka annak, hogy egyesek nem hisznek Jézus Krisztusban, mivel őt a Sátánnal látják egyenlőnek.

Dániel 3:25

*KJV: 3:25 És felelvén, monda: Ímé, látok négy embert szabadon járni a tűz közepette, és nincs bántódásuk; és a negyediknek alakja olyan, mint **az Isten Fia**.*

*NIV: Dan. 3:25 És monda: "Nézd, négy embert látok a tűzben járkálni, megkötözetlenül és sértetlenül, a negyedik pedig úgy néz ki, mint **az istenek fia**." És a negyedik férfi így szólt.*

(Az Isten Fiának az **istenek Fiára** való megváltoztatása a többistenhitnek fog megfelelni, és ez más vallásokat is támogatni fog.)

Máté 5:22

*KJV Mt.5:22 Én pedig mondom néktek, hogy a ki **ok nélkül haragszik az ő atyjafiára**, azt az ítélet veszélye fenyegeti; és a ki azt mondja az ő atyjafiának: Rák, azt a tanács veszélye fenyegeti; a ki pedig azt mondja: Te bolond, azt a pokol tüze fenyegeti.*

NIV Mt.5:22 Én pedig mondom néktek, hogy mindenki, aki haragszik a testvérére, ítélet alá esik. Ismétlem, aki azt mondja a testvérének: Rácá, az a Szanhedrin előtt felel. Aki pedig azt mondja: 'Te bolond!', azt a pokol tüze fenyegeti.

(A KJV Biblia azt mondja, **ok nélkül haragszik**, az NIV azt mondja, csak haragszik. Az Ige igazsága az, hogy lehetünk **dühösek**, ha van rá okunk, de nem hagyjuk, hogy a nap lemenjen).

Máté 5:44

*KJV Mt.5:44 Én pedig mondom néktek: Szeressétek ellenségeiteket, **áldjátok azokat, a kik titeket átkoznak**, jót cselekedjetek azokkal, a kik titeket gyűlölnek, és imádkozzatok **azokért, a kik titeket csúfolnak** és üldöznek;*

NIV Mt.5:44 Én pedig azt mondom nektek, hogy szeressétek ellenségeiteket, és imádkozzatok azokért, akik üldöznek titeket,

(A KJV-ben kiemelve, az NIV Bibliából eltávolítva)

Máté 6:13

*KJV Mt. 6:13 És ne vigyél minket kísértésbe, hanem szabadíts meg minket a gonosztól: **Mert tiéd az ország, a hatalom és a dicsőség mindörökké. Ámen.***

*NIV Mt. 6:13 És ne vigyél minket kísértésbe, hanem szabadíts meg minket a kísértéstől. **gonosz.***

(**A gonosz** nem gonosz. **Mert tiéd az ország, a hatalom és a dicsőség mindörökké. Ámen**: eltávolítva az NIV-ből)

Máté 6:33

KJV Mt 6:33 Ti pedig keressétek először __az Istennek országát__ és az ő igazságát; és mindezek hozzátok adattatnak.

NIV Mt 6:33 De keressétek először az ő országát és __az ő__ igazságát, és mindezek is megadatnak nektek.

(__Isten országa__ helyébe az "ő" országa lép... az NIV az Istent az ő országára cserélte. Ki az "Ő"?)

Máté 8:29

KJV Mt.8:29 És ímé, kiáltának, mondván: Mi dolgunk van veled, __Jézus__, te Isten Fia, azért jöttél ide, hogy megkínozz minket idő előtt?
(Konkrétan)

NIV Mt.8:29 "Mit akarsz tőlünk, __Isten Fia__?" - kiáltották.

"Azért jöttél ide, hogy megkínozz minket a megbeszélt idő előtt?"

(__Jézus__ kikerült az NIV Bibliából, és ők csak Isten Fiát tartották meg... *Jézus* az Isten Fia. Isten Fia azt jelenti, hogy a Mindenható Isten testben jár).

Máté 9:13b

KJV Mt.9:13b Mert nem azért jöttem, hogy az igazakat hívjam, hanem a bűnösöket __megtérésre__.

NIV Mt.9:13b Mert nem azért jöttem, hogy az igazakat hívjam, hanem a bűnösöket.

(__A bűnbánatra__ nincs lehetőség. A bűnbánat az első lépés; elfordulsz a bűntől és a bűnös életmódtól azáltal, hogy felismered és bevallod, hogy tévedtél).

Máté 9:18

*KJV: 9:18 Mialatt ezeket mondta nekik, ímé egy fejedelem jött, és **imádkozott** hozzá, mondván: Az én leányom már meghalt; de jöjj, tedd rá a kezedet, és életre kel.*

(imádta Jézust)

*NIV Mt 9:18 Miközben ezt mondta, odajött egy fejedelem, **letérdelt előtte** és ezt mondta :"Most halt meg a lányom. De jöjj és tedd rá a kezed, és életben marad."*

(Az imádat **térdre változik**. Az imádat Jézust Istenné teszi.)

Máté 13:51

*KJV Mt 13:51 Monda nékik Jézus: Megértettétek-é mindezeket? Ők pedig mondának néki: **Igen, Uram**.*

NIV Mt 13:51 "Megértettétek mindezeket?" Jézus megkérdezte.

(JÉZUS AZ ÚR. Az NIV kivette **a Yea Lord-ot**; elhagyva Jézus Krisztus uralmát).

Máté 16:20

*KJV Mt 16:20 Akkor megparancsolta tanítványainak, hogy senkinek se mondják meg, hogy ő a **Jézus** Krisztus.*

" A JÉZUS" név az NIV Biblia több verséből is kikerült.)

NIV Mt 16:20 Akkor figyelmeztette tanítványait, hogy ne mondják el senkinek, hogy ő a Krisztus.

(Ki az az "ő"? Miért nem Jézus, a Krisztus? "Krisztus" azt jelenti, hogy Messiás, a világ Megváltója: János 4:42.)

Máté 17:21

KJV: 17:21: Az ilyen azonban nem megy ki, csak imádsággal és böjtöléssel.

(Az ima és a böjt lerombolja az ördög erős hatalmát. A böjt megöli a testünket.)

Az NIV teljesen kivette az írást. A Jehova Tanúi "Bibliából" is törölték. A jelen idejű böjtöt Daniels diétára változtatták. Ez egy újabb hazugság. (A böjt az étel és víz nélkül való böjtölés. Az evés nem böjt és a böjt nem evés és nem ivás)

Néhány példa a bibliai böjtölésre a KJV Bibliában

Eszter 4:16 KJV:

*Menjetek, gyűjtsétek össze az összes zsidókat, akik Susánban vannak, és **böjtöljetek** értem, és **ne egyetek és ne igyatok három** napig, se éjjel, se nappal: Én is **böjtölni** fogok én is és az én szolgálóim is; és így megyek be a királyhoz, ami nem a törvény szerint való; és ha elpusztulok, elpusztulok.*

*Jónás 3:5, 7 KJV És hitt Ninive népe Istennek, és **böjtöt hirdettek**, és zsákruhát öltöttek, a legnagyobbaktól a legkisebbekig. És kihirdettette és közzétette Ninivében a király és előkelőségei rendeletére, mondván ,Ne **kóstoljon** sem ember, sem állat, sem csorda, sem nyáj **semmit, ne táplálkozzanak, és ne igyanak vizet**:*

Máté 18:11

*Mt 18:11: **Mert az embernek Fia azért jött, hogy megtartsa, ami elveszett.***

(Ezt a verset törölték az NIV-ből és sok más bibliai változatból. Jézus nem lehet az egyetlen Megváltó. Mason azt tanítja, hogy meg tudjuk menteni magunkat, és nincs szükségünk Jézusra).

Máté 19:9

*KJV: 19:9: 19:19: Én pedig mondom néktek: A ki eltaszítja feleségét, hacsak nem paráznaság miatt, és mással házasodik, házasságtörést követ el; **és a ki így veszi el a kitaszítottat, házasságtörést követ el.***

NIV: 19:9 Mondom nektek, hogy aki elválik feleségétől, kivéve a házassági hűtlenség miatt, és más nőt vesz feleségül, házasságtörést követ el. "

")aki így elveszi a kitaszított nőt, házasságtörést követ el", kihagyva).

Máté 19:16,17

*KJV Mt 19:16 És ímé, jöve valaki, és monda néki: **Jó Mester**, mi jót cselekedjem, hogy örök életem legyen?*

17 És monda néki: Miért nevezel engem jónak? Nincs más jó, csak egy, az Isten; de ha az életre akarsz jutni, tartsd meg a parancsolatokat.

NIV Mt 19:16 Egy ember pedig odament Jézushoz, és megkérdezte: Mester, milyen jót kell cselekednem, hogy örök életet nyerjek?

17 Miért kérdezel engem arról, hogy mi a jó? Jézus válaszolt. "Csak egy van, aki jó. Ha be akarsz jutni az életbe, tartsd meg a parancsolatokat.

(Jézus azt mondta: "Miért neveztek engem jónak?" Csak Isten a jó, és ha Jézus jó, akkor Istennek kell lennie. A Jó Mester az NIV-ben

"Tanító"-ra változik, és a jelentés elveszik. Emellett néhány vallás támogatja az önmegváltás hitét).

Máté 20:16

*KJV Mt 20:16: Így lesznek az utolsók az elsők, és az elsők az utolsók; **mert sokan vannak elhívva, de kevesen vannak kiválasztva**.*

(Fontos, hogy mit választunk. Elveszhetünk, ha nem jól választunk)

NIV ÉS RSV

NIV Mt 20:16:" Tehát az utolsó lesz az első, és az első lesz az utolsó. "

(nem érdekel, hogy válasszon)

Máté 20:20

*KJV Mt 20:20: Akkor odament hozzá a Zebedeus gyermekeinek anyja a fiaival együtt, **imádták őt**, és valamit kívántak tőle.*

*NIV Mt 20:20: Ekkor Zebedeus fiainak anyja a fiaival együtt odament Jézushoz, és **letérdelve** szívességet kért tőle.*

(**Imádkozás vagy térdre borulás...?**: A zsidók csak egy Istent imádnak).

Máté 20:22, 23

*KJV Mt 20:22, 23: Jézus pedig felelvén, monda: Nem tudjátok, mit kérdeztek. Képesek vagytok-e inni abból a pohárból, amelyből én iszom, és **megkeresztelkedni azzal a keresztséggel, amellyel én megkeresztelkedem**? Ők pedig mondják neki, képesek vagyunk rá. És ő azt mondja nekik: "Valóban isztok az én poharamból, és **megkeresztelkedtek azzal a keresztséggel, amellyel én***

megkeresztelkedtem; *de hogy a jobb és bal kezemre üljetek, nem én adom, hanem azoknak adatik, akiknek azt az én Atyám készítette.* (Át tudnátok élni azt a szenvedést, amin én keresztülmentem?)

NIV Mt 20:22, 23: "Nem tudjátok, mit kérdeztek" - mondta nekik Jézus. "Meg tudjátok-e inni azt a poharat, amelyet én fogok inni?" "Tudunk" - válaszolták. Jézus így szólt hozzájuk: "A poharamból valóban inni fogtok, de hogy jobbra vagy balra üljetek tőlem, azt nem én adom meg. Ezek a helyek azoké, akiknek Atyám készítette őket".

(Minden kiemelt és aláhúzott mondat a KJV-ben eltávolításra került az NIV-ből)

Máté 21:44

KJV Mt 21:44: És a ki erre a kőre esik, összetörik; a kire pedig esik, ***azt porrá őrli****.*

*NIV Mt 21,44: "Aki erre a kőre esik, az **összetörik**, akire pedig ráesik, az összetörik."*

(A porrá őrlés eltávolításra került)

Máté 23:10

*KJV Mt 23:10: És ne nevezzenek titeket **uraknak**; mert egy a ti **Mesteretek, a Krisztus**.*

NIV Mt 23:10: És ne is nevezzenek titeket tanítónak ,mert egy tanítótok van, a Krisztus.

(Istent a misztikusok szintjére kell lehozni, hogy Jézus is misztikussá váljon. Az igazság az, hogy Krisztus mindenkit kielégít.)

Máté 23:14

KJV: 14: Jaj nektek, írástudók és farizeusok, képmutatók! Mert felemésztitek az özvegyek házait, és látszatra hosszasan imádkoztok; ezért annál nagyobb kárhozatot fogtok kapni.

(NIV, New L T, English Standard Version New American Standard Bible és az Új Világ fordításokban ez a vers törlésre került. Nézd meg magad a Bibliádban).

Máté 24:36

KJV: 24:36: Arról a napról és óráról pedig senki sem tud, sem a mennyei angyalok, hanem csak az én Atyám egyedül.

*NIV: 24:36: "Senki sem tudja azt a napot és órát, még az angyalok sem a mennyben, **sem a Fiú**, hanem csak az Atya.*

")sem a fiú" az NIV Bibliában van hozzáfűzve. János 10: 30 **Én és az én Atyám egy vagyunk**. Jézus tehát ismeri az eljövendő idejét. Ez azt jelenti, hogy Jézus nem az istenségben van. De azokban a napokban, a nyomorúság után a nap elsötétedik, és a hold nem adja világosságát, Márk 13:24. Nehéz lesz megmondani az időt).

Máté 25:13

*KJV: 25:13 Vigyázzatok azért, mert nem tudjátok sem a napot, sem az órát, **amelyen az embernek Fia eljő**.*

NIV: 25:13 "Ezért vigyázzatok, mert nem tudjátok a napot és az órát sem."

")**Ahol az embernek Fia jön el.**" Kihagyva, hogy ki jön vissza? Milyen óráról?)

Máté 25:31

KJV: 25:31Amikor eljő az emberfia az ő dicsőségében, és vele együtt az összes <u>szent angyalok</u>, akkor leül az ő dicsőségének trónjára.

NIV: Mikor az Emberfia eljön az ő dicsőségében, és vele együtt az összes <u>angyalok</u>, leül az ő trónjára a mennyei dicsőségben."
Mt 25:31.

(A KJV azt mondja, hogy az összes "szent" angyal. Az NIV csak "az angyalokat" mondja. Ez arra utal, hogy a bukott vagy szentségtelen angyalok Jézussal együtt jönnek. Nem így van? Van egy eretnekség, amely szerint nem számít, hogy mit teszel jót vagy rosszat, attól még a mennybe jutsz. Halott szeretteink szellemei, akik soha nem hittek Jézusban, állítólag visszajönnek, hogy elmondják szeretteiknek, hogy a mennyben minden rendben van, és nem kell semmit sem tenned ahhoz, hogy a mennybe kerülj. Ez az ördög tana).

Máté 27:35

*KJV MT 27:35: És megfeszíték őt, és szétválaszták az ő ruháit, sorsot vetve; <u>**hogy beteljesedjék, a mit a próféta mondott: szétválaszták az én ruháimat közöttük, és az én ruhámra sorsot vetettek.**</u>*

NIV MT 27:35: Amikor pedig megfeszítették, sorsvetéssel szétosztották a ruháit.

")hogy beteljesedjék, amit a próféta mondott, szétválasztották ruháimat közöttük, és sorsot vetettek ruhámra."). Teljesen az NIV Bibliából vettem ki).

Márk 1:14

*MÁRK 1:14: Miután pedig János börtönbe vetették, beméne Jézus Galileába, <u>**hirdetvén az Isten országának evangéliumát.**</u>*

NIV MÁRKUS 1:14: Miután János börtönbe került, Jézus Galileába ment, és __hirdette Isten jó hírét.__

(Az Isten Országának evangéliuma kimaradt az NIV-ből)

Márk 2:17

KJV Márk 2:17: Mikor Jézus ezt hallotta, monda nékik: A kik egészségesek, nem szorulnak orvosra, hanem a kik betegek: Nem azért jöttem, hogy az igazakat hívjam, hanem a bűnösöket __megtérésre.__

NIV Márk 2:17: Ezt hallva Jézus így szólt hozzájuk: "Nem az egészségeseknek van szükségük orvosra, hanem a betegeknek. Nem azért jöttem, hogy az igazakat hívjam, hanem a bűnösöket."

(Amíg azt hiszed, hogy ez rendben van, addig bármit megtehetsz, és ez rendben van. Azzal, hogy kissé megváltoztatjuk a szentírást, a bűn üdvözlendő.)

Márk 5:6

Márk 5:6: Mk 5:6: Amikor pedig meglátta Jézust messziről, futott és __imádta őt,__

(Felismeri, hogy Jézus az Úr Isten.)

Márk 5:6: __Mk 5:6:__ Amikor meglátta Jézust a távolból, elrohant, és __térdre borult előtte.__

(Tiszteletet mutat, mint ember, de nem ismeri el őt Úristenként.)

Márk 6:11

KJV: 6:11 "És aki nem fogad be titeket, és nem hallgat meg titeket, amikor onnan eltávoztok, rázzátok le a port a lábatok alól, bizonyságul ellenük. **Bizony mondom nektek: Szodoma és Gomora jobban megviseli majd az ítélet napján, mint az a város.**

NIV Márk 6:11 "És ha valamelyik hely nem fogad be téged, vagy nem hallgat rád, rázd le a port a lábadról, amikor elmész, bizonyságul ellenük."

(Az NIV eltávolította: "Bizony mondom nektek: Szodoma és Gomorra tűrhetőbb lesz az ítélet napján, mint az a város". Az ítéletet eltávolították, mivel nem hisznek benne, és nem számít, hogy milyen döntést hoznak. Minden rossz mondás és cselekedet a purgatóriumban vagy a reinkarnációban fog kijavításra kerülni).

Márk 7:16

Márk 7:16: Ha valakinek van füle a hallásra, hallja meg.

(Az NIV, a Jehova Tanúi Biblia és a modern fordítások eltávolították ezt az írást. WOW!)

Márk 9:24

KJV Márk 9:24: És azonnal felkiáltott a gyermek atyja, és sírva mondta: **Uram**, *hiszek, segítsd meg az én hitetlenségemet.*

NIV Márk 9:24: A fiú apja azonnal felkiáltott :"Hiszek, segíts legyőzni hitetlenségemet!"

(Az Úr hiányzik az NIV-ből. Jézus Krisztus uralma kimaradt.)

Márk 9:29

KJV Márk 9:29: Ő pedig monda nékik: Ez a fajta nem jöhet ki semmi által, hanem csak imádsággal és **böjtöléssel**.

NIV Márk 9: 29: Ő pedig így válaszolt: "Ez a fajta csak imádsággal jöhet ki."

(**A böjtöt** eltávolították. A böjt által lerántjuk a Sátán erős fogásait. Isten arcának keresése bibliai böjtöléssel és imádsággal különleges felkenést és erőt hoz).

Márk 9 :44

KAR Márk 9:44: A hol az ő férgük meg nem hal, és a tűz ki nem oltatik.

(A Szentírás az NIV, a modern átmenet és a Jehova Tanúi Biblia alapján lett eltávolítva. Ők nem hisznek a pokolban való büntetésben).

Márk 9:46

KJV: Márk 9:46: Ahol a féreg nem hal meg, és a tűz nem oltatik ki.

(A Szentírás az NIV-ből, a modern fordításból és a Jehova Tanúi Bibliából van kivéve. Ismétlem, ők nem hisznek az ítéletben).

Márk 10:21

*KJV Márk 10:21: Jézus pedig látván őt, szerette őt, és monda néki: Egy dolog hiányzik neked: menj el, add el, amid van, és add a szegényeknek, és kincsed lesz a mennyben; és jöjj, **vedd fel a keresztet**, és kövess engem.*

(A kereszténynek keresztet kell hordoznia. Változás van az életedben.)

NIV Márk 10:21: Jézus ránézett és szerette őt. "Egy dolog hiányzik belőled" - mondta. "Menj, add el mindenedet, amid van, és add a szegényeknek, és kincsed lesz a mennyben. Aztán gyere, kövess engem."

(Az NIV törölte " avegyétek fel a keresztet" nem kell szenvedni az igazságért. Élj úgy, ahogyan élni akarsz. A kereszt nagyon fontos a keresztény életben).

Márk 10 :24

Márk 10:24: A tanítványok pedig elcsodálkozának az ő beszédein. De Jézus ismét felele, és monda nékik: Gyermekeim, mily nehéz azoknak, __a kik a gazdagságban bíznak__, az Isten országába bemenniök!

NIV Márk 10:24: A tanítványok csodálkoztak a szavain. Jézus azonban ismét ezt mondta :"Gyermekeim, milyen nehéz bemenni az Isten országába!

"(**akik a gazdagságban bíznak**" eltávolítva; nincs szükség ezekre a szavakra az NIV Bibliában, mivel alamizsnát akarnak. Ez is azt az érzést kelti, hogy nehéz belépni Isten országába, és elkedvetlenít).

Márk 11:10

KJV Márk 11:10: Áldott legyen a mi atyánknak, Dávidnak országa, __a ki eljő az Úr nevében__: Hozsanna a magasságban!

NIV Márk 11:10: "Áldott a mi atyánknak, Dávidnak __eljövendő országa__!" "Hozsanna a magasságban!"

(NIV: az "aki az Úr nevében jön" eltávolítva)

Márk 11:26

KJV: 11:26 Ha pedig ti nem bocsátotok meg, a ti mennyei Atyátok sem bocsátja meg a ti vétkeiteket.

(Ez az írás teljesen kikerült az NIV-ből, a Jehova Tanúi Bibliából (az úgynevezett Új Világ fordításból) és sok más modern fordításból. A megbocsátás nagyon fontos, ha meg akarsz bocsátani)

Márk 13 :14

*KJV Márk 13:14: Mikor pedig meglátjátok a pusztulás utálatosságát,
a **melyről Dániel próféta beszélt**, ott állni, a hol nem kellene, (aki
olvas, értse meg), akkor meneküljenek a hegyekbe, a kik Júdeában
vannak:*

*NIV Márk 13:14: "Amikor látjátok 'a pusztulást okozó utálatosságot'
ott állni, ahová nem tartozik - értse meg az olvasó -, akkor
meneküljenek a hegyekbe azok, akik Júdeában vannak.*

(A Dániel könyvére vonatkozó információk az NIV-ből kerültek ki. A
végidőt Dániel könyvében és a Jelenések könyvében tanulmányozzuk.
ÁLDOTTAK AZOK, AKIK OLVASSÁK E KÖNYV SZAVAIT.
Boldogok, akik olvassák, és azok, akik hallják e **prófécia** igéit, és
megtartják azokat, amelyek meg vannak írva benne; mert közel van az
idő. (Jelenések 1:3) Azzal, hogy Dániel nevét eltávolítja, zavart hagy
maga után.)

Márk 15:28

*KJV: Márk 15:28: És beteljesedett az Írás, amely azt mondja: "És a
vétkesek közé soroztatott".*

(Eltávolítva az NIV-ből, a Jehova Tanúi Bibliából és a modern
fordításokból.)

Lukács 2:14

*KJV: 2:14 Dicsőség a magasságban Istennek, és a földön békesség,
jóakarat az emberek iránt.*

*NIV Lukács 2:14: "Dicsőség a magasságban Istennek, és a földön
békesség az embereknek, akikre az ő kegyelme száll."*

(Finom változtatás. az "emberek iránti jóakarat" helyett; Az NIV Biblia csak bizonyos embereknek mond békét, akiket Isten kedvel. Ez szintén Isten elve ellen való).

Lukács 2:33

*Lukács 2:33: **József** pedig és az ő anyja*

NIV Lukács 2:33: A gyermek apja és anyja.

(**Józsefet** eltávolítják)

Lukács 4:4

*KJV Lukács 4:4 Jézus pedig felele néki, mondván: Meg van írva, hogy nem csak kenyérrel él az ember, **hanem az Istennek minden igéjével**.*

NIV Lukács 4:4 Jézus így válaszolt: "Meg van írva: Nem csak kenyérrel élhet az ember.

A Sátán támadása **az ISTENI SZÓ** ellen irányul 1Mózes 3-ban: Sátán megtámadta az ISTENI SZÓT. Van egy finom támadás "**De Isten minden szavával**" eltávolították NIV

NIV és a modern bibliafordítás foramtor nem törődik Isten Igéjével. Megváltoztatják a megfogalmazást, hogy az a tanításukhoz illeszkedjen, a részrehajlásuk alapján, hogy szerintük mit kellene mondania. Isten Igéje él és meggyőződést hoz az embernek. Amikor Isten meggyőz a bűnről, az bűnbánatra késztet. Ha Isten szavát megváltoztatták, akkor az nem tud valódi meggyőződést hozni; ezért nem lesz bűnbánat. Ezzel az NIV azt jelzi, hogy minden vallás rendben van, amiről tudjuk, hogy nem igaz.

Elizabeth Das

Lukács 4:8

KJV Lukács 4:8 Jézus pedig felelvén, monda néki: __Menj mögém,__ __Sátán__; mert meg van írva: Az Urat, a te Istenedet imádd, és csak neki szolgálj.

(Jézus megdorgálta a Sátánt. Te és én is megdorgálhatjuk a Sátánt Jézus nevében.)

NIV Lukács 4:8 Jézus így válaszolt: "Meg van írva: Imádjátok az Urat, a ti Isteneteket, és csak neki szolgáljatok!

")__Takarodj mögém, Sátán__" az NIV-ből vettük ki.)

Lukács 4:18

KJV Lukács 4:18: Az Úr Lelke van rajtam, mert felkent engem, hogy hirdessem az evangéliumot a szegényeknek; elküldött engem, hogy __gyógyítsam a megtört szívűeket__, hogy hirdessem a foglyoknak a szabadulást, és a vakoknak a látás helyreállítását, hogy szabaddá tegyem a megtörteket,

NIV Lukács 4:18 "Az Úr Lelke van rajtam, mert felkent engem, hogy jó hírt hirdessek a szegényeknek. Azért küldött engem, hogy a foglyoknak szabadságot hirdessek, a vakoknak a látás visszanyerését, az elnyomottak felszabadítását."

"(**meggyógyítani a megtört szívűeket**" az NIV-ből törölték: Az emberek, akik ezt a romlott változatot használják, általában szorongóak, érzelmileg instabilak és depressziósak. Isten Igéjének megváltoztatása elveszi az Ige erejét. Az igazság szabaddá tesz, ezért eltávolították az igazságot a modern Bibliából).

237

Lukács 4:41

*KJV Lukács 4:41: És sokakból ördögök is kimenének, kiáltozván, és mondván: **Te vagy Krisztus, az Isten Fia**. Ő pedig megdorgálván őket, nem engedte, hogy beszéljenek; mert tudták, hogy ő a Krisztus.*

(Vallják-e az emberek, hogy "Te vagy Krisztus, az Isten Fia"? Nem, hacsak az Ő Lelke nem nyilatkoztatja ki).

*NIV Lukács 4:41: És sok emberből démonok jöttek ki, és ezt kiáltották :**"Te vagy az Isten Fia**!" Ő azonban megdorgálta őket, és nem engedte, hogy beszéljenek, mert tudták, hogy ő a Krisztus.*

(Azzal, hogy " a**Krisztus** szót "eltávolította, a démon nem vallotta Krisztust Isten Fiának. A Sátán nem akarja, hogy az emberek elfogadják Jézust Jehova Megváltójaként, ezért mélyebb szándékkal megváltoztatja Isten szavát. A démon tudta, hogy Jézus a testet öltött Isten).

Lukács 8:48

*KJV Lukács 8:48: És monda néki: Leányom, **vigadjál**, a te hited meggyógyított téged; menj el békességgel.*

NIV Lukács 8:48: Akkor így szólt hozzá: "Leányom, a te hited meggyógyított téged. Menj el békével."

("Legyetek jó vigasztalók", az NIV-ből kimaradt. Tehát a vigasz eltűnt, nem lehet vigasztalódni az NIV Biblia olvasásával)

Lukács 9:55

*KJV Lukács 9:55: Ő pedig megfordulván, megdorgálá őket, és monda: **Nem tudjátok, micsoda lélekből valók vagytok**.*

NIV Lukács 9:55: Jézus pedig megfordult, és megdorgálta őket.

Elizabeth Das

(Az NIV törölte ezeket a szavakat: **"Nem tudjátok, milyen lélekből vagytok"**.)

Lukács 9:56

*KJV: Mert **az embernek Fia nem azért jött, hogy elpusztítsa az** emberek **életét, hanem hogy megmentse őket**. És elmentek egy másik faluba.*

NIV Lukács 9:56 És elmentek egy másik faluba.

(NIV ELTÁVOLÍTVA: **Nem azért jött az emberfia, hogy elpusztítsa az emberek életét, hanem hogy megmentse őket**. Jézus eljövetelének oka megsemmisül az írás ezen részének eltávolításával).

Lukács 11:2-4

*Lukács 11:2-4: És monda nékik: **Mikor imádkoztok, mondjátok: Mi Atyánk, ki vagy a mennyekben**, szenteltessék meg a te neved. Jöjjön el a te országod. **Legyen meg a te akaratod, amint a mennyben, úgy a földön is**. Mindennapi kenyerünket add meg nékünk naponként. És bocsásd meg a mi vétkeinket; mert mi is megbocsátunk mindenkinek, aki tartozik nekünk. És ne vígy minket kísértésbe**, hanem szabadíts meg minket a gonosztól**.*

NIV Lukács 11:2-4: Ő pedig így szólt hozzájuk: "Amikor imádkoztok, ezt mondjátok: "Atyám, szenteltessék meg a te neved, jöjjön el a te országod. Mindennapi kenyerünket add meg nekünk minden nap. Bocsásd meg bűneinket, mert mi is megbocsátunk mindenkinek, aki ellenünk vétkezik. És ne vigyél minket kísértésbe."

(Az NIV nem specifikus.A KJV-ből minden kiemelt rész kimaradt az NIV-ből és más modern bibliai változatokból).

Lukács 17:36

KJV Lukács 17:36 Két ember lesz a mezőn; az egyiket elveszik, a másikat pedig meghagyják.

(Az NIV, a Modern változat és a Jehova Tanúi Biblia eltávolította a teljes szöveget)

Lukács 23:17

Lukács 23:17: (Mert szükségképpen egyet el kell bocsátania nékik az ünnepen.)

(Az NIV, a Jehova Tanúi Biblia és sok modern bibliai változat teljesen eltávolította ezt a szövegrészt.)

Lukács 23:38

*KJV Lukács 23:38: És egy felirat is vala föléje írva **görög, latin és héber betűkkel**: EZ A JÉVUSOK KIRÁLYA.*

NIV Lukács 23:38: És volt fölötte egy felirat, amely így szólt: EZ A ZSIDÓK KIRÁLYA.

(Az NIV és más modern fordítások eltávolították: "Eltávolítja az akkoriban beszélt nyelvek bizonyítékát).

Lukács 23:42

*KJV Lukács 23:42: És monda Jézusnak: **Uram**, emlékezzél meg rólam, mikor eljössz a te országodba.*

(A tolvaj felismerte, hogy Jézus az Úr)

NIV Lukács 23:42: Akkor így szólt" :Jézus, emlékezz meg rólam, amikor eljössz a te országodba."

(Nem akarják elismerni Jézus uralmát)

Lukács 24:42

*KJV Lukács 24:42: És adának néki egy darabot sült halból és egy darabot **mézeskalácsból**.*

NIV Lukács 24:42: Adtak neki egy darab sült halat.

(A mai Bibliák csak feleannyi információt közölnek. " Amézesmadzag" hiányzik az NIV-ből és más bibliai verziókból)

János 5:3

*KJV János 5:3: Ezekben feküdt az erőtlenek nagy sokasága, a vakoké, a megállóké, az elszáradtaké, **akik a víz mozgatására vártak.***

NIV János 5:3: Itt feküdt sok fogyatékos ember, vakok, bénák, bénák, bénák.

(Eltávolították azt az információt, hogy azon a helyen "a víz mozgására várva "csoda történik.)

János 5:4

KJV: János 5:4: Mert egy angyal szállt le egy bizonyos időben a tóba, és megzavarta a vizet; a ki pedig a víz megzavarása után először lépett bele, meggyógyult minden betegségéből.

(Az NIV és a modern fordítások, valamint a Jehova Tanúi Biblia teljesen eltávolították ezt az íráshelyet.)

János 6:47

*KJV: János 6:47: Bizony, bizony mondom néktek: Aki **hisz én bennem**, annak örök élete van.*

NIV: János 6:47: Bizony mondom nektek: Aki hisz, annak örök élete van.

(**A Believeth on me** át lett írva **Believes-re**. Kinek hisz? A Believeth szó végén "eth" van, ami azt jelenti, hogy a szó folyamatos. Bármelyik szó, amelynek a végén "eth" van, azt jelenti, hogy folyamatos, nem csak egyszeri alkalom).

János 8:9a

*KJV János 8:9a: És a kik ezt hallották, **lelkiismeretük által meggyőződvén**, kimentek.*

NIV János 8:9a: akik hallották, elkezdtek elmenni.

(Az NIV törölte " a**saját lelkiismeretük által elítélve**" kifejezést, mert nem hisznek a lelkiismeretükben.)

János 9:4a

*KJV János 9:4a: **Nekem** annak cselekedeteit kell cselekednem, aki elküldött engem.*

NIV János 9:4a: Annak a munkáját kell végeznünk, aki engem küldött.

(Jézus azt mondta **"Én"**, az NIV és néhány más változat " az**Én"**-t **"MI"**-re cserélte.)

János 10:30

*KJV: János 10:30: Én és **az én** Atyám egy vagyunk.*

NIV: János 10:30: Én és az Atya egyek vagyunk. "

(Én és az apám **egy** vagyok, nem kettő. " Azén atyám" teszi Jézust Isten fiává. Ez azt jelenti, hogy Isten testet öltött. Az NIV eltávolította az "én"szót , és megváltoztatta a szentírás teljes jelentését).

János 16:16

*KJV: 16:16: Egy kis idő, és nem láttok engem; és ismét: egy kis idő, és látni fogtok engem, **mert én az Atyához megyek**.*

NIV: János 16:16: "Egy kis idő múlva nem láttok engem többé, és egy kis idő múlva meglátogattok engem. "

(NIV eltávolítva "mert én az Atyához megyek. Sok vallás úgy véli, hogy Jézus a Himalájába vagy egy másik helyre ment, és nem halt meg).

ApCsel 2:30

*KJV: 2:30: Ezért, mivel próféta volt, és tudta, hogy Isten megesküdött neki, hogy az ő ágyékának gyümölcséből, test szerint, **feltámasztja a Krisztust, hogy az ő trónjára üljön.***

NIV: 2:30: Ő pedig próféta volt, és tudta, hogy Isten esküvel ígérte meg neki, hogy az ő leszármazottai közül valakit a trónjára ültet.

(**Az NIV törölte " a**feltámasztja Krisztust, hogy trónjára üljön" szöveget, a Jézus testben való eljöveteléről szóló prófécia törlődött.)

ApCsel 3:11

KJV: Jánoshoz: ApCsel3:11: És amint a **sánta, aki meggyógyult**, *Pétert és Jánost tartotta, az egész nép összefutott hozzájuk a* Salamon *tornácára, és nagyon csodálkozott.*

NIV: Jánosba kapaszkodott, és az egész nép megdöbbent, és odafutott hozzájuk a Salamon *oszlopcsarnokának nevezett helyre.*

")**sánta ember, aki meggyógyult**" a kulcs része ennek a szentírásnak, az NIV ezt kivette)

ApCsel 4:24

KJV: És mikor ezt hallották, egyhangúlag felemelték szavukat Istenhez, és mondták: Uram, **te vagy az Isten,** *aki teremtetted az eget, a földet, a tengert és mindent, ami bennük van:*

NIV: 4:24: Amikor ezt meghallották, együtt emelték fel hangjukat Istenhez imádkozva. "Uram, te teremtetted az eget, a földet és a tengert, és mindent, ami bennük van", mondták.

(Az NIV és a modern fordítások eltávolították " ate vagy az Isten" szót. Nem az egy igaz Istent vallja, aki csodát tett).

ApCsel 8:37

KJV: Fülöp pedig monda: Ha teljes szívedből hiszel, megteheted. Ő pedig felelvén, monda: Hiszem, hogy Jézus Krisztus az Isten Fia.

(Az NIV és a modern Bibliák teljesen kivették ezt az íráshelyet.)

" AMester" szót a KJV-ből eltávolították a Biblia modern változataiból, és "tanítóra" cserélték, amivel Jézust a különböző vallások összes többi tanítójával egy osztályba sorolták. Ennek a változtatásnak az oka főként az ökumenikus mozgalom, amely azt állítja, hogy nem lehet

Jézust az üdvösség egyetlen útjaként feltüntetni, mert ez lealacsonyít minden más hitet, amely nem hiszi, hogy Jézus a mi egyetlen és igaz Megváltónk. Ilyen például a hindu és a legtöbb más keleti vallás.

ApCsel 9:5

*KJV ApCsel 9:5: És monda: Ki vagy te, Uram? És monda az Úr: Én vagyok Jézus, a kit üldözöl; **nehéz neked a tüskék ellen rúgni**.*

NIV: 9:5: 9:9: Ki vagy te, Uram? Saul kérdezte. "Én vagyok Jézus, akit üldözöl" - felelte.

(Az NIV és a modern fordítások kivették a "**nehéz neked a tüskék ellen rúgni**" szövegrészt. Ez azt jelenti, hogy az egész írás eltávolításával nem fognak győzni).

ApCsel 15:34

KJV: 34: De Silasnak tetszett, hogy ott maradjon.

(Az NIV Biblia és más modern bibliafordítások kivették ezt az írást.)

ApCsel 18:7

*KJV ApCsel 18:7: És onnét elméne, és beméne egy Jusztus nevű ember házába, a ki Istent imádta, **és a kinek háza a zsinagógához közel vala**.*

NIV: 18:7: Pál pedig elhagyta a zsinagógát, és elment az Isten imádójának, Titius Justusnak a házába.

"(**akiknek háza erősen csatlakozott a zsinagógához**", törlésre került)

ApCsel 23:9b

KJV...*Ne harcoljunk Isten ellen.*

(NIV,modern Biblia és Jehova Tanúi Biblia eltávolították a "**Ne harcoljunk Isten ellen**" Az ok nyilvánvaló, vannak emberek, akik harcolni mernek Isten ellen.)

ApCsel 24 :7

KJV: 24:7: Liziás, a főkapitány pedig ránk tört, és nagy erőszakkal kivette őt kezünkből,

(Az NIV és a modern Bibliák teljesen eltávolították ezt az írást.)

ApCsel 28:29

KJV: 28:29: És mikor ezeket mondta, a zsidók elmentek, és nagy vitatkozásba kezdtek egymás között.

(Az NIV és más bibliai változatok teljesen eltávolították ezt az íráshelyet. Látod, ott volt egy konfliktus. Az érvelés arról szólt, hogy ki volt Jézus? Tehát ezt a szentírást el kell távolítani).

Róma 1:16

*KJV: 16: Mert nem szégyellem **a Krisztus** evangéliumát, mert az Isten ereje az üdvösségre mindenkinek, aki hisz, elsősorban a zsidónak, de a görögnek is.*

NIV: 1:16: Nem szégyellem az evangéliumot, mert az Isten ereje mindenkinek, aki hisz, üdvösségére: először a zsidónak, aztán a pogánynak.

(Az NIV eltávolította a "Krisztus" evangéliumát, és csak az "evangéliumot "tartotta meg. A legtöbb támadás Jézust mint Krisztust éri. Az evangélium Jézus Krisztus halála, temetése és feltámadása. Nincs szükség erre a szentírásra).

Róma 8:1

*KJV: 8:1: Most tehát nincs kárhoztatás azok számára, akik Krisztus Jézusban vannak, **akik nem a test szerint járnak, hanem a Lélek szerint**.*

NIV: 8:1: Ezért most már nincs kárhoztatás azok számára, akik Krisztus Jézusban vannak.

"**)akik nem a test szerint járnak, hanem a Lélek szerint**." Az NIV-ből kivették, így úgy élhetsz, ahogyan akarsz.)

Róma 11:6

*KJV: 11:6 Ha pedig kegyelemből, akkor már nem cselekedetekből; különben a kegyelem nem kegyelem többé. **Ha pedig cselekedetekből van, akkor nem kegyelem többé; különben a cselekedet nem cselekedet többé.***

NIV: 11:6 Ha pedig kegyelemből, akkor már nem cselekedetekből; ha így lenne, akkor a kegyelem nem lenne többé kegyelem.

"**)**Ha pedig cselekedetekből van, akkor az már nem kegyelem; különben a munka már nem cselekedet". A szentírás egy része kikerült az NIV-ből és más változatokból).

Róma13:9b

*KJV: 9b: **Ne tégy hamis tanúságot***

(Az NIV eltávolította ezeket a szavakat a Szentírásból. A Biblia azt mondja: ne adj hozzá, ne vonj le).

Róma 16:24

KJV: Róma 16:24: A mi Urunk Jézus Krisztus kegyelme legyen mindnyájatokkal. Ámen.

NIV: 16:24: (Az NIV és más modern Bibliák teljesen eltávolították ezt az íráshelyet.)

1 Korinthus 6:20

*KJV:1Korinthusbeliekhez 6:20: Mert drágán vagytok megvásárolva: dicsőítsétek azért az Istent testetekben **és lelketekben, melyek az Istenéi**.*

NIV:1Korinthusbeliekhez 6:20: Árért vásároltatok meg titeket. Ezért tiszteljétek Istent a testetekkel.

(A modern Biblia és az NIV törölte " aés a ti lelketekben, amelyek Istenéi." A testünk és a lelkünk az Úré.)

1 Korinthus 7:5

*1 Korinthus 7:5: Ne csaljátok meg egymást, hacsak meg nem egyeztek egy időre, hogy **böjtölésre és imádságra** adjátok magatokat; és ismét összejöjjetek, hogy a Sátán meg ne kísértsen titeket a ti megátalkodottságotok miatt.*

*1 Korinthus 7:5: Ne fosszátok meg egymást, csak közös megegyezéssel, és csak egy időre, hogy **az imádságnak** szenteljétek magatokat. Aztán gyertek újra össze, hogy a Sátán ne kísértsen meg benneteket az önuralom hiánya miatt.*

Elizabeth Das

(Az NIV és a Biblia modern változatai kivették " aböjtölés" ,szót mivel ez a Sátán erősségeinek lerombolására szolgál. A böjt a testet is megöli).

2 Korinthus 6:5

*KJV:2 Korinthusbeliekhez 6:5: Csíkokban, börtönökben, lázadásokban, munkában, őrködésben, **böjtölésben**;*

*NIV:2 Korinthus 6:5: verésekben, börtönökben és lázadásokban; kemény munkában, álmatlan éjszakákban és **éhezésben**;*

(**A böjt nem éhezés**, az Igazság Igéjének megváltoztatása. Az ördög nem akarja, hogy közelebbi, erőteljesebb, mélyebb kapcsolatod legyen Istennel. Emlékezz, Eszter királynő és a zsidók böjtöltek, és Isten visszaadta a Sátán tervét az ellenségnek)

2 Korinthus 11:27

*KJV: 2Korinthusbeliekhez 11:27: Fáradságban és fájdalomban, gyakori virrasztásban, éhségben és szomjúságban, **gyakori böjtben**, hidegben és mezítelenségben.*

2Korinthus 11:27: Dolgoztam és fáradoztam, és gyakran nem aludtam; éheztem és szomjaztam, és gyakran nem ettem; fáztam és mezítelen voltam.

(Ismétlem, a böjt nem szerepel az NIV és a modern bibliai változatokban.)

Efézus 3:9

*Efézus 3:9: És hogy minden ember meglássa, mi annak a titoknak a közössége, a mely a világ kezdete óta elrejtve van az Istenben, a ki **mindent a Jézus Krisztus által** teremtett:*

NIV Efézus 3:9:és hogy mindenki előtt világossá tegye ennek a titoknak a kezelését, amely korok óta el volt rejtve az Istenben, aki mindent teremtett.

(Az NIV és más bibliai változatok eltávolították " a**mindent Jézus Krisztus által**kifejezést ". Jézus Isten, és Ő mindennek a Teremtője).

Efézus 3:14

*KJV: 3:14: Azért hajtom meg térdeimet **a mi Urunk Jézus Krisztus** Atyja előtt,*

NIV:Efézusbeliekhez 3:14: Ezért térdelek az Atya előtt,

"**)a mi Urunk Jézus Krisztusnak**", az NIV-ből és más változatokból törölték. Ez a bizonyíték arra, hogy Jézus Isten Fia. Az "Isten Fia" egy testet öltött Hatalmas Isten, aki eljött, hogy vért ontott érted és értem. Ne feledjétek, a Sátán azt hiszi, hogy egy Isten van, és reszket. Jakab 2:19)

Efézus 5:30

*KJV:Efézusbeliekhez 5:30:Mert az ő testének tagjai vagyunk, az ő testéből és **csontjaiból**.*

NIV:Efézusbeliekhez 5:30:mert az ő testének tagjai vagyunk.

"(**Húsból és csontjaiból**". A Szentírás egy része kikerült az NIV-ből és a Biblia sok más változatából).

Kolossé 1:14

*KJV:Kolosséhoz 1:14: A kiben van a megváltásunk **az ő vére által**, a bűnök bocsánata:*

NIV:Kolossé 1:14: akiben van a megváltás, a bűnök bocsánata.

"(**az ő vére által**", Jézust Isten Bárányának nevezik, aki azért jött, hogy elvegye e világ bűneit. A megváltás **csak** a vérén keresztül lehetséges. Vérontás nélkül nincs bűnbocsánat Zsid 9:22. Ezért keresztelünk Jézus nevében, hogy az Ő vérét alkalmazzuk bűneink fölött).

1 Timóteus 3:16b

1 Timóteus 3:16b: **Isten** *testben jelent meg.*

1 Timóteus 3:16b: Testben jelent meg.

(Nem mindannyian egy testben jelenünk meg? Az NIV és a legtöbb modern változat mind azt mondja, hogy "ő" testben jelent meg. Nos, én is testben jelenek meg. Ki az "ő"? A fenti versben ismét megváltoztatják a megfogalmazást, hogy bőségesen "Ő" egy másik isten. De a KJV-ben világosan látjuk" :És ellentmondás nélkül nagy az istenfélelem titka: "**Isten** testben jelent meg". Csak egy Isten van. Ezért mondta Jézus, hogy ha engem láttatok, akkor az Atyát láttátok. Az Atya szellem, szellemet nem láthatsz. De a szellemet, aki testbe öltözött, láthatjátok).

*Az Apostolok Cselekedetei 20:28b azt mondja: Az **Isten egyházának** táplálására, amelyet **saját vérével** vásárolt meg.*

Isten szellem, és ahhoz, hogy vért ontson, hús-vér testre van szüksége. **Egy Isten**, aki testet öltött.

Egyszerű példa: Jég, víz és gőz, ugyanaz a dolog, de más-más megnyilvánulás.

*KJV 1 János 5: 7: "Mert hárman vannak, akik a mennyben vannak, az Atya, az Ige és a Szentlélek, és ezek **hárman egyek**."*

Isten, Jézus (a testté lett Ige) és a Szentlélek egy és nem három. (Az 1János 5:7 teljesen kikerült az NIV-ből és más jelenlegi fordításokból).

2 Timóteus 3:16

KJV: 2 Timóteus 3:16: **Minden** *írás Istentől való ihletés által adatott, és hasznos a tanításra, a megrovásra, a megjobbításra, az igazságra való tanításra:*

ASV: 2 Timóteus 3:16: **Minden** *Istentől ihletett írás alkalmas a tanításra is.*

(Itt fogják eldönteni, hogy melyik az és melyik nem. Az eretnekséget halálra ítélik.)

1 Thesszalonika 1:1

KJV: Pál és Silvanus és Timóteus a thesszalonikaiak gyülekezetének, amely az Atya Istenben és az Úr Jézus Krisztusban van: Kegyelem néktek és békesség **a mi Atyánk Istentől és az Úr Jézus Krisztustól.**

NIV:1 Thesszalonika 1:1: Pál, Silás és Timóteus, a thesszalonikaiak gyülekezetének az Atya Istenben és az Úr Jézus Krisztusban: Kegyelem és békesség néktek.

")Istentől, a mi Atyánktól és az Úr Jézus Krisztustól." a modern fordításokból és az NIV-ből eltávolították.)

Zsidókhoz írt levél 7:21

KJV: **A papok ugyanis eskü nélkül lettek,** *ez pedig esküvel, annak által, aki ezt mondta neki: "Az Úr megesküdött és nem bánja meg: Te pap vagy örökké* **Melkizedek rendje szerint":**

NIV: 7:21: De ő **esküvel** *lett pap, amikor Isten ezt mondta neki: "Az Úr megesküdött, és nem gondolja meg magát": 'Örökké pap leszel."*

(Az NIV eltávolította " aMert azok a papok eskü nélkül lettek" és a "Melkizedek rendje szerint" szövegrészeket.)

Jakab 5:16

*KJV: Jakab 5:16: Valljátok meg egymásnak **hibáitokat**, és imádkozzatok egymásért, hogy meggyógyuljatok. Az igaz ember hatékony buzgó imádsága sokat használ.*

*NIV: Jakab 5:16: Ezért valljátok meg egymásnak **bűneiteket**, és imádkozzatok egymásért, hogy meggyógyuljatok. Az igaz ember imája erőteljes és hatékony.*

(**Hibák vs. bűnök**: A bűnöket Istennek vallod meg, mivel egyedül Ő tud megbocsátani. " Ahibák "szó megváltoztatása "bűnökre" segít támogatni a katolikus nézetet, miszerint " abűnöket" papnak kell meggyónni).

1 Péter 1:22

*KJV: 1 Péter 1:22: Mivel megtisztítottátok lelketeket az igazságnak engedelmeskedve **a Lélek által** a testvérek őszinte szeretetére, nézzétek meg, hogy **tiszta szívvel, buzgón** szeressétek egymást:*

NIV: 1 Péter 1:22: Most, hogy megtisztítottátok magatokat az igazságnak engedelmeskedve, hogy őszinte szeretetet érezzetek testvéreitek iránt, szeressétek egymást mélyen, szívből.

")**a Lélek által a**" és "**tiszta szívvel buzgón**" az NIV-ből és más modern változatokból eltávolítva).

1 Péter 4:14

*KJV:1 Péter 4:14: Ha Krisztus nevéért gyaláznak benneteket, boldogok vagytok, mert a dicsőség és az Isten lelke nyugszik rajtatok: **az ő részükről rosszat mondanak róla, de a ti részetekről megdicsőül.***

NIV:1 Péter 4:14: Ha Krisztus neve miatt sértegetnek, áldottak vagytok, mert a dicsőség és az Isten lelke nyugszik rajtatok.

")**az ő részükről gonoszul beszélnek róla, de a ti részetekről megdicsőül.**" Az NIV-ből és más modern változatokból törölték).

1 János 4:3a

*1 János 4:3a: És minden lélek, amely nem vallja, hogy Jézus **Krisztus testben jött el**, nem Istentől való.*

NIV:1 János 4:3a: De minden lélek, amely nem ismeri el Jézust, nem Istentől való.

")**Krisztus testben jött el**" Azzal, hogy az NIV és más változatok eltávolítják ezeket a szavakat, bizonyítják, hogy antikrisztus.)

1 János 5:7-8

*KJV: János 5:7: **Mert hárman vannak, a kik a mennyben vannak, az Atya, az Ige és a Szent Lélek, és e három egy.***

(Az NIV-ből eltávolítva)

KJV: János 5:8: A Lélek, a víz és a vér, és ez a három egybeesik.

*NIV: 5:7, 8: **Mert hárman vannak, akik bizonyságot tesznek**: 8 a Lélek, a víz és a vér; és a három egybeesik.*

(Ez az egyik LEGNAGYOBB vers, amely az Istenségről tanúskodik. Egy Isten, nem három isten. A **Szentháromság** nem bibliai. A **Szentháromság** szó nem szerepel a Bibliában. Ezért hagyta ki az NIV, a modern bibliaváltozatok és a Jehova Tanúi ebből a versből. Nem hisznek az Istenségben, és nem hiszik, hogy Jézusban az Istenség egész teljessége testileg lakozik. A Bibliában semmilyen gyökér vagy bizonyíték nincs a **Szentháromság** elfogadására. Miért hagyja ki az NIV...? Egész könyveket írtak már a kéziratos bizonyítékokról, amelyek alátámasztják ennek a versnek a Bibliába való felvételét. Hiszel az istenségben? Ha igen, akkor ez a kihagyás bántani kellene téged. A Szentháromságot Jézus soha nem tanította és nem is említette. A Sátán megosztotta az egy Istent, hogy megoszthassa az embereket és uralkodhasson).

1 János 5:13

*1János 5:13: Ezeket írtam nektek, akik hisztek az Isten Fiának nevében, hogy megtudjátok, hogy örök életetek van, **és hogy higgyetek az Isten Fiának nevében**.*

1János 5:13: Ezeket azért írom nektek, akik hisztek az Isten Fiának nevében, hogy tudjátok, hogy örök életetek van.

"**)és hogy higgyetek az Isten Fiának nevében**". Az NIV-ből és más modern fordításokból eltávolították)

Jelenések 1:8

*KJV: Jelenések 1:8: Én vagyok az Alfa és az Omega, **a kezdet és a vég**, azt mondja az Úr, aki van, aki volt és aki eljövendő, a Mindenható.*

NIV: 1:8: "Én vagyok az Alfa és az Omega, mondja az Úr Isten ,aki van, aki volt és aki eljövendő, a Mindenható."

(NIV eltávolította **az elejét és a végét**)

Jelenések 1:11

*KJV:Jelenések 1:11:***Mondván: Én vagyok az Alfa és az Omega, az** *első és az* ***utolsó; és: Amit látsz, írd meg egy könyvbe, és küldd el a*** ***hét gyülekezetnek, amelyek Ázsiában*** *vannak, Efézusnak, Szmirnának és a* ***hét gyülekezetnek.****Pergámosznak, Tiatirának, Szárdisznak, Filadelfiának és Laodíciának.*

NIV: Jelenések 1:11: amely azt mondta: "Efézusba, Szmirnába, Pergamonba, Thiatirába, Szárdiszba, Filadelfiába és Laodíciába."

(Alfa és Omega, kezdet és vég, első és utolsó; ezeket a címeket Jehova Istennek adják az Ószövetségben, és a Jelenések könyvében Jézusnak is megadják. De az NIV és más modern változatok, kivették ezt a Jelenések könyvéből, hogy bizonyítsák, hogy Jézus nem Jehova Isten).

Jelenések 5:14

KJV:Jelenések 5:14: És a ***négy vadállat*** *ezt mondta: Ámen. És a* ***négy*** *és húsz vén leborulván, leborulának és imádák azt****, a ki él*** ***mindörökkön örökké****.*

NIV: A négy élőlény pedig ezt mondta: "Ámen", a vének pedig leborultak és imádkoztak.

(Az NIV és más változatok csak a felét adják meg az információnak. "**négy állat**", négy teremtményre változott," **négy és húsz**", "**amely örökkön-örökké él**" eltávolítva).

Jelenések 20:9b

KJV: Jelenések 20:9b: Tűz szállt le ***Istentől*** *az égből.*

NIV: Jelenések 20:9b: Tűz szállt le az égből

Elizabeth Das

(Az NIV és más változatok eltávolították " az**Istentől**" kifejezést.)

Jelenések 21:24a

*KJV: 21:24a: És **az üdvözültek** népei annak világosságában fognak
járni.*

NIV: 21:24a: A nemzetek a világosságában fognak járni.

")**azok közül, akik üdvözültek**" az NIV-ből és a Biblia modern
változataiból kikerült. Nem mindenki megy a mennybe, csak azok,
akik üdvözültek).

2 Sámuel 21:19

*2 Sámuel 21:19: És ismét harc volt Gobban a Góbban a
Filiszteusok, ahol Elhanan, Jaareoregim fia, egy betlehemi, megölte
Góliátnak, a gittita **testvérét**, akinek a lándzsája olyan volt, mint a
szövőszék gerendája.*

*NIV:2Sámuel 21:19: Egy másik csatában a filiszteusokkal Gobnál a
betlehemi Elhanán, Jaare-Oregim fia **megölte** a gittita **Góliátot**,
akinek olyan lándzsája volt, mint egy szövőbot.*

(Itt Góliát testvérét ölték meg, nem Góliátot. "Dávid megölte Góliátot."
Az NIV félremagyarázza az információt).

Hóseás 11:12

*KJV: **Júda pedig még uralkodik az Istennel, és hűséges a
szentekkel.***

*NIV: Hóseás 11:12: Efraim hazugsággal vett körül engem, Izrael
háza csalással. És Júda **engedetlen** Isten **ellen**, még a hűséges Szent
ellen is.*

(Az NIV félremagyarázza ezt a szentírási részt a szó jelentésének kiforgatásával.) " AJehova" szó négyszer szerepel a KJV Bibliában. Az NIV mindegyiket eltávolította. Azzal, hogy az NIV Bibliában finom VÁLTOZÁSOK történtek, a Sátán küldetése világossá válik. A fenti szentírásokból láthatjuk, hogy a támadás Jézus ellen irányul. Az Isten, Messiás, Isten Fia és Teremtő címek teszik Jézust, Istenné. Ezeknek a címeknek az eltávolításával a zűrzavar elveszíti az érdeklődést, és nem bízik Isten Igéjében. (I Korinthus 14:33 Mert Isten nem a zűrzavarnak, hanem a békességnek szerzője.)

A Jehova Tanúi Bibliában (az Új Világ Fordításban) ugyanazok a törlések vannak, mint az NIV-ben. Az egyetlen különbség az NIV és az Új Világ Fordítás törlései között az, hogy a Jehova Tanúi Bibliában nincsenek lábjegyzetek! Ezek a módszerek érzéketlenné tesznek azokkal a finom változtatásokkal szemben, amelyeket fokozatosan és folyamatosan végeznek Isten Igéjén.

A mai elfoglalt és lusta nemzedék sok olyan keresztényt befolyásolt, aki vallja magát kereszténynek, és aki a lusta szellem útjait követi. Nehéz munka, hogy időt szánjunk a tanulmányozásra, és meggyőződjünk arról, hogy a nekünk adott információk igazak. Túlságosan lefoglal bennünket a mindennapi élet, amely tele van jelentéktelen eseményekkel és dolgokkal. Felhígultak és összezavarodtak a prioritásaink azzal kapcsolatban, hogy mi az, ami valóban fontos az örök élet szempontjából. A legtöbb információt, amit kapunk, kérdés nélkül elfogadjuk; legyen az kormányzati, orvosi, tudományos, a táplálékunk tartalmáról szóló, és a lista folytatható.

A modern bibliai változatok közül sokat olyan emberek írtak, akik a saját értelmezésüket és tanításukat mondják el ahelyett, amit a kéziratok valójában mondanak. Például " anemek közötti befogadás" nem szerepelt az eredeti kéziratokban. Ez egy modern feminista koncepció, amely a REBELLIONból született. Arra bátorítalak, hogy szerezz be egy King James Version Bibliát. Ha modern Bibliát olvasol, szánj időt a szentírások összehasonlítására; vágyj arra, hogy helyes döntést hozz. A döntéseinkért felelősségre fognak vonni bennünket. A különbség, hogy a mennybe vagy a pokolba jutsz, elég ok arra, hogy megbizonyosodj arról, hogy az Ő Igéjét választod! Ne feledd, hogy az Új Nemzetközi Verzió sok szót töröl, mint pl: Istenség, újjászületés, bűnbocsánat, megváltoztathatatlan, Jehova, Golgota, irgalmasszék, Szentlélek, Vigasztaló, Messiás, megelevenedett, mindenható, tévedhetetlen stb. A legtöbb modern Biblia szorosan az NIV-hez igazodik; az Új Világfordítású Bibliával (Jehova Tanúinak Bibliája) együtt.

Ez az Antikrisztus műve....(Az alábbi szentírási részek a következő helyekről származnak
KJV)

*Gyermekeim, ez az utolsó idő; és amint hallottátok, hogy eljön **az antikrisztus**, most is sok **antikrisztus** van; ebből tudjuk, hogy ez az utolsó idő. (1 János 2:18)*

*Ki a hazug, ha nem az, aki tagadja, hogy Jézus a Krisztus? **Antikrisztus** az, aki tagadja az Atyát és a Fiút. (1János 2:22)*

*És minden lélek, amely nem vallja, hogy Jézus Krisztus testben jött el, nem Istentől való; és ez az **antikrisztusnak** az a lelke, amelyről hallottátok, hogy el fog jönni; és már most is ott van a világban. (1 János 4:3)*

*Mert sok tévtanító ment be a világba, akik nem vallják, hogy Jézus Krisztus testben jött el. Ez egy csaló és egy **antikrisztus**. (2 János 1:7)*

Ez emlékeztet bennünket " aVETÉS PÉLDÁJÁRA", MELY A VAGYON PÉLDÁJA

"ISTEN SZAVA" a Bibliában

Egy másik példabeszédet is mondott nekik, mondván: A mennyek országa ahhoz az emberhez hasonlít, aki jó magot vetett a mezejére: De míg az emberek aludtak, eljött az ellensége, és kévéket vetett a

búza közé, és elment az ő útjára. Mikor pedig a vetés kihajtott, és gyümölcsöt hozott, akkor megjelentek a kátrányok is. És odamentek a háziúr szolgái, és mondták neki: Uram, nem jó magot vetettél-e a te meződre, honnan van hát könnye? Ő pedig azt felelte nekik: ellenség tette ezt. Mondták neki a szolgák: Akarod-e tehát, hogy menjünk és szedjük össze őket? De ő azt mondta: Nem; nehogy, míg a kévéket összeszeditek, a búzát is meggyökereztessétek velük. Hagyjátok mind a kettőt együtt nőni az aratásig; és az aratás idején azt mondom az aratóknak: Gyűjtsétek össze először a kévéket, és kössétek őket kötegekbe, hogy elégessétek őket; a búzát pedig gyűjtsétek az én istállómba. Ámen!
(Máté 13:24-30)

AMEN!